諸外国の生涯学習

アメリカ合衆国
イギリス
フランス
ドイツ
中国
韓国

平成30年9月

文部科学省生涯学習政策局

まえがき

　本書は，教育調査第155集として，アメリカ合衆国，イギリス，フランス，ドイツ，中国及び韓国における生涯学習に関する政策や実践についてまとめたものです。国別に行われている記述では，最初に，それぞれの国における生涯学習（政策）の捉え方や障害者に対する支援策，我が国の社会教育に相当する教育の在り方等ついて述べた後，成人の学習活動，地域・家庭教育の支援，生涯学習支援施設・人材の分野別に重要な取組をまとめています。

　人生100年時代の到来を迎え，生涯にわたる学びの必要性が広く認められるようになりました。特に，リカレント教育の考え方にみられるような，青少年期の学校教育を終えた成人の学習を支援することが，政策上，重要になってきています。このような状況の中で諸外国の状況を理解することは，生涯学習を支える取組を拡充していくために有意義なことと言えます。

　各国の記述は，担当者が日常的な作業として収集・整理している，政府のプレスリリース，各種報告書及び新聞等の資料のほか，必要に応じて生涯学習に関する専門書等に基づいて作成しました。

　なお，生涯学習は，教育に関する他の領域と比べると，対象の特定や比較可能な資料の入手に困難さが伴います。このため，各国の解説では我が国の生涯学習に相当する取組が網羅されているわけではありません。また，国により各分野の記述に差があります。

　本書を諸外国の生涯学習政策やその現状を理解するための基礎資料として御活用下さい。

平成30年9月

文部科学省生涯学習政策局長

常　盤　　豊

執筆者及び執筆分担

岸本　睦久　文部科学省生涯学習政策局参事官付外国調査官

　　　　　　：アメリカ合衆国

古阪　　肇　同　専門職

　　　　　　：イギリス

小島　佳子　同　外国調査第一係長

　　　　　　：フランス

髙谷亜由子　同　外国調査官

　　　　　　：ドイツ

新井　　聡　同　外国調査第二係長

　　　　　　：中　国

松本　麻人　名古屋大学大学院教育発達科学研究科准教授

　　　　　　（前文部科学省生涯学習政策局参事官付外国調査第二係長）

　　　　　　：韓　国

※本著作の中で述べられている諸施策に関する見解や評価については，各担当者が当該国の調査を通じてまとめたものであり，文部科学省の公式な見解や評価を述べるものではありません。

諸外国の生涯学習

●

目　次

まえがき	3
執筆者及び執筆分担	4

総括表

各国の生涯学習	16
関係法令・基本計画	18
成人による学習活動	20
地域・家庭教育の支援	22
生涯学習支援施設・人材	24

アメリカ合衆国

1　アメリカ合衆国の生涯学習	28
1.1　成人を対象とする基礎的な教育	29
1.2　職業教育	31
1.3　趣味・教養に関する学習	31
1.4　インフォーマルな学習活動	31
1.5　中等後教育，継続教育	32
1.6　障害者の生涯学習に対する支援	33
1.7　「社会教育」の在り方	34
2　関係法令・基本計画	35
2.1　連邦レベルの関係法令・基本計画	35
2.1.1　労働力革新機会法	35
2.1.2　カール・D. パーキンス・キャリア・技術教育改善法	37
2.1.3　その他の関係法令	37
2.2　州レベルの関係法令・基本計画	37
2.2.1　労働力革新機会法に基づく州労働開発委員会	37
2.2.2　州政府における生涯学習関連事業所管機関	38
2.2.3　州レベルの生涯学習推進体制の検討・導入	39
3　成人による学習活動	40
3.1　学習機会の提供者・アクセス	40
3.1.1　コミュニティカレッジ	40
3.1.2　大学開放部	41
3.1.3　オンライン教育	42

3.1.4　生涯学習講座——高齢者の学習に対する支援 43
3.2　資格・学位の種類・枠組み 44
3.2.1　学位の種類 44
3.2.2　準学士 45
3.2.3　職業資格・免許 46
3.2.4　GED (General Education Development) 47
3.3　学習成果の評価 48
3.3.1　大学単位推薦サービス 48
3.3.2　継続教育単位制度 48
3.3.3　学外学位 49

4　地域・家庭教育の支援 50
4.1　学区が提供するコミュニティエデュケーション 50
4.2　コミュニティスクール 51
4.3　放課後プログラム，21世紀地域学習センター 51
4.4　学区等による乳幼児家庭を対象とする支援サービス 52
4.5　「奉仕保全部隊」 52

5　生涯学習支援施設・人材 53
5.1　生涯学習支援施設 53
5.1.1　図書館 53
5.1.2　博物館・美術館 54
5.1.3　コミュニティセンター 55
5.2　生涯学習担当職員の養成・役割等 55
5.2.1　事業計画の立案者 56
5.2.2　コミュニティカレッジの教員 56
5.2.3　成人を対象とする基礎的な教育の担当教員 57

イギリス

1　イギリスの生涯学習 60
1.1　生涯学習の範囲 60
1.2　生涯学習政策の領域 61
1.3　障害者の生涯学習に対する支援 62
1.4　社会教育の在り方 62

2　関係法令・基本計画 63
2.1　生涯学習政策の方向 63
2.2　基本計画 64
2.2.1　生涯学習緑書『学習の時代を拓く』 64

	2.2.2	技能戦略『世界的水準の技能の実現』	66
	2.2.3	生涯学習白書『成人のための学習革命』	67
	2.2.4	展望報告書『技能と生涯学習の未来』	69
2.3	関係法令		70
	2.3.1	2007年継続教育・訓練法	70
	2.3.2	2008年教育・技能法	71
	2.3.3	2009年見習い訓練等法	73
2.4	生涯学習政策関係政府機関		74

3　成人による学習活動 75

3.1	継続教育実施機関		76
	3.1.1	大学における継続教育（continuing education）の提供	77
	3.1.2	公開大学と第三世代大学	79
	3.1.3	オンライン学習支援「ラーンダイレクト」と成人教育・訓練支援金（ALG）	80
	3.1.4	生涯学習支援民間組織——L&WとWEA	81
3.2	全国的な職業資格枠組みの整備		83
	3.2.1	全国資格枠組み（NQF）の構築	83
	3.2.2	全国資格・単位制度（QCF）の開発と廃止	85
	3.2.3	全国規制資格枠組み（RQF）の開始	87

4　地域・家庭教育の支援 88

4.1	青少年育成と家庭教育の支援	89

5　生涯学習支援施設・人材 90

5.1	生涯学習支援施設		90
	5.1.1	成人教育センターとコミュニティセンター	90
	5.1.2	博物館・美術館教育	90
	5.1.3	公共図書館	91
5.2	生涯学習施設・事業従事者		92
	5.2.1	博物館・美術館従事者	92
	5.2.2	継続教育教員の資格	93

フランス

1　フランスの生涯学習 98

1.1	成人を対象とした教育	98
1.2	趣味・教養に関する学習	99
1.3	障害者の生涯学習に対する支援	99
1.4	社会教育の在り方	100

目 次

2 関係法令・基本計画 100

  2.1 関係法令・基本計画 100

    2.1.1 1971年7月16日付法律第71-577号（技術教育基本法） 101

    2.1.2 1971年7月16日付法律第71-575号 101

    2.1.3 労使関係近代化に係る2002年1月17日付法律第2002-73号 101

    2.1.4 生涯職業教育及び労使対話に係る2004年5月4日付法律第2004-391号 101

    2.1.5 生涯職業教育・訓練に関する2009年11月24日付法律第2009-1437号 102

    2.1.6 職業訓練，雇用及び社会的民主主義に関する2014年3月5日付法律第2014-288号 102

    2.1.7 労働，社会対話の近代化及び職業訓練行程の安定に関する2016年8月8日付法律

        第2016-1088号 103

    2.1.8 学校教育に関連する法令，EUの枠組み 103

  2.2 所管省庁 103

3 成人による学習活動 104

  3.1 学習機会の提供者・アクセス 104

    3.1.1 継続教育中等学校連合（GRETA） 104

    3.1.2 国立工芸院（CNAM） 105

    3.1.3 全国成人職業訓練庁（AFPA） 105

    3.1.4 遠隔教育 106

    3.1.5 セカンド・チャンス・スクール 106

    3.1.6 第三世代大学・全ての世代大学・世代間大学・余暇大学 107

    3.1.7 市町村による成人のための講座 107

    3.1.8 全国非識字対策機構（ANLCI） 108

    3.1.9 アクセスのための経済支援 108

    3.1.10 アクセスのための権利 109

  3.2 資格・学位 109

    3.2.1 全国職業資格目録（RNCP） 109

    3.2.2 高等教育進学のためのディプロム 110

    3.2.3 その他の資格等 111

  3.3 学習成果の評価 112

    3.3.1 経験知識認証（VAE）制度 112

4 地域・家庭教育の支援 113

  4.1 幼稚園及び小学校における課外活動 113

  4.2 子供の読書活動を推進するための取組 113

  4.3 子供・青少年を対象とした教育的余暇活動 114

5 生涯学習支援施設・人材 115

  5.1 生涯学習支援施設 115

    5.1.1 社会・社会文化センター 115

| 5.1.2 | 図書館 | 116 |
| 5.1.3 | 博物館・美術館 | 116 |

5.2 生涯学習支援人材 117
　5.2.1 アニマトゥール 117
　5.2.2 アソシアシオン 119

ドイツ

1　ドイツの生涯学習 122
1.1 「生涯学習」概念の発展と普及 122
1.2 障害者の生涯学習に対する支援 122
1.3 社会教育の在り方 123

2　関係法令・基本計画 124
2.1 連邦と州の権限関係 124
2.2 関係法令 124
　2.2.1 連邦の関係法令 124
　2.2.2 州レベルの関係法令 126
2.3 基本計画 127
　2.3.1 万人のための生涯伴う学習 127
　2.3.2 生涯学習戦略 129
　2.3.3 ドイツのための資質向上策 129

3　成人による学習活動 130
3.1 学習機会の提供者 130
　3.1.1 フォルクスホッホシューレ（市民大学，民衆大学） 130
　3.1.2 宗教系の成人教育機関——カトリック成人教育連邦学習共同体（KEB） ... 132
　3.1.3 遠隔教育機関——ハーゲン通信制大学 132
　3.1.4 高齢者大学——高齢者に対する高等教育の提供 133
　3.1.5 二元式学修課程 134
3.2 学習機会へのアクセスの保障 134
　3.2.1 外部試験制度——学校修了資格の後からの取得 134
　3.2.2 継続教育に対する支援制度 135
　3.2.3 職業と高等教育の接続の改善 136
3.3 資格の種類 137
　3.3.1 基礎的な職業資格 137
　3.3.2 高度な職業資格 137
3.4 学習成果の評価 139
　3.4.1 生涯学習のためのドイツ資格枠組み（DQR） 139

3.4.2　ドイツ職業教育訓練単位制度（DECVET）..139
　　　3.4.3　ProfilPASS 144

4　地域・家庭教育の支援 145
　4.1　家庭教育センター（Familienbildungsstätte）...145
　4.2　子供・青少年余暇施設 145
　4.3　全日制学校プログラム 146

5　生涯学習支援施設・人材 147
　5.1　生涯学習支援施設 147
　　　5.1.1　図書館 147
　　　5.1.2　博物館 148
　　　5.1.3　スポーツクラブ（Sportverein）...149
　5.2　生涯学習支援人材 150
　　　5.2.1　学校教師・大学教員 150
　　　5.2.2　図書館司書 150
　　　5.2.3　学芸員 150
　　　5.2.4　社会教育士／ソーシャルワーカー 151
　　　5.2.5　教育士（Erzieher）..151
　　　5.2.6　スポーツトレーナー 152
　　　5.2.7　ボランティア 152

━━━━━━━━━━　中　国　━━━━━━━━━━

1　中国の生涯学習 158
　1.1　「成人教育」...159
　1.2　職業教育 160
　　　1.2.1　キャリア教育 161
　1.3　趣味・教養に関する教育 162
　1.4　障害者の生涯学習に対する支援 162
　1.5　社会教育 163

2　関係法令・基本計画 164
　2.1　関係法令・基本計画の概要 164
　　　2.1.1　基本法 164
　　　2.1.2　地方政府による立法の実践 165
　　　2.1.3　その他の関係法令 166
　2.2　基本計画 167
　　　2.2.1　職業教育の観点から見た基本計画 169
　　　2.2.2　学習社会の形成——生涯学習環境の構築に向けて 170

	2.2.3 その他の基本計画——高齢者教育発展計画（2016〜2020年）	171
	2.3 所管省庁	172
	2.3.1 教育部	172
	2.3.2 人的資源・社会保障部	172
	2.3.3 文化観光部	172

3 成人による学習活動 173

3.1 学習機会の提供者・アクセス	173
3.1.1 職業訓練を実施する機関	173
3.1.2 農村での成人学習機会の提供	174
3.1.3 継続教育機関	175
3.1.4 遠隔教育	177
3.1.5 テレビ局等が提供する学習機会	184
3.1.6 教育訓練サービス業	184
3.1.7 識字教育	184
3.2 資格・学位	185
3.3 学習成果の評価	186
3.3.1 卒業資格に結び付く高等教育独学試験制度	186
3.3.2 試験に基づく職業資格の取得	187
3.3.3 単位銀行制	189

4 地域・家庭教育の支援 190

4.1 地域教育の支援	190
4.1.1 社区教育	190
4.1.2 社区学院（コミュニティカレッジ）・社区学校	194
4.1.3 高齢者大学	194
4.1.4 地方における地域教育——山西省郷鎮成人学校の事例	195
4.2 家庭教育の支援	196
4.2.1 「全国家庭教育指導大綱」の発表	198
4.2.2 「補習教育」	198

5 生涯学習支援施設・人材 199

5.1 公共文化サービス体系の構築	199
5.1.1 生涯学習支援施設の概要	201
5.1.2 博物館・記念館	202
5.1.3 図書館	204
5.1.4 公民館	206
5.1.5 文化宮・青少年宮	207
5.2 生涯学習を担う人材	208
5.2.1 社区教育における人材	208

| 5.2.2 | 博物館・図書館従事者 | 209 |
| 5.2.3 | 生涯学習を担う民間団体 | 209 |

韓 国

1 韓国の生涯学習 212
1.1 成人を対象とする基礎的な教育 212
1.2 職業教育 213
1.3 趣味・教養に関する教育 213
1.4 障害者の生涯学習に対する支援 214
1.5 社会教育の在り方 214

2 関係法令・基本計画 215
2.1 基本法 215
2.2 基本計画 216
2.3 関係法令 217
2.4 所管省庁 217
2.4.1 教育省 217
2.4.2 文化スポーツ観光省 218
2.4.3 雇用労働省 218

3 成人による学習活動 218
3.1 学習機会の提供者・アクセス 218
3.1.1 生涯教育振興院 218
3.1.2 遠隔教育 219
3.1.3 大学附設の生涯教育院 221
3.1.4 識字教育に対する支援事業 222
3.2 資格・学位 223
3.2.1 学士，専門学士 223
3.2.2 国家職務能力標準（NCS） 223
3.2.3 韓国資格枠組み（KQF） 224
3.3 学習成果の評価 225
3.3.1 独学学位制度 225
3.3.2 単位銀行制度 226
3.3.3 生涯学習ポートフォリオ制度 228

4 地域・家庭教育の支援 229
4.1 地域教育の支援 229
4.1.1 生涯教育活性化支援事業 229
4.1.2 放課後学校 230

	4.1.3	生涯学習大賞	230
	4.1.4	大学の生涯教育体制支援事業	231
4.2	家庭教育の支援		232
	4.2.1	保護者支援センターにおける家庭教育	232
	4.2.2	異文化を背景とする家庭に対する教育支援	232

5　生涯学習支援施設・人材 233

5.1	施設		233
	5.1.1	生涯学習館	233
	5.1.2	幸福学習センター	233
	5.1.3	住民自治センター	234
	5.1.4	社会福祉館	234
	5.1.5	図書館	235
	5.1.6	博物館・美術館	235
5.2	人材		235
	5.2.1	生涯教育士	235
	5.2.2	生涯学習支援団体	237

資　料

アメリカ合衆国の学校系統図	242
イギリスの学校系統図	243
フランスの学校系統図	244
ドイツの学校系統図	245
中国の学校系統図	246
韓国の学校系統図	247

総括表

各国の生涯学習.................................16

関係法令・基本計画.................................18

成人による学習活動.................................20

地域・家庭教育の支援.................................22

生涯学習支援施設・人材.................................24

諸外国の生涯学習（1-1）

		アメリカ合衆国	イギリス	フランス
各国の生涯学習	各国の生涯学習（「生涯学習（政策）」の捉え方や特徴的な取組など）	・成人を対象とする基礎的な教育…成人基礎教育，成人中等教育，及び英語識字教育。 ・中等後教育，継続教育…前者はハイスクール以上の水準で教育課程に基づくフォーマルなプログラム，後者は中等後教育のうち高等教育機関で提供される各職業分野の知識・技能，資格，免許等の更新を主な目的としたもの。 ・趣味・教養に関する学習…学習者個人の興味・関心あるいは自己啓発，自己充足のために行われるもの。指導者がいないインフォーマルな学習が多い。	・成人を対象とする教育…通常，19歳以上の義務教育年齢を超えた学習者に対して提供される様々なコースを指し，内容は基礎的な識字クラスから，趣味・生きがいの学習，さらには学位レベルの課程まで多岐にわたる。 ・継続教育…広義にはフルタイムの義務教育後の高等教育を除く教育・訓練。狭義には16～19歳までの教育・訓練を指す場合もある。 ・職業・技能訓練…継続教育機関などの機関中心の訓練と働きながら訓練を受ける見習い訓練がある。	・成人を対象とする教育…継続教育として実施。職業適応，スキルの研さん，資格の取得，昇進，又は転職などの労働者のニーズに応えることを目的とした教育・訓練等。 ・趣味・教養に関する学習…民衆教育として実施。文化・教養講座等。
	障害者の支援	・「障害を持つアメリカ人法」において，障害を理由とする差別を禁止するとともに，連邦からの財政支援を受けている教育機関に障害者受入れの条件整備を義務付け。 ・「リハビリテーション法」に基づき，障害者の就職や自立した生活に向けた支援を州とのマッチングファンドで実施。	・1970年慢性疾患及び障害者法や障害者差別禁止法（1995年），2010年平等法により，障害者サポートや障害者に対する差別の禁止が定められている。 ・継続教育カレッジは，基本的に学習に困難を伴う者や障害者に対する相応のサポートを行っている。 ・大学によっては，生涯学習センターに，障害者専用サポートスタッフを配備したり，障害者に役立つアクセス情報を提供するプロバイダーと提携して障害者支援を行っているところもある。	「障害者の権利，機会，参加及び市民権の平等のための2005年2月11日付法律第2005-102号」において，障害者に対するアクセスの機会を保障。
	社会教育の在り方	・我が国の「社会教育」の枠組みで実施される教育活動は多様な主体が実施。 ・地方政府が設置運営するコミュニティセンターと呼ばれる施設は近隣の住民を対象とした講座やワークショップ等に利用されている。 ・図書館行政を所管する政府機関は州によって多様であるが，そこでは余暇活動や読書会，コンピュータ教室など，青少年や成人対象の組織的な教育活動が実施されている。	・イギリスにおいて日本のSocial Educationに該当する代表的な用語としては，lifelong education（生涯教育），non-formal education（ノンフォーマル教育）あるいはadult education（成人教育）などが挙げられる。 ・図書館や博物館，公民館などの社会教育施設において，資格取得，職業訓練，趣味・教養講座など様々なジャンルの講座やスポーツアクティビティ，余暇活動等が展開されている（オンライン講座含む）。	・民衆教育，青少年，アソシアシオン活動の一環で実施。 ・社会・社会文化センター，青少年の受入れ施設，スポーツ施設，図書館など多様な場において，生涯学習や民衆教育を支援する専門家であるアニマトゥールやアソシアシオン等，様々な主体により実施されている。

総括表

諸外国の生涯学習（1-2）

ドイツ	中　国	韓　国		
「生涯学習」の概念は，ドイツが抱える様々な社会経済的な問題を解決に導くための主導理念として受容され，特に社会経済的弱者をいかに引き上げていくかといった文脈で多用されるようになった。そのため，その有効な手段として，学校教育及び職業教育修了後の職業継続教育が「生涯学習」の枠組みで語られる傾向が強い。	・成人教育…識字教育，職業訓練，コミュニティ教育，遠隔教育等，成人に必要とされる教育全てを包含。 ・職業教育…中等及び高等教育段階の職業教育機関で提供，就職前の技能訓練，在職者や就農者への訓練，都市流入者に対する訓練等 ・趣味・教養に関する教育…博物館，図書館，公民館等の社会教育施設での学習，学習都市や「学習するコミュニティ」形成，労働者文化宮や青少年宮のような複合型施設，高齢者大学等のコミュニティ内に設置された教育施設における学習。	・成人基礎教育…初等学校と中学校水準の知識・技能の取得。「文解教育」と呼ばれる識字教育，外国人を対象とする韓国語プログラムや文化学習プログラムなど。 ・職業訓練・教育…職能開発，各種資格取得，就労に必要な態度・姿勢の習得など。 ・趣味・教養のための学習活動…文化・芸術やスポーツなど，幅広い分野のプログラム。	各国の 生涯学習 （「生涯学習 （政策）」の捉え方や特徴的な取組など）	各国の生涯学習
・国連障害者のための権利条約に則って，連邦全体でインクルーシブ教育を推進。 ・障害者が健常者と共に自立的に社会生活を送れるよう，学校教育や職業教育だけでなく，企業での職業訓練においても，職業訓練機関の斡旋をはじめ，当人の希望に応じてサポーターを付ける等の支援を連邦レベルで実施。 ・障害者の社会参加を促進するための連邦法を2017〜2023年に4段階にわたって導入。	・普通教育を行う高級中学，高等教育機関，継続教育機関は，…その障害を理由に受験・入学を拒むことはできない（改正「障害者教育条例」第34条）。 ・国及び社会は，障害者が自ら学んで能力を身に付けることを奨励し，助けなければならない（改正「障害者教育条例」第39条）。	・国と地方自治体は，障害者に生涯教育の機会を保障するため，障害者を対象とする生涯教育に関する政策を策定・施行しなければならない（生涯教育法第5条）。 ・国家障害者生涯教育支援センターを設置する（生涯教育法第19条の2）。	障害者 の支援	
・日本で意味するところの「社会教育」に合致するような概念は，ドイツにはない。 ・学校外での子供・青少年を対象とした活動は，主に地域の子供・青少年援助施設やスポーツクラブによって，彼らの心身のケアやサポートを目的に担われている。 ・成人を対象とした活動は，職業継続教育，趣味・教養の学習を含め，フォルクスホッホシューレ（市民大学）を中心とする成人教育機関で行われている。	・広義には，意識的に人を育成し，人の心身の発達に有益な各種社会活動といえ，狭義には，学校や家庭外の社会文化施設や社会団体・組織による教育と位置付けられている。 ・社会教育を実施する施設としては，文化館（文化ステーション），少年宮，図書館，博物館，記念館，ラジオ局・テレビ局などがある。	・今日の教育行政において，「社会教育」という用語はほとんど用いられない。 ・日本において社会教育に位置付けられる諸活動の一部は，行政安全省や保健福祉省，文化スポーツ観光省が所管する機関・施設で提供されており，地域住民の自治活動や福利厚生の一環という側面も持つ。	社会教育 の在り方	

17

諸外国の生涯学習（2-1）

		アメリカ合衆国	イギリス	フランス
関係法令・基本計画	関係法令	・労働力革新機会法（2014年）…雇用，教育及び訓練を連動させたシステムの構築が目的。このため，多様な連邦事業を成人対象，失業者対象，青少年対象の3系統に整理統合し，関連情報やサービスを提供するワンストップ・センターの設置などを規定。 ・カール・D.パーキンス・キャリア・技術教育改善法…職業教育機関と企業等との連携や知識・技能更新のための生涯にわたる教育・訓練機会の提供等を目的とする職業教育プログラムに対する補助金支出を規定。	・2007年継続教育・訓練法…継続教育機関に短期高等教育レベルの準学位（応用準学位）の授与権を認めること，問題のある継続教育機関への介入を迅速に行うことなどが盛り込まれた。 ・2008年教育・技能法…10代後半の若者を対象とした教育・訓練参加の拡大を目的に，義務教育の終了を18歳とすることが定められた。 ・2009年見習い訓練等法…イギリス経済の長期的な人材ニーズを踏まえて，14〜19歳の教育・訓練の充実を目的に，特に見習い訓練制度の整備を柱として，見習い訓練修了証の導入，地方当局の役割拡大，職場体験の充実などを規定。	・1971年7月16日付法律…生涯教育，生涯職業教育が国の義務であることを定め，生涯学習の基礎を構築。 ・2002年1月17日付法律…経験知識認証（VAE）制度を創設。 ・2004年5月4日付法律…教育訓練を受ける個人の権利（DIF）を創設。 ・2014年3月5日付法律…DIFに代わる教育・訓練個人口座（CPF）を創設。 ・2016年8月8日付法律…個人の活動を管理する活動個人口座（CPA）を創設。
	基本計画	（生涯学習に関する基本計画は定められていない）	・具体的な基本計画は発表されていないが，例えば生涯学習緑書『学習の時代を拓く』（1998）では生涯学習政策の方向性と，長期的な展望に立つ基本な政策が示された。	・基本計画はなく，職業的側面，学業的側面，社会・市民生活など多義にわたる分野での活動に関してそれぞれ法令が定められている。
	政府所管機関	・連邦政府…教育省及び労働省が中心。 ・州政府…州によって多様であるが，成人を対象とする基礎的な教育については州教育局が中心。	・教育省…14〜19歳及び成人の職業教育，継続教育等について所管。 ・ビジネスエネルギー産業戦略省…科学技術分野を中心に生涯学習政策に関わる。 ・デジタル・文化・メディア・スポーツ省…博物館・美術館・公共図書館を所管。	・継続教育については，初等中等教育政策及び高等教育政策を所管する省庁が所管。 ・職業訓練については，労働政策を所管する省庁が所管。 ・民衆教育，青少年，アソシアシオン活動，スポーツについては，それぞれを担当する省庁が所管。

諸外国の生涯学習 (2-2)

ド　イ　ツ	中　国	韓　国		関係法令・基本計画
・職業教育法…企業における職業訓練・研修の機会, 内容, 質などを保障。 ・職業継続教育助成法…最初の職業継続教育を終えた者を対象とするあらゆる職業継続教育の助成を規定。 ・手工業法…マイスター試験や手工業における職業訓練に関する事柄を規定。 ・社会法典第Ⅲ編：雇用促進…職業継続教育分野における連邦雇用長の助成を規定。 ・遠隔授業保護法…遠隔授業の参加者及び提供者の権利と義務を規定。 ・経営体規則法…企業の職業訓練における雇用者及び経営体の権利と義務を規定。 ・各州の継続教育・成人教育関連法…継続教育・成人教育の推進及び財政措置の条件や原則などを規定。 ・各州の教育休暇法…職業従事者が所定期間, 教育的催事への参加を目的に有給で休暇を取得することを保障。	・中華人民共和国憲法…国家は各種教育施設を発展させ, 非識字者をなくし, 工場労働者, 農民, 国家公務員, その他労働者が, 政治, 文化, 技術, 義務の教育に進み, 自学し, 才能を伸ばすことを奨励する (第19条)。 ・中華人民共和国教育法…生涯教育体系を構築し, 完全にする (第11条)。 ・公共文化サービス保障法…国家は, 公共文化サービスが社会教育の機能を十分に発揮させるようにする (第10条)。	・大韓民国憲法…生涯教育の振興について規定。 ・教育基本法…国民の生涯学習の権利について規定。 ・生涯教育法…生涯教育の理念や基本計画の策定, 生涯教育振興委員会, 国や地方自治体による行財政支援, 生涯教育振興院, 生涯教育士, 生涯教育機関, 識字教育などについて規定。 ・高等教育法…生涯学習の機会としての遠隔高等教育について規定。 ・勤労者職業能力開発法…職業教育や訓練について規定。	関係法令	関係法令・基本計画
・「万人のための生涯伴う学習」(2001年)…生涯学習の振興にかかわる, 各教育分での研究, 開発, 検証に向けた連邦の取組を束ねる, 連邦政府の生涯学習総合行動プログラム。 ・「生涯学習戦略」(2002年)…学校教育から継続教育に至るまでの各教段階に必要な改革を示した, 生涯学習に関する連邦政府と州政府の戦略文書。 ・「ドイツのための資質向上策」(2008年)…就学前教育から職業継続教育に至るまでの全生涯にわたる教育の振興及び支援に関する連邦政府の行動計画。	・生涯学習を主とした基本計画は存在しないが, 教育中長期計画等に項目として生涯学習の振興が盛り込まれている。	・「生涯教育法」により, 5年ごとの基本計画の策定が義務付けられている。 ・基本計画は, 生涯学習の振興に関する中長期目標や学習の基盤構築, 財源, 政策の分析・評価, 障害者を対象とする生涯学習などに関する事項を含む。	基本計画	
生涯学習は各州の所管であり, 学校教育, 高等教育, 継続教育, 成人教育に関しては, 各州の教育所管省が所管している。それ以外の事柄に関しては, 州により, 教育担当省又は他の省庁が所管している。なお, 連邦は, 以下のとおり限定的に生涯学習にかかわっている。 ・連邦教育研究省…学校外の職業訓練及び継続教育 ・連邦文化・メディア担当国務大臣…全国的な文化振興政策 ・連邦外務省…対外文化政策 ・連邦内務省…競技スポーツの振興や研究 ・連邦家族高齢者女性青少年省…青少年政策, 保育施設の拡大振興策 ・連邦労働社会省…雇用促進のための方策及び労働市場研究や職業研究	・教育部…生涯学習を推進する主要機関。職業教育, 継続教育, コミュニティ教育等の政策立案・実施。 ・人的資源・社会保障部…技術労働者学校や職業訓練機関の発展管理, 職業技能資格制度の完備など所管。 ・文化観光部…文化政策と関連法規の制定, 図書館, 公民館, 美術館等を所管。下部組織としての文化財保護等を所管する国家文物局は博物館事業を所管。	・教育省…生涯学習全般に係る政策など。 ・文化スポーツ観光省…図書館, 博物館, 美術館について所管。 ・雇用労働省…職業能力の開発・訓練, 資格などについて所管。	政府所管機関	

諸外国の生涯学習（3-1）

		アメリカ合衆国	イギリス	フランス
成人による学習活動	学習機会の提供者・アクセス	・コミュニティカレッジ…州立2年制高等教育機関。①4年制大学への転学，②技術教育・職業教育，③補習教育，④一般教養や余暇的活動，成人対象の識字・基礎教育を提供。 ・大学開放部…教職員や施設設備等の資源を活用し，大学周辺地域において部外者を対象に教育等のサービスを提供。 ・オンライン教育…インターネットやe-mail等を利用して教育を展開するプログラム。 ・生涯学習講座…主に高等教育機関に置かれた高齢学習者自身が運営する学習プログラム。	・継続教育カレッジ…継続教育（further education）を提供する機関の総称。①主に職業教育を提供する一般継続教育カレッジ（16歳〜）と②高等教育機関進学を目的としたフルタイムの普通教育を提供するシックスフォームカレッジ（16〜19歳），①と②双方の性質を兼ねるターシャリーカレッジを含む。 ・大学における継続教育…オックスフォード大学やウォリック大学など大学付設の生涯学習機関にて，1日のコースから学位取得コースまでを提供。 ・公開大学（オンライン講座）…イギリス初のMOOCsのプラットフォームとして「フューチャーラーン」を開設。 ・ラーンダイレクト（オンライン学習支援）…イギリス最大のオンライン講座。 ・第三世代大学…退職者を中心に自助的な学習活動を展開。	・継続教育中等学校連合（GRETA）…複数の中等教育機関が協定により協力して継続教育を提供。 ・国立工芸院（CNAM）…成人を対象とした高等教育機関。 ・全国成人職業訓練庁（AFPA）…成人の職業教育・訓練を提供する専門機関。 ・遠隔教育…国立通信教育センター（CNED），フランス大規模公開オンライン講座（FUN-MOOC）等が教育機会を提供。 ・セカンド・チャンス・スクール…資格を取得することなく離学した若者を対象に職業訓練や社会適応等を行う。 ・第三世代大学等…趣味・教養のため成人が学ぶ場を提供。 ・市町村による成人のための講座…趣味・教養のための学習や資格取得のための学習を提供。
	資格・学位	・全米共通に学位の枠組みを定めた法令は定められていないが，一般に課程の水準や年限に基づき，準学士号，学士号，修士号，博士号に大別。 ・職業資格や免許は州の権限。一般に，資格・免許制度の管理は種類ごとに関連する州政府機関が分担。 ・GED…全国的な高等教育関係団体であるアメリカ教育協議会（ACE）が実施するハイスクール修了相当の学力の習得を証明するテスト・プログラム。	・全国資格枠組み（RQF）…入門レベル1〜3＋1〜8のレベルによって構成されている。8段階のレベルには，GCSE，GCE・Aレベル試験の他，商業・テクニシャン教育協会（BETEC），シティ・アンド・ギルド（CGLI）及び王立技芸協会（RSA）などの資格付与団体が審査・認定する職業資格の枠組みについて規定されている。また全国職業資格（NVQ）のレベル1〜5のレベルもRQFの資格枠組みの中で規定されている。さらに，高等教育資格枠組み（FHEQや欧州資格枠組み（EQF）とも連動している。RQFの資格枠組みにおいては，学士号がレベル6，修士号がレベル7，博士号が最高レベルのレベル8となっている。	・全国職業資格目録（RNCP）…全国の職業資格を5段階の水準別に掲載。 ・高等教育進学のためのディプロム…バカロレア，大学入学免状（DAEU）。 ・その他，成人のコンピュータ・リテラシーを証明する「成人のための情報化及びインターネット免状（B2i adultes）」，外国語の運用能力を評価する「外国語能力に関するディプロム」。

諸外国の生涯学習 (3-2)

ド イ ツ	中 国	韓 国		
・フォルクスホッホシューレ（市民大学，民衆大学）…地域の継続教育・成人教育センターで，廉価で様々な講座を提供。 ・宗教系の成人教育機関…カトリック系とプロテスタント系の成人教育機関が最も広く普及しており，地域住民に様々な講座を提供。 ・ハーゲン通信制大学…ドイツ発の，そして唯一の公立通信制総合大学。 ・高齢者大学…一般の高等教育機関が，高齢者を対象とした学修課程を提供。 ・二元式学修課程…多くは，専門大学に設置されている，大学での座学と企業での職業訓練を前提とした学修課程で，修了時には学位とともに相応の職業資格が取得できる。 ・外部試験制度…非就学者を対象とした，学校修了資格を認定するための試験制度で，いずれの州にも設けられている。 ・継続教育を支援する連邦政府の支援制度…主なものに，個人の継続教育及び職業継続教育の費用の一部を，バウチャー形式で支援する教育奨励金や，マイスター等の高度な職業資格の取得を目指す者を対象とする，職業継続教育訓練のためのマイスター奨学金がある。 ・職業資格保持者に対する大学入学条件の統一的基準…手工業マイスターなどの高度な職業資格や一定の職業経験の保持者に大学入学資格を認めるとする各州共通の基準。 ・キャリアアップ奨学金…職業訓練において優秀な成績を収め，一定の職業経験を積んだ者を対象に，大学での学修を支援する連邦奨学金制度。	・各種職業訓練機関（職業教育を施す学校，農村成人文化技術学校，技術労働者学校，職業訓練センター，企業や民間の訓練機関等）。 ・継続教育機関（全日制高等教育機関，成人高等教育機関，公開大学，継続教育学院，全日制高等教育独学試験補助学習クラス等）。 ・遠隔教育（公開大学，インターネット大学，中国燎原ラジオ・テレビ学校等）。 ・社区教育（社区学院，社区学校等） ・メディアによる教育（中央テレビ局や地方のテレビ局等）。 ・各種民間企業による教育訓練サービス。 ・識字教育（農村地域の初等中等学校，農民文化技術学校，学習センター等）。	・生涯教育振興院…中央と地方に置かれる。中央は，全国的な生涯学習事業を統括する。地方では，生涯学習事業に関する相談，研修などが提供される。 ・遠隔教育…テレビやラジオ，インターネットを通じて中等教育や高等教育が提供される。 ・大学附設の生涯教育院…主に単位銀行制度の単位認定プログラムを提供するほか，職業資格取得プロや趣味・教養に関するプログラムなどを運営している。 ・識字教育に対する支援事業…成人を対象とする識字教育で，地域の福祉施設や住民自治センター，図書館などで提供される。	学習機会の提供者・アクセス	成人による学習活動
・基礎的な職業資格…主に18歳又は19歳未満の者を対象に，デュアル・システムの中で行われる職業教育訓練を通じて取得できる職業資格。 ・高度な職業資格…基礎的な職業資格を取得し，更に一定の職業経験と職業継続教育終えた者を対象に，優れた技能・技術や知識を有していることを証明する職業資格。	・卒業資格・学位…「学歴教育」と呼ばれる卒業資格や学位の取得に結び付く教育によって取得でき，大学院課程を提供する成人継続教育機関や高等教育の卒業資格が取得できる高等教育独学試験制度等が存在する。 ・職業資格等…成人識字学級，農村での技術トレーニング，職場訓練，継続教育，職業資格や専門の資格に結び付く学習などの「非学歴教育」と呼ばれる様々な学習によって獲得される。 ・職業資格制度…国が制定した職業技能基準，任職資格条件に基づき政府認定の審査検定機関を通じて行われる。人的資源・社会保障部の提供する職業資格証書は「初級技術工」「中級技術工」「高級技術工」「技師」「高級技師」の5段階に分かれている。 ・識字証書…識字教育により識字能力を身に付けた人に授与される。	・学士，専門学士…大学，専門大学，学位授与権を認められた各種学校や生涯学習施設などで所定の誤程を履修することで取得。また，独学学位制度や単位銀行制度などを通じて取得することも可能。 ・国家職務能力標準（NCS）…職業現場で必要な知識や技術，素養などについて，産業分野別・水準別に体系化したもの。 ・韓国資格枠組み（KQF）…学校外における多様な学習成果の相互連携を目的とする全国基準。	資格・学位	

諸外国の生涯学習（4-1）

		アメリカ合衆国	イギリス	フランス
成人による学習活動	学習成果の評価	・大学単位推薦サービス…伝統的な学位取得課程以外で実施される試験や研修のうち一定水準にあると認められる内容のものを認証し，高等教育機関での履修単位につなげることを目的とする。アメリカ教育協議会（ACE）が実施。 ・継続教育単位制度…国際継続教育訓練協会（IACET）が実施する，ガイドラインに基づいて継続教育の提供機関を認定し，認定したプログラムにおける学習成果を単位として保証する取組。 ・学外学位課程…所属する大学で授業を受ける代わりに，遠隔教育や他大学で取得した単位あるいは職業訓練等で習得したことを認定された学習成果を組み合わせることで，取得要件を満たした成人学習者に学位を授与するプログラム。	・CATS…イギリスの大学では，各コースの内容をモジュール化して一定の単位を付与する単位互換制度（Credit Accumulation and Transfer Scheme：CATS）が普及している。CATSは，異なる機関や専攻の学位・資格の水準が全国的に標準化され，単位（修学量）の蓄積と移転が可能となり，学習者により柔軟な修学機会を提供することに貢献している。単位数は，高等教育資格枠組み（FHEQ）で定められている学位・資格に沿って示される。	・経験知識認証（VAE）制度…一定の専門分野において3年以上の経験を有する者を対象に書類審査及び面接審査を行い，合格者に中等・高等教育において授与されるものと同等の職業資格・学位を授与又はその取得のための単位の一部を認定する制度。
地域・家庭教育の支援	地域教育の支援	・コミュニティエデュケーション…公立学校を所管する学区の中には，より地域に密着して，青少年対象の学校外活動を含めたサービスとして成人対象の基礎教育や趣味・教養の講座を提供している場合がある。 ・コミュニティスクール…公立学校を中心に社会福祉関連組織や地域団体などがネットワークを形成し，児童・生徒及び保護者に多様なサービスを提供することで健全な家庭・地域の形成を支援。 ・放課後プログラム…学区によっては放課後の公立学校で補習プログラムを提供。 ・奉仕保全部隊…ハイスクールをドロップアウトした若者など，17〜26歳の青年を対象にコミュニティサービスに従事する機会を提供。	・ユースワーク…青少年の健全育成を推進する活動。1964年に組織された全国組織の非営利団体である全国青少年育成支援機関（National Youth Agency）が実施している。通常11〜25歳までの若者を対象に，彼らの人格的社会的発達を促し，地域や社会の中で，自ら発言し，その立場を築くことを可能にできるような支援を行っている。	・「水曜日計画」…幼稚園及び小学校における水曜日の課外活動の充実を図ることを目的とした取組。 ・「休暇のための一冊」プロジェクト…夏休み前に小学校最終学年の全ての児童に対して本を配付する，子供の読書活動を推進するための取組。 ・「未成年の集団的受入れ（ACM）」…長期休暇期間や平日の授業時間外において子供・若者を受け入れ，余暇や教育的余暇活動を提供する施設。
	家庭教育の支援		・労働者教育協会（WEA：Workers' Educational Association）…家庭教育プログラムを提供。親子で楽しめるプログラムが提供され，中には無料のものもある。2018年のプログラムは例えば以下のようなものがある。▽パン作りに挑戦▽親子でクッキング▽親子でキャラクター作り▽親子で美術館訪問―歴史・美術・科学を学ぶ▽夏の工芸品作り など。	

諸外国の生涯学習（4-2）

ド イ ツ	中 国	韓 国		
・ドイツのための生涯学習資格枠組み（DQR）…欧州連合（EU）が開発した欧州資格枠組み（EQF）に連結可能な, 8段階で構成されたドイツ国内の資格枠組み。 ・ドイツ職業教育訓練単位制度（DECVET）…EUが開発した欧州職業教育訓練単位制度に基づき, ドイツ国内の職業教育訓練の成果を単位化し, 別の職業教育訓練の成果として読み替え可能にするための実験的試み。 ・ProfilPASS…インフォーマルに獲得された諸能力を目に見えるかたちで示すための, 生涯学習の成果に関するポートフォリオ。	・試験を通じて高等教育の卒業資格を取得できる高等教育独学試験制度…学歴を問わずに誰でも受験でき, 所定の科目の試験に合格すれば, 省・自治区・直轄市の高等教育独学試験委員会と試験を委託された高等教育機関との連名の卒業証書が授与される。 ・試験に基づいた職業資格…国が制定した職業技能基準, 任職資格条件に基づき政府認定の審査検定機関を通じて行われる。全国計算機等級試験（NCRE）や全国英語等級試験（PET）などがある。 ・単位銀行制度…主に公開大学で履修した単位を累積し, 卒業資格・学士学位を取得。	・独学学位制度…国が実施する試験の結果に基づき, 学士号を取得できる制度。 ・単位銀行制度…国が学校外で行われる多様な形態の学習経験や各種資格を単位として認定し, 一定の単位の累積に応じて, 国あるいは大学が学士号, 専門学士号を授与する制度。 ・生涯学習ポートフォリオ制度…個人の多様な学習経験やその結果について, インターネット上に開設されるe-ポートフォリオに登録・管理する制度。	学習成果の評価	成人による学習活動
・青少年の家, 青少年センター等の子供・青少年余暇施設…子供や青少年の健全育成にかかわる機関。 ・全日制学校プログラム…午後にも授業時間を延長して補習や課外活動などを提供する教育プログラムで, 学校により, 学童保育やクラブ活動の機能・役割を併せ持っていることもある。 ・社会活動年, 環境活動年…義務教育を修了した27歳までの青少年を対象とした, 医療, 福祉, スポーツ, 文化, 環境保護といった分野でのボランティア活動を推進する連邦政府のボランティア制度。	・社区教育…成人に対する職業技術訓練, 青少年に対する学校外の教育, 高齢者及び住民の社会文化的生活向上に向けての教育等。 ・社区学院, 社区学校…コミュニティ内の学校施設や社会教育施設等で行われる各種生涯学習活動。 ・高齢者大学…高齢者の生きがいや趣味・教養のための学習を提供。 ・農村成人文化技術訓練学校…農業技術訓練など農村における実用的な技術訓練を提供。	・生涯教育活性化支援事業…「広域市・道生涯学習ネットワークの構築」「生涯学習都市の整備」「幸福学習センターの運営支援事業」をパッケージ化した事業。 ・放課後学校…学校の正規授業終了後に, 教科学習や文化・芸術, スポーツ等のプログラムを低廉な価格で提供。 ・生涯学習大賞…生涯学習の優れた実践例の奨励を通して, 生涯学習の振興を企図。 ・大学の生涯教育体制支援事業…成人学習者に適した学修環境を整備することを通して, 大学の生涯教育機能を強化。	地域教育の支援	地域・家庭教育の支援
・家庭教育センター…家庭における生活や教育の支援を行う成人教育施設。	・保護者学校…保護者に家庭教育の知識等を指導するため学校内に設置。 ・教育関連の仕事を退職・離職した人たちによる教育部次世代育成事業委員会が設立した家庭教育センターや中国家庭教育ネット等。	・保護者支援センター…保護者を対象に家庭教育や学校教育, 進路進学に関する相談及び情報提供など。 ・異文化を背景とする家庭に対する教育支援…多文化教育支援センターや多文化家庭支援センターなどにおいて, 外国人を対象に韓国語教育や家庭教育・相談, 子供の教育に関する支援を実施。	家庭教育の支援	

諸外国の生涯学習（5-1）

		アメリカ合衆国	イギリス	フランス
生涯学習支援施設・人材	生涯学習支援施設	・図書館…主に公的財源で運営される公立図書館は全米に9,221館。コンピュータ教室や読書会，文化的催事，レクリエーションのほか，基礎教育やGED取得準備教育，第二言語としての英語教育などを内容とする成人対象の識字教育プログラムを提供しているところもある。 ・博物館・美術館…博物館や美術館等の文化施設は，幅広い年齢層にとって重要な学習の拠点。全米博物館協会（AAM）は，優れた博物館の特質の1つに「教育と解説」を挙げている。 ・コミュニティセンター…地域住民による学習活動や余暇活動，社会的援助の提供，地域住民対象の公共的な情報発信等を行う施設。レクリエーション・センターと呼ばれる場合もある。	・成人教育センター…成人を対象にパートタイムの教育・訓練プログラムを提供する機関で全国的に普及している。センターでは，趣味や生きがい，レジャー関連のコースも提供している。 ・コミュニティセンター…地域の人々の健康や福祉，地域改善や学習やレクリエーションといった様々な活動に利用されている施設。地域の生涯学習機関として重要な役割を果たしている。 ・博物館・美術館…中央政府の直接の支援を得ている博物館と，その他の地方博物館に大別できる。前者は大英博物館やナショナルギャラリーなどがあり，年齢や国籍を問わず全ての人に無料で開放されている。後者は地方当局を中心に，大学，私的あるいは公的団体・機関がその運営に当たっている。 ・公共図書館…近年漸減しているが，1964年公共図書館・博物館法により十分な図書サービスを行うことが義務付けられている。	・社会・社会文化センター…地域ごとに配置され，文化，社会参入，余暇，住居，保育など多様な分野における活動やサービスを提供。 ・図書館…教育，情報，文化へのアクセスを保障。 ・博物館・美術館…コレクションを通じて公衆の知識，教育，娯楽の場を提供。
	生涯学習支援人材	・事業計画の立案者…成人教育事業の「事業管理者」や「専門職」と呼ばれる成人教育等の事業の立案・運営に携わる者。学区教育事務所や大学開放部に配置されている。 ・コミュニティカレッジの教員…主な職務を「研究」と考える者が多い4年制大学の教員と異なり，「教育」を主な役割と認識している者が多い。 ・成人を対象とする基礎的な教育の担当教員…公立学校において成人を対象に行う基礎教育やハイスクール修了資格（GED）取得を目的とする教育を提供。専用資格を取得している者もいる。	・生涯学習を支える人材…プログラム提供者，指導者，管理業務者と多岐にわたっている。 ・地域の学習・振興，高等教育，図書館等情報サービス，職場学習等に携わる者。 ・博物館・美術館従事者。 ・継続教育に携わる教員及び学習支援者。	・アニマトゥール…生涯学習を支援する専門家。国家資格であり，資格の種類により取得要件・履修課程が異なる。 ・アソシアシオン…1901年7月1日付法律に基づく非営利団体。

諸外国の生涯学習 (5-2)

ドイツ	中 国	韓 国		
・公共図書館…図書の入手や管理の業務以外に,教育的催事,インターネットアクセス,読書推進,社会文化的な活動など,専ら市民向けのサービスを提供。 ・博物館…一般に,人類の文化遺産や自然遺産の収集,保存,研究,展示,伝達を通じて,訪問者のインフォーマルな学習の場,ディスカッションの場として機能。 ・スポーツクラブ…子供から成人までを対象に,地域レベルでの様々なスポーツの機会の提供を通じて,有意義で健康的な余暇活動の形成をサポート。	・博物館・記念館…文物の保存・研究機関としてでなく文化の伝達・思想・政治理念の宣伝,人々の余暇や文化的娯楽を提供する機関。 ・図書館…図書や文献を収蔵する機能を持つとともに,年齢に関係なく社会教育を提供する機関。 ・公民館…「文化館」「文化ステーション」と呼ばれ,市民の文化活動や文化的娯楽を提供する機関。 ・文化宮・青少年宮…成人を対象とした「労働者文化宮,労働者倶楽部」,青少年を対象とした青少年宮があり,前者は都市部のやや規模の大きな文化・娯楽センターであり,後者は子供を対象とした学校外教育施設である。なお,農村地域の青少年宮として「郷村農村少年宮」が存在する。	・生涯学習館…基礎自治体等に設置され,地域の生涯学習プログラムを運営。 ・幸福学習センター…基礎自治体の区画としての「町」レベルに設置される生涯学習施設で,地域住民のアクセス性を重視。 ・地域住民センター…基礎自治体の区画としての「町」レベルに設置される施設で,各種生涯学習プログラムのほか,地域自治活動の拠点となる場を提供。 ・社会福祉館…保健福祉省所管の福祉施設で,生涯学習関連のプログラムも提供。 ・図書館…生涯学習の場を提供するほか,地域の生涯学習に関する情報も発信。 ・博物館・美術館…文化教育の一環として,様々な学習・体験プログラムを開発,提供。	生涯学習 支援施設	生涯学習支援施設・人材
・学校教師・大学教員…フォルクスホッホシューレ(市民大学・民衆大学)など,様々な生涯学習支援施設で,兼務の教育スタッフとして学習講座を担当。 ・図書館司書…蔵書管理や,利用者にインターネット上のデータバンクやウェブサイトにある資料等についての情報提供を行うだけでなく,必要に応じて,朗読会の開催や読書推進のサポートにも従事。 ・学芸員…博物館などで芸術品や展示品の管理・維持のほか,博物館教育,展覧会や文化旅行などのプログラムの企画・提供に従事。 ・社会教育士／ソーシャルワーカー…学校や就学前施設,子供・青少年援助施設,障害者や高齢者のケア施設等で,人々の生活の支援のほか,社会的に不利な状況に置かれた人々の学習のサポートにも従事。 ・教育士…就学前施設,学童保育施設,障害者支援施設,青少年福祉施設,全日制学校などで,子供・青少年の監督,指導,保育,介護,余暇活動の企画や実施などに従事。 ・地域ボランティア,社会活動年及び環境活動年の若者ボランティア,連邦志願ボランティアの要員…地域のスポーツ活動,全日制学校の教育プログラム,移民及び外国人の子弟のドイツ語学習支援,障害のある子供の学習活動などのサポートに従事。	・地域に所在する学校の教員等。 ・博物館・図書館従事者。 ・民間団体(中国成人教育協会,中国共産主義青年団,中華全国女性連合会等)。	・生涯教育士…生涯学習プログラムの需要分析・開発・運営・評価・コンサルティング,学習情報の提供,能力開発に関する相談・教授,生涯学習振興のための事業計画に関連する業務に従事。	生涯学習 支援人材	

25

アメリカ合衆国

1 アメリカ合衆国の生涯学習 28

2 関係法令・基本計画 35

3 成人による学習活動 40

4 地域・家庭教育の支援 50

5 生涯学習支援施設・人材 53

1 アメリカ合衆国の生涯学習

　生涯学習（lifelong learning）に関する政策や取組は，一般に，児童期から青年期にかけて就職するまでの間，大学を含めた学校教育を中心に実施される初期教育（initial education）を除いた教育活動を支援するものである。アメリカ合衆国（以下，米国）では，「成人教育（adult education）」あるいは「成人継続教育（adult and continuing education）」と呼ばれる活動や取組が生涯学習のそれと重なる部分が多い。連邦政府による成人教育調査の枠組みを見ると，成人教育に分類される活動は初等中等教育機関に在籍しない16歳以上の者を対象とし，指導者がいる場合（フォーマルな教育）といない場合（インフォーマルな教育）に分けられるが，単位や学位の取得を目的とする大学や職業・技術教育プログラムでのフルタイム履修は含まれない。フォーマルな教育として次の教育活動が挙げられる。

　　○第二言語としての英語教育（ESL）
　　○成人基礎教育，GED取得準備教育及び成人中等教育
　　○大学における単位・修了証・学位等取得プログラム（パートタイム就学）
　　○修了証等の取得を目指す職業技術教育プログラム
　　○見習い訓練プログラム
　　○大学や職業技術学校等の単位・学位取得プログラム以外の職業関連プログラム
　　○趣味・教養に関するプログラム

　連邦政府が2005年に実施した成人教育調査によると，調査前直近の12か月間にフォーマルな教育に参加した成人は全体の44％，インフォーマルな学習活動を行った成人は70％であった。フォーマルな教育のうち最も参加者が多かったのは，大学や職業技術学校等の単位・学位取得プログラム以外の職業関連プログラム（27％），次いで趣味・教養に関するプログラム（21％）であった。その他の教育機会への参加は1〜4％であった（**表1**参照）。

　なお，調査の枠組みに見られるように成人教育の政策や取組には学齢期の子供たちに対する学校外教育は含まれていない。また，一旦就職した後であっても，上述のようにフルタイム学生として大学院で上級学位を取得するような場合は含まれていない。以下では，「成人教育」「成人継続教育」と呼ばれる活動や取組を中心に，必要に応じて学齢期の子供たちを対象とした学校外教育や大学等でフルタイムで学ぶ成人学生を支援する取組等についても触れることとする。

アメリカ合衆国

表1：成人教育への参加状況[1]（2004年度）

成人人口（16歳以上）	フォーマルな教育	ESL	成人基礎教育，成人中等教育	大学における学位等取得プログラム（パートタイム就学）	修了証等の取得を目指す職業技術教育プログラム	見習い訓練	単位・学位取得プログラム以外の職業関連プログラム	趣味・教養	インフォーマルな学習活動
千人 211,607	44%	1%	1%	4%	1%	1%	27%	21%	70%

表注1：調査実施の時点で12か月以内に教育プログラムに参加した者の比率。
（出典）NCES, *National Household Education Surveys Program of 2005: Adult Education Participation in 2004-05* (NCES 2006-077), May 2006, p.7 (tab.1), p.38 (tab.17).

1.1 成人を対象とする基礎的な教育

　毎年多くの移民を受け入れている米国では，移民やその家族が米国社会の中で生活するために必要な基本的知識・技能や英語の運用能力等を習得させることについて，常に社会的ニーズが存在する。このため，成人を対象とする基礎的な教育機会を提供することは，特に連邦の教育政策において重要なテーマとなっている。このような教育には次のようなものが含まれる。

○成人基礎教育（Adult Basic Education）。最も基礎的な水準の教育。
○成人中等教育（Adult Secondary Eucation）。ハイスクールで提供されるものと同等の教育で，ハイスクール修了程度の学力を認定するGED（General Education Development）の取得，あるいは成人ハイスクールでの修了証取得を目指す。
○英語識字教育（English Literacy: EL）あるいは第二言語としての英語教育（English as a Second Language: ESL）。英語の運用能力が低い成人，英語運用能力の向上を望む成人を対象に行われる。市民教育が統合されている場合（EL/Civics）もある。

　実際のプログラムは，地方政府や地域団体，識字団体，コミュニティカレッジを中心とする高等教育機関，図書館，その他の組織・団体によって提供される。公立学校を利用して提供される場合が多く，連邦教育省の調査によると，2004年から2005年にかけての12か月間に第二言語としての英語教育（ESL）受講者の46％，成人基礎教育及び成人中等教育の受講者の43％は，公立学校あるいは成人学習センターで提供されたプログラムに参加したと述べている（**表2**参照）。

表2：ESL，成人基礎教育及び成人中等教育参加者の提供機関別参加状況 [1]（2004年度）

プログラム提供機関	ESL参加者 （複数回答）	成人基礎・中等教育 参加者 （複数回答）
中等後教育機関（大学，コミュニティカレッジ，職業教育機関）	37%	25%
初等中等教育機関，成人学習センターあるいは学区	46%	43%
その他	17%	32%

表注1：調査実施の時点で12か月以内に教育プログラムに参加した者の比率。

（出典）NCES, *National Household Education Surveys Program of 2005: Adult Education Participation in 2004-05（NCES 2006-077）*, May 2006, p.21-22（tab.9,10）.

表3：職業関連プログラム参加者の提供機関別参加状況 [1]（2004年度）

プログラム提供機関	利用者の比率 （複数回答）
中等後教育機関（大学，コミュニティカレッジ，職業教育機関）	19%
初等中等教育機関，成人学習センターあるいは学区	8%
民間企業，病院	52%
政府機関（連邦，州及び地方）	16%
専門団体，組合等	17%
公立図書館	—
地域団体及び宗教団体	10%
その他	1%

表注1：調査実施の時点で12か月以内に教育プログラムに参加した者の比率。

（出典）NCES, *National Household Education Surveys Program of 2005: Adult Education Participation in 2004-05（NCES 2006-077）*, May 2006, p.23（tab. 11）.

表4：趣味・教養に関する学習プログラムへの提供機関別参加状況 [1]（2004年度）

プログラム提供機関	利用者の比率 （複数回答）
中等後教育機関（大学，コミュニティカレッジ，職業教育機関）	18%
初等中等教育機関，成人学習センターあるいは学区	5%
民間企業，病院	26%
政府機関（連邦，州及び地方）	3%
専門団体，組合等	5%
公立図書館	1%
地域団体及び宗教団体	52%
その他	2%

表注1：調査実施の時点で12か月以内に教育プログラムに参加した者の比率。

（出典）NCES, *National Household Education Surveys Program of 2005: Adult Education Participation in 2004-05（NCES 2006-077）*, May 2006, p.24（tab. 12）.

1.2　職業教育

　成人を対象とする職業教育は，ハイスクール程度のものから高等教育機関や各種専門団体が提供する比較的専門性が高いものまで，教育水準に幅がある。提供される教育プログラムは学位や修了証，単位等の取得につながる単位授与型のプログラム（credit offerings）と，これらの取得につながらない非単位授与型のプログラム（non-credit offerings）に大別される。連邦政府による成人教育調査の枠組みにおいては次のように分類される。

　○修了証等の取得を目指す職業技術教育プログラム（Vocational/techncal diploma, degree, or certificate programs）。
　○見習い訓練プログラム（Apprenticeship）。
　○大学や職業技術学校等の単位・学位取得プログラム以外の職業関連プログラム（Work-related courses or training）。

　成人を対象とする職業教育の提供者は様々で，公立の短期高等教育機関であるコミュニティカレッジやテクニカルカレッジのほか，経済・産業団体や組合，営利教育機関があるが，単位や学位の取得を目指さない非単位授与型のプログラムについては民間企業や病院である場合が多い（**表3**参照）。

1.3　趣味・教養に関する学習

　趣味・教養に関する学習（psersonal-interest courses）は，学習者個人の興味・関心あるいは自己啓発を目的として学ぶ教育プログラムである。その内容は幅広いが，キャリアアップを含めて職業上の必要性とは関連しない。提供機関別の参加状況をみると，地域団体や宗教団体によるプログラムへの参加者が多く，次いで民間企業や病院，中等後教育機関となっている（**表4**参照）。

1.4　インフォーマルな学習活動

　インフォーマルな学習活動（informal learning activities）とは，指導者がいない状況で行われる学習活動であり，その内容は主に学習者個人の関心に沿ったもの（趣味・教養に関する学習）である。連邦教育省の調査によると，70％の成人は直近の12か月間に，インフォーマルな学習を行ったとしている（**表1**，**表5**参照）。

表5：インフォーマルな学習活動の実施状況[1]（2004年度）

（複数回答）

いずれかのインフォーマルな学習活動を実施した者	コンピュータ，CD-ROM，インターネット	書籍，マニュアル，カセットテープ，ビデオ，テレビ	雑誌等	クラブ等でのグループ活動	講演会や大会等への参加
70%	28%	47%	53%	20%	23%

表注1： 調査実施の時点で12か月以内に教育プログラムに参加した者の比率。
（出典）NCES, *National Household Education Surveys Program of 2005: Adult Education Participation in 2004-05*（NCES 2006-077）, May 2006, p.38.

1.5　中等後教育，継続教育

　連邦政府による成人教育調査の枠組みにもある中等後教育（postsecondary education）は，博士や修士などの学位授与課程を含む，中等教育以降の多様な教育プログラムを包括する幅広い概念である。連邦政府の統計上の定義では，「主に，ハイスクールにおける義務教育終了年齢を超えた生徒（注：州によっては義務教育年齢がハイスクール卒業前に設定されている州がある）を対象に設計された教育課程を提供する，指導者がいる教育プログラム」であり，そうしたプログラムはアカデミックな目的を持つものであったり，職業上の目的を持つもの，あるいは専門性を高めるための高度な継続教育である。ただし，趣味的な教育や成人基礎教育は含まれない。

　中等後教育の主たる提供者は，2年制大学，4年制大学及び職業教育機関である。高等教育機関（2年制大学及び4年制大学）以外の職業教育機関は，ほとんどが営利を目的とする私立機関である。連邦教育省の統計によると，連邦教育省から連邦奨学金の利用を認められた学位授与機関は4,627機関，非学位授与機関は2,524機関である。学位授与機関のうち州立は1,621機関，私立は3,001機関である。非学位授与機関については州立343機関，私立2,181機関で，私立の中でも営利機関は2,026機関と非学位授与機関全体の80.3％を占めている（**表6**参照）。

表6：連邦奨学金の対象となっている中等後教育機関の構成（2014年度）

合計	学位授与機関							非学位授与機関		
		2年制大学			4年制大学				州立	私立
			州立	私立		州立	私立			
7,151機関	4,627機関	1,616機関	920機関	696機関	3,011機関	701機関	2,310機関	2,524機関	343機関	2,181機関

（出典）NCES, *Digest of Education Statistics 2015*, tab.105.50.

　2年制大学及び4年制大学の中にはハイスクールの成績や学力テストによる選抜を行わな

い開放型の入学制度を行っているところがある。また，働きながら学べるように標準的な期間よりも長い時間をかけて履修できるパートタイム就学を認めている大学も少なくない。こうした体制をとっている大学は多くの成人学習者を受け入れている。連邦政府の統計によると，高等教育機関在学者に占める30歳以上の者（学部段階から直接大学院に進学した者を含む）の比率は25.2%，パートタイム学生に限ると44.6%に上る（**表7**参照）。

表7：高等教育在学者の年齢別構成（2014年）

		計	18歳未満	18〜19歳	20〜21歳	22〜24歳	25〜29歳	30〜34歳	35歳以上
		千人	千人	千人	千人	千人	千人	千人	千人
実数	フルタイム在学者	12,453	200	3,174	3,326	2,597	1,525	626	1,005
	パートタイム在学者	7,753	38	545	836	1,313	1,559	960	2,501
	計	20,207	239	3,720	4,162	3,910	3,084	1,586	3,506
		%	%	%	%	%	%	%	%
構成比	フルタイム在学者	100.0	1.6	25.5	26.7	20.9	12.2	5.0	8.1
	パートタイム在学者	100.0	0.5	7.0	10.8	16.9	20.1	12.4	32.3
	計	100.0	1.2	18.4	20.6	19.3	15.3	7.8	17.4

（出典）NCES, *Digest of Education Statistics 2015*, tab.303.40.

　高等教育機関等において成人を対象に，パートタイムでの履修を基本として提供される職業分野の専門的な知識・技能の更新を主な目的とした教育は継続教育（continuing education）と呼ばれる。また，上級学位や資格，知識・技能の取得等を目指す特に専門性の高い教育は専門継続教育（continuing professional education）と呼ばれる。大学教員を中心とする研究グループが実施した全国的な調査（Lumina Foundation for Education, 2007）によると，最も参加者が多かった継続教育のプログラムは，単位や学位の取得につながるものについては経営やビジネス，マーケティング，単位・学位の取得につながらないものについてはコンピュータ及び情報技術であった。

1.6　障害者の生涯学習に対する支援

　生涯学習の機会を含む障害者一般に対する差別を禁止する法律として，1990年制定（2008年改正）の「障害を持つアメリカ人法（Americans with Disabilities Act of 1990 [P.L.101-336], ADA Amendments Act of 2008 [P.L. 110-325]）」と1973年制定の「リハビリテーション法（Rehabilitation Act [P.L.93-112]）」がある。前者はアメリカにおける最も包括的な公民権法の1つであり，障害者の差別禁止及び障害者が他者と同じくアメリカでの生活を営むことができる機会を保証するものである。後者は障害者を対象とする職業リハビリテーションプログラムの実施を財政的に支援するとともに，雇用や障害者個人の生活，雇用主を援助するための連邦法である。

「障害を持つアメリカ人法」は，就職，並びに政府機関や公共施設，交通システム等の利用において，障害を理由とする差別を禁じている。これにより，成人教育プログラムの提供機関を含めて，連邦政府からの財政支援を受けている全ての教育機関は，トイレや廊下，駐車場，運動施設など，受入れのための施設設備における条件整備が求められている。また，教育活動においても授業の趣旨や水準に影響しない範囲で障害者のニーズに合わせた調整が求められており，例えば，試験時間の延長や授業におけるノート記録の補助，手話通訳や音訳装置，その他専用のコンピュータ機器の配置などが行われている。

「リハビリテーション法」に基づく事業は，連邦教育省の特別支援教育・リハビリテーション局内にあるリハビリテーション・サービス部（Rehabilitation Services Administration：RSA）が所管している。就職や自立した生活が可能となるよう，年齢に関係なく，障害者を対象に提供される教育・訓練を含む多様なサービスについて，州とのマッチングファンドによる財政支援を行っており（同法第7条（14）（A）により，連邦が78.7％を負担。），その年間予算は30億ドル以上に上る（2017会計年度は31.2億ドル）。同法はまた，教育省特別支援教育・リハビリテーション局傘下の全米障害・リハビリテーション研究所（National Institute on Disability and Rehabilitation Research）及び連邦の独立政府機関である全米障害者評議会（the National Council on Disability：NCD）に研究活動の実施に関する権限を与えている。

1.7 「社会教育」の在り方

包括的な概念である我が国の「社会教育」に相当する概念や用語はない。また，これを推進するための法律は連邦及び州のいずれにおいても定められていない。ただし，我が国の「社会教育」の枠組みにおいて実施されている取組，教育活動は，多様な主体によって実施されている。

例えば，地方政府が設置運営するコミュニティセンターあるいはレクリエーションセンターと呼ばれる施設は，幅広い年齢層の近隣住民を対象とした講座やワークショップ，サークル活動等に利用されている。また，公立図書館行政を所管する政府機関は，州教育局（州教育委員会）や専門の委員会，文化局など州によって多様であるが，多くの図書館ではレクリエーションや読書会，コンピュータ教室など，青少年や成人を対象とする組織的な教育活動が実施されている。青少年や成人を対象に多様な組織的教育機会を提供しているという点では，博物館や美術館も同様である。

図書館や博物館，美術館の管理運営は，政府機関が州内一括して統治するような場合（例えば，州や地方政府の図書館委員会）のほか，各機関の管理運営を決定する機関が独立して設けられている場合（例えば，州立博物館の理事会）がある。いずれについても施設や事業の基本方針を決定する機関は複数委員から構成される合議制機関（理事会）であるのが一般

的である。これら合議制機関（理事会）の構成員（理事）の任命は首長（州知事，市長など）が行うことが多いが，理事の任期が首長（通常4年）よりも長く設定されていたり，理事の入れ替えが部分的に実施される，州知事任命の前提として州議会の承認が必要とされるなど，政治的中立性を担保するための工夫が施されている。

2 関係法令・基本計画

2.1 連邦レベルの関係法令・基本計画

　連邦政府に教育に関する権限はないものの，生涯学習については成人を対象とする基礎教育や職業教育を中心に，多様な取組を支援してきた。例えば，1976年に制定（1980年廃止）された「生涯学習法（Lifelong Learning Act [P.L. 94-482]）」では，高齢者教育や両親教育，有職成人の再教育・訓練のプログラムなど，20種類を超える公的助成プログラムに対する支援が行われた。また，1994年の連邦法「2000年の目標：アメリカ教育法（Goals 2000: Educate America Act [P.L.103-227]）」で条文化された「全国共通教育目標」には成人の学習に関する項目が盛り込まれた。1997年制定の「納税者救済法」では学部及び大学院在学者を対象に授業料相当額最大2,000ドルを減税する「生涯学習税額控除」が導入された。高等教育の将来像を模索した2006年の連邦教育長官諮問委員会最終報告（スペリングス報告）でも生涯学習の振興に向けた戦略の策定が提言された。

　このように従来から，成人の学習活動を支援する関連法令や政策提言は行われてきたが，生涯学習に関する包括的な法律や全国的な推進計画は定められていない。ただし，学校教育の枠組みに収まらない，生涯学習の観点から重視される取組については今日でも関連する法律が定められている。中でも「労働力革新機会法」や「カール・D. パーキンス・キャリア・技術教育改善法」は生涯学習に関連して比較的幅広い内容を定めている。

2.1.1 労働力革新機会法

　「労働力革新機会法（Workforce Innovation and Opportunity Act（WIOA）[P.L.113-128]）」は，今日の労働市場で求められる知識・技能を持っていない人々や障害のある人々が労働市場に参入できるように，必要とされる労働力を開発することを目的として2014年に制定された。クリントン政権時の1998年に制定された労働力投資法（Workforce Investment Act）の事業実施に関する連邦政府の授権期間を2015会計年度から2020会計年度までの6年間に

更新するもので，州レベルと地方レベルのそれぞれに設けられる労働力開発委員会を中心に
多様な教育・訓練機会を効果的に利用して労働需要に見合った労働力開発の実現を図ること
（タイトルⅠ）において基本方針を継続している。5タイトルから構成され，成人教育事業及
び成人識字事業を定めたタイトルⅡと職業リハビリテーション事業を定めたタイトルⅣは
教育省が，タイトルⅠや就職支援情報提供事業を定めたタイトルⅢ，一般規定であるタイト
ルⅤは労働省が所管する。

　同法のタイトルⅠでは，労働者と労働市場のニーズとをより良く一致させるための，雇用，
教育及び訓練を連動させたシステムの構築を目指している。このため州と地方の労働力開発
委員会はそれぞれ，労働力開発に向けた4か年計画を策定する。そして，この計画に沿って
①職業紹介や労働市場関連情報の提供，技能評価やカウンセリング，就職活動計画の作成な
どのキャリアサービスと，②職場内訓練や見習い訓練の紹介・提供などの訓練サービスに分
け，これらを調整・提供するワンストップセンターを州内に設置するとしている。

　タイトルⅡは「成人教育及び家庭の識字に関する法律（Adult Education and Family
Literacy Act）」を別称とし，識字能力と就職や経済生活に必要な技能の習得，ハイスクール
修了証の取得と中等後教育・訓練への移行，及び英語を母語としない者を対象とする英語教
育支援などを目的とする。同タイトルの支援対象となる教育プログラムが受け入れる学習者
について次のように定義している。

（A）16歳以上の者，
（B）中等教育機関に在学していない，又は，州法によってその在学を求められていない者，
　　で，かつ
（C）次のいずれかに該当する者。すなわち
　　（i）　社会生活を営む上で必要な基礎技能を習得していない，
　　（ii）　中等学校の修了証又はそれと同等の資格を取得していない，あるいは同水準の教
　　　　育を受けていない，
　　（iii）英語学習者（注：英語による会話，読解，記述が困難な者）。

　このような学習者を対象に実施される成人基礎教育，成人中等教育，英語識字教育及び市
民教育のプログラムへの財政支援の条件として，上述の4か年計画に，成人教育プログラム
の内容・水準と連邦の初等中等教育法で求められている教育課程基準との整合性の確保や，
地域の経済的ニーズ及び個人の教育・訓練ニーズに適した成人教育・識字教育の提供，成人
教育や識字教育のプログラムとワンストップセンターで提供される諸活動との連携の在り
方，地方で実施される成人教育や識字教育などのプログラムの指導者の養成・研修などを盛
り込み，実施することが求められている。4か年計画に従って運用される同タイトルに基づ

く州への補助金のほとんど（82.5％）は，学区や高等教育機関，図書館，非営利団体など，実際のプログラム提供者に分配されることとなっている。

2.1.2　カール・D. パーキンス・キャリア・技術教育改善法

「カール・D. パーキンス・キャリア・技術教育改善法（Carl D. Perrkins Career and Technical Education Improvement Act [P.L.109-270]）」は，職業教育の振興を目的として1984年に制定された「カール・D. パーキンス・職業教育法（Carl D. Perkins Vocational Education Act [P.L.98-524]）」の改正法として2006年8月12日に制定された。労働需要が高く，条件の良い職に就くための備えとなるような教育課程基準の策定，高等教育機関や職業教育機関，企業とハイスクールやコミュニティカレッジとの連携協力体制の構築等によって職業教育プログラム在籍者のスキルアップを図ることを目的とする補助金事業を定めたものである。

同法が支援する中等後教育段階の成人教育として次のようなものが挙げられる。

○準学士号取得課程（修業年限2年以上，取得単位数は約60単位）
○職業技能の向上を目的とする修了証取得プログラム（取得単位数は24～30単位）
○労働力スキル形成を目的として産業界が開発・認知した職業技能証明取得プログラム
○職業関連技能あるいは個人の充足に関連した学位・単位につながらないコースワーク

2.1.3　その他の関係法令

「労働力革新機会法」や「カール・D. パーキンス・キャリア・技術教育改善法」のほかにも識字教育や成人教育を支援する連邦の取組がある。例えば援助を要する家庭を対象とした一時支援事業（Temporary Assistance for Needy Family：TANF）では，職探しや職業訓練等に関連して，基礎技能に関する教育への支援も行われる場合がある。また，初等中等教育法で定められた「21世紀地域学習センター事業（21st Century Community Learning Centers program）」でも地域住民を対象とした識字教育支援が行われる。

2.2　州レベルの関係法令・基本計画

2.2.1　労働力革新機会法に基づく州労働開発委員会

連邦法である労働力革新機会法では，同法の支援対象となる取組をまとめた4か年計画を策定し，連邦労働長官からの承認を得るため，各州の州知事に対して州労働力開発委員会（state workforce development board）の設置を求めている。州労働力開発委員会は，州知事自身と州議会議長が任命した議員のほか，州内企業（雇用者）の代表者，労働者団体の代表者，教育訓練機関の代表者等の中から州知事が任命した者から構成される。構成員の半数

以上は雇用者の代表，20％以上は労働者の代表でなければならない。

　州労働力開発委員会は，上述のように，4か年計画の策定・実施において州知事を支援するものと位置付けられているが，これに関連して州の労働力開発制度の開発・改善，労働力開発事業や成人教育事業，職業リハビリテーション事業などに関する事業評価，州の労働市場に関する情報システムの構築なども行うこととされている。このほか，地方レベルに置かれる地方労働力開発委員会（local workforce development board）の設置基準の策定に関して州知事を援助する。

　労働力革新機会法が規定する州労働力開発委員会の役割は，米国における生涯学習に関する取組で重要な位置を占める成人教育に密接に関連するものである。ただし，成人基礎教育や成人中等教育，第二言語としての英語教育，中等後教育機関における職業教育，見習い訓練など，実際に提供される教育プログラムに関する取組は，州教育局（州教育委員会，州教育長）や州立大学やコミュニティカレッジの大学理事会など所管する州の教育行政機関が教育プログラムの内容や提供方法等についての方針や枠組を定めている。

2.2.2　州政府における生涯学習関連事業所管機関

　州レベルの教育政策の意思決定は，多くの場合，初等中等教育と高等教育で分かれており，さらに高等教育においては各機関に大きな裁量が与えられている。具体的には，初等中等教育については，州教育委員会が州法の定める方針に沿って基本的枠組みや最低基準を定め，その範囲内で公立学校行政を所管する学区が実際の取組を立案，実行している。また，高等教育行政は州によって多様であるが，州立大学の管理運営に直接責任を有する大学理事会（複数大学を所管する場合もある）あるいは州内に複数の州立大学の大学理事会がある場合に設けられている高等教育調整委員会が教育プログラムを開発，提供する。

　各州の教育政策に関する情報を収集分析している非営利団体（Education Commission of the States）によると，上述のように複数の政府機関が教育に関する責任を分担している州の教育行政組織において，成人教育を所管する主要な州政府機関も州によって多様な状況となっている。基礎教育やハイスクール修了資格の取得を目指す教育，市民教育など，成人を対象とする初等中等教育段階の教育プログラムは，通常，公立学校を中心に提供され，州レベルでは州教育局が所管してきたが，近年はコミュニティカレッジ（イリノイ）や州労働局（サウスダコタ，テネシー）など州教育局以外の政府機関が所管する州も現れてきた。2004年時点で成人教育プログラムを主に所管する政府機関は，32州では州教育局，3州では州立大学理事会や州高等教育調整委員会，8州では州教育局のコミュニティカレッジ担当部門やコミュニティカレッジの理事会，残りの8州では州労働局など他の州政府機関となっている[注1]。

2.2.3 州レベルの生涯学習推進体制の検討・導入

　州労働力開発委員会が労働力向上に向けて関連する州の取組を調整する「ヨコ」の繋がりをつける役割であるのに対して，教育段階で分かれている州の教育行政体制を就学前教育から高等教育までを一貫したシステムとして「タテ」の繋がりをつけようとする動きも現れている。これは，従来の州教育行政における意思決定の仕組みが，マイノリティ人口の増大や情報化の進展，労働需要の変化などの国内外の変化の中で，すべての者に高い学力と市民としての義務感や責任感を身に付けさせるという今日の社会・経済の要請に対応していないという批判に応えたもので，「P-16」や「K-20」と呼ばれる。

　学士号や上級学位取得につながる，就学前教育から高等教育までの「一貫性と柔軟性のある公教育の連続体」の確立を目指すこれらの政策では，次のような観点から具体の取組が行われる。

　　○3～5歳を対象とする就学前教育へのアクセス拡大
　　○教育段階の間の円滑な移行
　　○人種間の学力格差の是正
　　○教員養成及び現職研修の改善
　　○家庭と学校の関係強化
　　○ハイスクールの最後の2年間において提供される学習機会・経験の多様化
　　○大学への進学準備の改善と学位取得の向上

　就学前教育から高等教育まで一貫した教育システムの構築に向けて，これまでに30以上の州が専門の検討組織の設置や戦略計画の策定など何らかの取組を行っている。例えば，フロリダ州では，1994年に専門の組織を立ち上げて教員養成や就学前教育の拡充の検討を行い，2001年6月には，「州教育行政組織の再編に関する法律（Florida Education Governance Reorganization Implementation Act）」を策定して，州知事及び州政府閣僚級幹部から成る新たな州教育委員会が，就学前教育から高等教育（州立機関）までのすべての教育段階を統治する体制を確立した。マサチューセッツ州では，2007年6月，同州の教育システムの抜本的改革に向けた10年間の戦略計画策定を目指す「レディネス・プロジェクト」を立ち上げ，2008年2月には就学前教育，初等中等教育及び高等教育に分けて設けられている行政機関について，これを統括する州知事直轄の機関である教育総括局を設置し，その責任者として州教育長官を置くことを決定した。

3 | 成人による学習活動

3.1 学習機会の提供者・アクセス

3.1.1 コミュニティカレッジ

　コミュニティカレッジ（Community College）は，州立（地方立）の2年制高等教育機関であり，米国における生涯学習，特に成人学習者を対象とした教育機関として重要な役割を果たしている。提供される教育プログラムは，①4年制大学への転学に向けた教育，②各種資格取得等を目指す技術教育・職業教育，③4年制大学進学希望者等を対象とした補習教育，④一般教養や余暇的活動，成人対象の識字・基礎教育（ハイスクール修了資格取得を目指す教育を含む）の4領域に大別される。州によっては，②のプログラムに重点を置いた機関をテクニカルカレッジ（Technical College）と呼んでいるところもある。

　生涯学習推進においてコミュニティカレッジが果たす役割の1つは，こうした教育プログラムの多様性にある。地域の幅広い年齢層の学習ニーズを満たす多様な教育機会を提供していることに加え，企業関係者を含めた助言委員会を設けたり，人材育成に係るニーズ調査を実施するなど地域の産業界の要望に応える努力も行われている。近年は，4年制大学の授業料高騰により，自宅近くにあって授業料が安価なコミュニティカレッジからの転学に関心が向けられるようになっているほか，今日の労働需要に対応して，看護師や理学療法士，コンピュータ・オペレータ等の養成を行うなど，提供する教育プログラムへの注目が高まっている。

　生涯学習推進という観点からみたときのコミュニティカレッジの主な特徴は，アクセスの容易さである。全米合計920（2014年度）機関のほとんどは一定規模の地域ごとに設けられており，物理的なアクセスを容易にしている。また，安価な授業料（2014年の州立2年制大学の全米平均額は2,955ドルで，州立4年制大学の2分の1未満）やハイスクール卒業者は原則として誰でも受け入れる入学者決定方針も，背景やキャリアが多様な成人学生に対して敷居を下げている。このほか，夜間の時間帯も含めた授業の実施（昼夜開講制）やパートタイム就学の容認など就学形態の柔軟さもあって，4年制大学と比べると，マイノリティ学生や有職者などの「非伝統的学生」（non-traditional students）の比率が大きい。

　ただし，ドロップアウトが少なくなく，学習を継続して学位や資格の取得につなげることが課題となっている。連邦教育省の統計によれば，2003年度に初めてコミュニティカレッジに入学した学生のうち6年後の2008年度終了時点で学位や修了証を取得できなかった者の比率は50.5%に上っている。各コミュニティカレッジでは，初年度学生を対象としたオリ

エンテーション・セミナーの実施や教員とのコミュニケーションの促進，学習活動の維持・推進を目的とする集団の形成など，ドロップアウトを防止し，学位や資格の取得に至らしめる多様な取組を行っている。

3.1.2　大学開放部

　大学開放部（university extension）は，大学の教職員や施設設備等の資源を活用し，大学所在地を中心とする周辺地域において，大学の部外者を対象に教育その他のサービスを提供することを目的とする専門の部署である。ほとんどの州立の4年制大学はこうした部署を持っており，規模の大きな私立大学にも設けているところがある。大学進学者が少なかった時代に大学教育の一部を一般の人々に分かり易く提供する取組を嚆矢とするとみられるが，現在の役割は変わってきている。

　大学開放部では，従来から，公開講座や産官学共同研究開発，有識者会議等への教員派遣，施設の開放などの活動が行われてきた。今日では，これらに加えて，社会人を対象とした資格取得や免許更新を目的とする教育，企業委託による研修プログラムなどが提供されるようになっている。こうした新しい取組は，技術革新や労働需要の変化から労働者の知識・技能の継続的な更新が求められる中で，大学開放部の役割の中で主要な部分になってきている。

　例えば，全米最大規模の州立大学システムであるウィスコンシン大学の場合，同大学の大学開放部は，26キャンパスを擁する同大学の横断的組織として設けられている。担当学長（大学開放部担当学長は大学開放部と13の2年制大学を所管）の下，連携協力部門，継続教育・アウトリーチ・オンライン教育部門，企業支援・経済開発部門及び放送・メディア革新部門の4部門から構成されている。地域に密着したサービス提供を行うため，各キャンパスのほか，州内72カウンティすべてに配置した事務所や，ニーズに応じて州内各地に設けた企業支援組織等を通じて，教育プログラムの提供，講演会やワークショップ等の開催，相談事業や情報の収集・提供など，多様な取組を実施している。

　1970年代及び80年代には，管理職，看護師や薬剤師，教員等の専門職，行政職など比較的高度な専門性を有する職業人の再教育・訓練の需要が増大したことを受け，継続教育プログラムの拡充が進められた。90年代に入ると，情報通信技術の発展によってインターネット上で教育活動が展開されるオンライン教育プログラムが提供されるようになった。同大学開放部の年次報告書によると，2016会計年度に，継続教育・アウトリーチ・オンライン教育部門が所管する学位・単位可能なキャンパスベースの継続教育課程のうち学士レベルの在学者は31,398人，大学院レベルは7,830人，オンラインの学位取得プログラムは5,698人，授業出席時間ではなく知識・技能の習得に応じて単位や学位を授与するコンピテンシーベースのプログラムなど柔軟な就学形態で学んでいる者は1,184人であった。

図1：ウィスコンシン大学大学開放部の組織

カンファレンス・センター	2年制大学・大学開放部担当学長	人文学評議会

連携協力部門	放送・メディア革新部門	継続教育・オンライン教育部門	企業支援・経済開発部門
各カウンティに置かれた事務所と連携し，各地域のニーズに応じた実践的な教育プログラムを提供。講演やセミナー，相談事業等を行うための専門家（教職員）の派遣，オンラインや出版物による情報提供等を実施。	2つの公共放送（ウィスコンシン公共テレビ及びウィスコンシン公共ラジオ）を通じて，教育番組の放送及び教育関連情報の提供を実施。 　このほか，上述の公共放送と大学開放部が協同して州内の主要な出来事を報じるニュースサイトを運営している。	各キャンパスで提供される継続教育プログラムの調整，各学科や課程によるオンライン教育プログラムの開発や実施の支援。	州内の各地域における企業支援，経済開発に向けて，関連情報の提供や相談事業，財務や新技術に関する訓練プログラム等の提供等を，企業支援センターやネットワーク等を通して実施。
【関連分野】 ・農業，天然資源 ・地域社会，天然資源及び経済開発 ・家庭生活 ・4-H青少年育成活動 ・州地勢史・自然史調査 ・リーダーシップ研修		【具体的取組】 ・各キャンパスにおける継続教育，アウトリーチ及び遠隔教育 ・有職者対象教育 ・地域単位の高等教育配達事業 ・独立学習支援	【具体的取組】 ・中小企業開発センターネットワーク ・技術商業化センター ・食品業財政支援ネットワーク ・ビジネス・インテリジェンス・センター ・ビジネス・ダイナミクス研究共同体

（ウィスコンシン大学大学開放部の関連サイトを参考として作成）

3.1.3 オンライン教育

　物理的な条件や身体の障害などの制約から学校等での対面式の教育機会を利用できない者を対象とする遠隔教育は，仕事や家事をこなさなければならない成人学習者にとって，また広大な国土を有する米国において重要な教育形態である。遠隔教育の提供者は多様であるが，最も多く利用されているものの1つは，高等教育機関が提供するプログラムである。ただし，各州が教育に関する権限を有することから，イギリスのOpen Universityのような遠隔教育に関する全国的な中核機関は設けられていない。

　従来，遠隔教育では，書籍やカセットテープ，ビデオテープ等の送付，ラジオやテレビの放送を通じた講義，郵便や電話による論文やエッセイ等の添削指導，ビデオ会議や電話会議などが行われてきた。しかし，1990年代に情報通信技術が発展し，インターネットが普及すると，インターネットやe-mail等を利用して教育を展開するオンライン教育（online education，e-learningなど呼称は様々）のプログラムが急速に増大した。高等教育機関に限れば，多くの機関でオンライン教育を提供している。

　連邦教育省がまとめた遠隔教育に関する調査報告によると，2006年度に遠隔教育を実施した高等教育機関は全体の66%（州立2年制では97%，州立4年制では89%）に上り，その

ほとんどは単位取得につながる科目における実施であった。また，遠隔教育実施機関の多く（全高等教育機関の65％）はオンライン教育のプログラムを提供しており，オンライン教育と教室での授業を合わせて行うプログラムを提供する機関も高等教育機関全体の35％に上った。また，オンライン教育以外の形態を含む遠隔教育のみで資格や学位が取得できる課程を設置している高等教育機関は，2年制を含めて全体の32％，学位取得課程（準学士）は29％，資格取得課程は17％であった。

　現在，遠隔教育のみで学位や資格の取得が可能な課程（遠隔教育プログラム）の在籍者は全高等教育機関在学者の15％に上る。設置者別にみると，州立（2年制を含む。私立，営利私立も同）については全在学者の10分の1以下であるが，私立全体では4分の1，営利私立に限れば6割近い学生が，遠隔教育プログラムに在籍している（**表8**参照）。

表8：高等教育機関在学者における遠隔教育プログラム・科目履修者（2016年度）

	合計	遠隔教育未履修者	遠隔教育プログラム及び科目履修者[1]	遠隔教育プログラム在籍者	居住する州にある機関が提供	他州の機関が提供	提供機関所在州不明	国外機関提供	提供機関の所在不明
全体	100.0	68.3	31.7	15.0	8.5	6.1	0.1	0.2	0.1
州立	100.0	70.0	30.0	10.6	8.9	1.4	0.1	0.1	0.1
4年制	100.0	70.8	29.2	9.6	7.3	2.0	0.1	0.1	0.1
2年制	100.0	68.8	31.2	12.1	11.4	0.5	0.1	0.1	0.1
私立	100.0	63.5	36.5	27.1	7.2	19.2	0.1	0.5	0.1
非営利私立	100.0	73.1	26.9	17.9	6.4	10.8	0.1	0.4	0.2
4年制	100.0	73.3	26.7	17.7	6.5	10.6	0.1	0.4	0.2
2年制	100.0	59.5	40.5	34.7	5.3	29.4	#[2]	#[2]	#[2]
営利私立	100.0	30.4	69.6	59.2	9.6	48.2	0.2	1.0	0.1
4年制	100.0	19.1	80.9	70.2	11.1	57.4	0.2	1.2	0.2
2年制	100.0	86.2	13.8	4.8	2.1	2.6	#[2]	#[2]	#[2]

表注1：原則として遠隔教育のみで学位や資格が取得可能な課程の在籍者のほか，在籍する課程において1科目でも遠隔教育による科目を履修した者が含まれる。
表注2：ほぼ0となる値。
（出典）NCES, *Digest of Education Statistics 2017*, tab.311.15.

3.1.4　生涯学習講座──高齢者の学習に対する支援

　従来，高齢者は若い世代と比較すると，フォーマル，インフォーマルにかかわらず，教育機会に参加することは少なかったが，近年，高齢者による学習活動は活発化する傾向にあり，分野によっては全体平均と同等の参加率となっている。例えば，連邦政府統計（Digest of Education Statistics 2009, tab.371）によると，直近12か月間の成人教育プログラム（指導者が置かれたフォーマルな教育機会）への参加状況は全体平均で1991年に33.0％，1999〜2005年は45％前後で推移しているのに対して，60〜64歳人口の参加率は1991年の17.4％から2005年の37.9％まで急速に増大している。また，参加する教育プログラムの種類では「個

人の趣味・教養に関する活動」が24.1%で最も多く，これは全体平均を上回っている。

　こうした高齢者による学習活動を支援する取組として注目されるのは，主に高等教育機関に置かれた高齢学習者自身が運営する学習プログラムである。これは，ニューヨーク市の公立学校の退職教員グループが，1962年に自分たちの学習活動の支援を市内の大学に依頼したことが嚆矢とされ，全米に広がった同様の取組は「退職者講座」や「生涯学習アカデミー」「高齢者大学」など様々な呼び方がされていた。現在は，「生涯学習講座（Lifelong Learning Institute)」という呼称が一般的になっている。米国及びカナダに，400以上の生涯学習講座が設けられている。

　「生涯学習講座」は，プログラムにより違いはあるものの，いくつかの共通点を持っている。第1に，多くの場合，50歳以上の者を対象とし，上述のように，高等教育機関の傘下に置かれた学習者自身が運営するプログラムであり，非営利団体であるということである。第2に，カリキュラムは教養教育に重点を置き，指導者や世話役となるのは原則として学習者自身であるという点である。第3に，学習者は比較的，学歴が高く，経済的にも恵まれている者が多い。

3.2　資格・学位の種類・枠組み

3.2.1　学位の種類

　ハイスクールの卒業者が次の段階の教育機関に進む場合，その主な進学先は，職業教育機関，2年制大学（コミュニティカレッジ，ジュニアカレッジ），4年制大学である。これらの機関へのアクセスは年齢や卒業時期に関係なく，すべての年齢層の人々に開かれている。これらのうち一定の要件を満たした課程修了者に対して，州から学位授与の権限を認められた高等教育機関である2年制大学及び4年制大学は，学位を授与する。

　全米共通に学位の枠組みを定めた法令は定められていないが，一般に課程の水準や年限（課程修了に必要な単位数）に基づき，準学士（associate's degree)，学士（bachelor's degree)，修士（master's degree)，博士（doctor's degree）に大別される。通常，準学士取得には2年間の，学士取得には4年間の課程を修了していることが必要とされる。また，修士の取得には，学士取得後1年以上の課程履修が，博士取得には学士取得後3〜4年程度のプログラムを終えることが求められる。

　このほか，職業専門大学・学部（大学院レベルを含む）が授与する学位を職業専門学位として，教養学部や教養大学院が授与する学位（B.S, B.S., M.A., M.S., Ph.D）と区別する場合もある。これらの大学・学部は，入学要件や修業年限が非常に多様であり，例えば，法科大学院の場合，学士取得課程修了後3年間の課程を修了した者に，法学博士（Julis Doctor: J.D.)が授与される。職業専門学位は学士レベルから博士レベルまで多様なレベルで授与されてき

44

たが，近年は基本的に大学院レベルの学位と見なされている。

3.2.2　準学士

　成人学習者を対象とした中核的機関であるコミュニティカレッジやテクニカルカレッジにおいて授与される準学士は，4年制大学への転学を目的とする課程の修了者に授与される学位（transfer degree）と，技術教育や職業教育に重点を置いた課程の修了者に授与される学位（technical degreeあるいはcareer degree）に大別される。前者は，4年制大学の学士取得課程前半2年間に相当する内容，すなわち一般教育プログラムを主に学んだ者に授与されるAssociate of Arts（A.A.）あるいはAssociate of Sciences（A.S.）が典型である。後者は，看護師，歯科衛生士等の資格取得に向けた教育（実際の資格取得には学位取得のほか，試験に合格することが必要）などであり，通常，Associate of Applied Scieneces（A.A.S.）が授与される。

　いずれのタイプの準学士（transfer degree及びtechnical degree）も，取得に必要な単位数は通常，60単位（フルタイム学生の場合，標準的な単位取得期間は2年）である。ただし，取得すべき単位の種類は異なり，transfer degreeは基本的に学士取得課程前半に提供される一般教育で取得要件を満たすのに対して，technical degreeでは専門教育（技術教育や職業教育）に関する科目を履修しなくてはならない。ただし，technical degreeの取得においても，基本的に一定量の一般教育に関する単位取得が求められている。例えば，学位授与機関として求められる諸条件を満たしているかを評価・認定する適格認定団体の基準では**表9**のように定められている。

　中等教育で一般教育は完了するという考えの下，ヨーロッパ諸国では高等教育段階における学位取得に一般教育の履修は求められず，高等教育では専ら専門教育が行われる。これに対して米国では，高等教育の学士及び準学士取得課程の段階では一般教育を学ぶものとされている。こうした考え方が，technical degreeであっても一般教育の履修が要件として課される背景にあるとみられる。

　なお，今日では，一般教育が取得要件とされていない準学士（Associate of Occupational Sciences: A.O.S.）も授与されるようになってきた。このような学位は，例えば，調理師になるためのプログラムの修了者に対して授与される。また，高等教育機関の中には，伝統的な学士（B.A.やB.S.）取得には結び付かないが，technical degree（A.A.S.）の上級学位として，新しい種類の学士を授与するところも現れてる。

表9：ACCSC及び地域適格認定団体[1]の適格認定基準における学位授与要件

	ACCSC	地域適格認定団体
学術系準学士	・学位取得：60単位（90単位） ・一般教育：15単位（22.5単位） ・専門分野：30単位（45単位）	・学位取得 　60単位〔NEASC, SACS, ACCJC-WACS〕 ・一般教育 　15単位〔SACS〕～20単位〔NEASC, NWCCU〕
職業系準学士	・学位取得：60単位（90単位） ・一般教育／応用一般教育：9単位（13.5単位） ・専門科目／職業関連科目：45単位（67.5単位）	

表注1： 2015年3月時点の状況。括弧内の単位数はクォータ制の場合。ACCSC（Accrediting Commission of Career Schools and Colleges）は全国適格認定団体の1つで，職業技術教育を重視したプログラムを提供する大学および学位を授与しない中等後教育機関を対象に適格認定を実施。州立や非営利私立の多くは地域別適格認定団体から認定を受ける。表で地域適格認定団体として取り上げた団体は，NEASC-CIHE（New England Association of Schools and Colleges Commission on Institutions of Higher Education），SACS（Southern Association of Colleges and Schools），ACCJC-WASC（Accrediting Commission for Community and Junior Colleges － Western Association of Schools and Colleges），NWCCU（Northwest Commission on Colleges and Universities）の5団体。

3.2.3　職業資格・免許

　職業資格や各種免許に関する制度は州の権限に基づくものであり，公的な職業資格や免許の種類，管理体制は州によって異なるが，多くの場合，資格・免許制度の管理は種類ごとに関連する州政府機関が分担している。ただし，ニューヨーク州のように州教育局の下に設置された多数の分野別の職業資格・免許審議組織が資格・免許制度の管理・運営を行っている場合もある。

　資格や免許の取得要件を満たすために必要な教育・訓練を提供するには，教育・訓練機関は州の認可を受けていなければならない。ほとんどの州では，こうした認可の条件を満たすものとして，各職業分野の専門団体が民間の取組として行っている質保証の仕組み（適格認定）を認めている。

　連邦政府の報告書によると，2016年時点において職業関連資格あるいは中等後教育修了証のいずれか，あるいは双方の非学位資格を取得している16歳から65歳の成人は，全体の27％であり，このうち免許を取得している者が全体の18％で最も多かった（**表10**参照）。職業関連資格の学歴別取得状況をみると，準学士を境として取得者の比率が高かった。例えば，専門職学位を含む大学院レベルの学位を取得している者の職業関連資格の取得率は48％であるのに対して，ハイスクール未満の学歴の成人学習者については5％であった。職種別にみると保健医療分野の従事者における取得率が高く，何らかの非学位取得資格を取得している者は74％，次いで教育・図書館関係分野の従事者の52％であった。

アメリカ合衆国

表10：成人[1]における非学位資格取得者の比率（2016年） （単位：%）

		非学位資格取得者	職業関連資格	技能証明	免許	中等後教育修了証
合計		27	21	6	18	8
学歴別	ハイスクール未満	7	5	2	4	2
	ハイスクール卒	17	11	3	9	7
	準学士	42	30	9	25	17
	学士	31	27	8	23	5
	大学院レベルの学位	49	48	10	43	3
職種別[2]	保健医療	74	70	15	64	14
	教育・図書館関係	52	49	6	47	4
	芸術，デザイン，メディア	14	8	5	5	7
	飲食業（調理，接客）	12	7	2	6	6

表注1：初等中等教育機関に在籍していない16歳から65歳人口（1億9,630万人）。
表注2：非学位取得者の比率が大きい職種（「保健医療」「教育・図書館関係」）と小さい職種（「芸術，デザイン，メディア」「飲食業（調理，接客）」）を取り出して示している。
（出典）NCES（2018），*Adult Training and Education: Result from the National Household Education Surveys Program 2016 (First Look)*（NCES 2017-103rev），tab.1（pp.6-8）.

3.2.4　GED（General Education Development）

　GEDは，全国的な高等教育関係団体であるアメリカ教育協議会（American Council of Education: ACE）が実施するハイスクール修了相当の学力を証明するテスト・プログラムである。同テストは言語と論理的思考，数学，理科，社会の4分野から構成される。試験で，各分野の知識・技能とともに，コミュニケーション，情報処理，問題解決，批判的思考の各能力も評価される。16歳未満は受験できない。

　GEDは当初，軍人を対象とする試験として，シカゴ大学によって1942年に開発され，1953年からは一般市民も対象として実施するようになった。以後，1978年，1988年，2002年，2014年の4回改訂が行われ，現行は第5版（2014年改訂版）となる。こうした改訂は，時代とともにハイスクール修了相当とみなされる水準が変化するのに対応して，評価する観点や方法の見直し・改訂が行われていることによる。現行のテストは，ACEがハイスクールや大学の教員による作成チームを編成して，直接開発に当たっている。

　試験結果の認定は，米国内の50州，ワシントンD.C.及びカナダのすべての州が，ハイスクールと同等の資格として認めている。ほとんどの大学もGEDをハイスクール修了と同等の資格として認めている。大学によっては，SATやACTの結果と併せて評価するところもあるし，コミュニティカレッジで1学期あるいは1年間履修することを求めるところもあるが，こうしたところは極めて少ない。

　GEDの試験の実施は，すべて州の裁量によって行われているが，各州とも毎年複数回実施している。試験会場は，ハイスクールや大学のキャンパスなどであるが，公立のハイスクー

ルの場合が多い。

表11：GEDの実施状況（2011年度）

項目	人数，比率等
申請者数	691,296人
受験者数	601,576人
合格者数	434,126人
合 格 率	72.2%
合格者平均年齢	26.3歳

（出典）ACE, *2011 Annual Statistical Report on the GED® Test*, 2012.

3.3　学習成果の評価

3.3.1　大学単位推薦サービス

　大学単位推薦サービス（College Credit Recommendation Service: CREDIT）は，伝統的な学位取得課程以外で実施される試験や研修のうち一定水準にあると認められる内容のものを認証し，高等教育機関での履修単位（academic credit）へとつなげることを目的とする。全国的な高等教育関係団体であるアメリカ教育協議会（ACE）が実施する取組であり，ACEが単位推薦の対象となる教育・訓練プログラムや試験を認定して，認定を受けたプログラムの修了者や試験の合格者に高等教育機関から単位が授与される。高等教育機関における単位取得ばかりでなく，転職や昇進・昇給等の判断材料としても利用される場合がある。ニューヨーク州教育局も類似の取組を行っている。

　同サービスを利用できる教育プログラムは，審査に合格してACEの承認を得なければならない。このためACEは審査チームを試験やプログラムの提供団体に派遣し，これらが大学の単位に匹敵するものか否かを判断するための審査を行う。審査チームのメンバーには，専門性に基づいて選ばれた大学の教官があたる。審査対象となるプログラムは，職業教育レベル，学士号取得課程前期レベル，学士号取得課程後期レベル，大学院レベルの4レベルのいずれかに分類される。審査においては，各プログラムの提供者・団体が，参加者（学習者）の学習成果をどのように定義し，実際の評価を行っているのか，教材や学習（指導）方法，学習者支援のシステム，プログラムを構成するコースの目的，指導陣の取得学位や資格等が考慮される。

3.3.2　継続教育単位制度

　継続教育単位制度は，非営利団体である国際継続教育訓練協会（IACET）が，ガイドラインに基づいて継続教育の提供機関（プログラム）を認定し，認定したプログラムにおける学習成果を単位として保証するものである。同制度は，根拠法令や実施団体であるIACETへ

の公的支援もない民間制度である。同協会が開発する基準は，カナダ等他国においても利用されている。

　同協会が管理する継続教育単位制度の継続教育単位（Continuing Education Unit: CEU）は，継続教育を受けた時間を共通の尺度によって表すもので，1継続教育単位は認定を受けた継続教育・訓練プログラムにおける受講時間で10時間に相当する。例えば言語療法士の場合，この資格を維持するためには，毎年10時間以上の講習を受講することが条件となっている。この条件を満たすのに大学で学位を取得し直す必要はなく，学習量を明確にするためにCEUが活用される。教員や看護師の免許更新についても同様である。

　IACETでは，教育・訓練プログラムを提供する企業や団体を審査し，継続教育単位授与機関として認定するための基準を定めており，多様な職種に関する継続教育・訓練プログラムに適用される。認定に当たって，組織体制・責任の所在・統治，学習環境と支援体制，計画と指導担当者，学習ニーズの把握，教育訓練内容，学習成果の評価，CEUの授与と学習者に関する記録の保管，学習活動の評価の9領域について評価を行う。審査では，申請団体が作成した申請書の検討と現地視察を行い，プログラムの認定に関する判断を行う。

3.3.3　学外学位

　学外学位課程（external degree program）は，所属する大学で授業を受ける代わりに，遠隔教育や他大学で取得した単位あるいは職業訓練等で習得したことを認定された学習成果を組み合わせることで取得要件を満たした成人学習者を主な対象として，学位を授与するプログラムである。1970年代にニューヨーク州（1970年）や，ニュージャージー州（1972年），コネチカット州（1973年）で相次いで設けられた。現在は，インターネットを利用した遠隔学習プログラムの普及により，一般の大学の中にもこうした課程を提供しているところがある。

　学外学位課程の基本的手段として，①過去の学習の評価，②契約学習，③能力に基づいたカリキュラムと学位取得，④学習成果，⑤遠隔教育の5つがある。①は，大学や企業，職業団体，組合，政府機関などが提供する教育機会の履修や労働経験，読書などの個人の学習を，修了証や成績証明などを利用して評価するものである。②は学習内容や方法，スケジュールなどの内容について学生が教員と合意を結んで進める個別学習の方法，③は受講科目や取得単位数と関係なく，学位取得要件を満たす能力や技能が身に付いたか否かを多様な方法から判断して学位授与を決定するものである。④は単位取得や課程修了に必要な知識や技術等の基準を予め明示しておくことであり，選択問題やエッセイ，プロジェクト，報告書などで評価されるもの，⑤はインターネット等を利用してキャンパス外で行う学習である[注2]。

　例えば，学外学位課程を専門に提供しているニュージャージー州のトーマスエジソン州立大学の場合，現在，文系，理系合わせて100種類以上の専攻について準学士号から修士号までの取得課程（専攻によっては準学士号あるいは学士号まで）を擁し，21歳以上でハイスクー

ル卒業か同等以上の資格を有する者をすべて受け入れている。学位取得要件（準学士号取得は60単位，学士号取得は120単位）を満たす方法は，同大学における単位取得のみによる従来型，一部の職業資格や免許の取得を必須要件として他大学で取得した単位も要件に認める認定型，及び両者の混合型に大別され，専攻別に要件を満たす方法が指定されている。従来型の場合，通常の科目履修のほかオンラインプログラムや過去の学習に関するポートフォリオ作成，テスト受験によって単位が取得できる。認定型では，看護学の職業資格や免許を一定数の単位に換算するとともに，これにアクレディテーションを受けた高等教育機関から取得した単位を合計して学位取得要件を満たすことが認められている。

4 ┃ 地域・家庭教育の支援

4.1 学区が提供するコミュニティエデュケーション

　地域による教育，生涯学習の支援は，様々な主体が多様な形態によって実施している。コミュニティカレッジは，主に成人を対象に比較的広い範囲でこうした活動を提供する機関の1つである。さらに公立学校を所管する特別地区（地方政府）である学区の中には，より地域に密着して，青少年対象の学校外活動を含めたサービス提供している場合もある。

　例えば，ミネソタ州のブルーミントン学区では，「コミュニティエデュケーション」を「すべての人々に生涯学習の機会を提供するもの」として，多様なプログラムを用意している。こうしたサービスの中には，英語を母語としない成人を対象とするESLクラスなどの成人基礎教育プログラムや，外国語や職業関連のプログラムから，芸術，その他にまで広がる250種類の講座を提供する成人教養クラスのほか，学区内にあるハイスクールの体育館及び運動器具を利用し，地域住民が団体あるいは個人でスポーツや健康維持活動を実施するアクティビティセンター事業も実施している。また，ミドルスクール（第6〜8学年）の生徒に対して安全な居場所を提供し，放課後の余暇活動等を支援する青少年センター事業や，第8学年までを対象にスポーツを含む多様な活動を提供する夏季休暇期間中の宿泊型プログラムも実施するなど，青少年対象の事業も行っている[注3]。

4.2　コミュニティスクール

　コミュニティスクールとは「学校と他の地域資源の間のパートナーシップの組合せであり，それらが機能する場」(Coalition for Community Schools サイト) である。すなわち，地域にある公立学校を中心に，社会福祉関連組織や地域団体など地域内の関連組織・団体がネットワークを形成し，児童・生徒及び保護者までを視野に入れて多様なサービスを提供することで子供たちの将来の成功と健全な家庭・地域の形成を支援する。このためコミュニティスクールでは教育のほか，青少年育成活動や家庭支援，学校運営・地域行政への住民参加，地域開発，保健・医療など，多様な活動・サービス・支援の機会が提供される。

　学校を地域生活の中心にする考え方は19世紀末から見られるものである。さらに，近年の調査研究により，子供たちの成功には教育のみならず，福祉や保健・医療，青少年育成活動など，多様な機会や支援の重要性が指摘されるようになった。このため，教育改革の方策の1つとして2000年代後半から注目されるようになった。

　連邦政府では，初等中等教育法 (ESEA) に基づく連邦教育省の所管事業 (Full-service Community Schools: FSCS) を通じて，コミュニティスクールに対する財政支援を行っている。同事業は，公立学校を所管する学区と地域団体や他の多様な組織との連合体を支援対象とする。2010会計年度 (2009年10月～2010年9月)，2014会計年度及び2015会計年度に選ばれた合計32の連合体が，支援対象として初年度平均46.7万ドル (約4,670万円) の補助金を受給している。

4.3　放課後プログラム，21世紀地域学習センター

　放課後の学校を利用して，子供たちに学習やその他の活動の機会を提供する取組は以前より継続的に行われている。近年は連邦の初等中等教育法の1994年改正 (「アメリカ学校改善法 (IASA)」) により導入され，2002年改正 (「落ちこぼれを作らないための初等中等教育法 (NCLB法)」) 及び2015年改正 (「全ての児童・生徒が成功するための法律 (ESSA)」) に引き継がれた支援事業である「21世紀地域学習センター事業 (21st Century Community Learning Centers program)」が，各地の初等中等学校で実施されている放課後プログラムを支えている。

　「21世紀地域学習センター」が提供するプログラムには，主要教科に関する補習教育やエンリッチメントのほか，美術や音楽などの芸術教育，レクリエーション，カウンセリングなどがある。また，提供プログラムの参加児童・生徒の保護者等を対象とする識字教育等も行っている。支援事業を定めた同法規定 (Title IV) は，事業の支援対象となるプログラムの提

供主体について，公立学校以外にも，民間団体や企業，私立学校など，州が認めたところであれば，財政支援の対象としている。

4.4　学区等による乳幼児家庭を対象とする支援サービス

従来から，教育上不利な条件にある貧困地域の家庭の子供たちに対して，教育のほか，保健医療サービスや親を対象とした教育プログラムなどを含めた総合的なサービスを提供するため，保健福祉省所管の「ヘッドスタート事業」や教育省の「タイトルⅠ事業」など連邦政府による複数の支援事業が実施されてきた。こうした事業においては，子供たち自身のみならず，特に小学校入学前の乳幼児を抱えた家庭の親に対しても，親として必要な知識・技能を身に付けるための教育や訓練の機会を提供している。また，州や学区の中には独自にこうしたプログラムを提供しているところもある。

例えば，先に挙げたミネソタ州のブルーミントン学区では，「コミュニティサービス」の一環として，0～5歳の乳幼児及びその親を対象として，就学前児童家庭教育プログラムを実施している。このプログラムでは，子供の精神的・身体的発達を促すために親として必要な知識や技能を習得するためのクラスを，学区内にある3つの施設において毎週合計15クラス提供している。就学前教育に関する教員免許を持つ公立学校の教員等が指導に当たる。

4.5　「奉仕保全部隊」

「奉仕保全部隊（Service and Conservation Corps）」は，ハイスクールをドロップアウトした若者など，17～26歳の青年を対象にコミュニティサービスに従事する機会を提供することを内容とする，州や地方による青少年事業である。ここでは，コミュニティサービスへの従事とともに，職業訓練や教育活動の機会も提供される。これにより，参加者がハイスクール修了資格（GED）を取得したり，就職するなどの「セカンドチャンス」となることが期待されている。

この事業は，現在，ほとんどの州で行われており，事業数（部隊数）は合計で129部隊，登録する事業参加者は全体で約2.5万人に上る（2017年度）。各部隊の活動は，登録した若者が8～12人の小グループに編成され，成人リーダーの指導の下でコミュニティサービスに従事する。その内容は土地や環境保全・リサイクル活動，福祉活動，建築・改築，災害復旧支援など多岐にわたる。こうした作業の報酬として提供されるハイスクール修了相当資格となるGEDの取得を目指すプログラムは3,000人以上が受講している。

アメリカ合衆国

5 生涯学習支援施設・人材

5.1 生涯学習支援施設

5.1.1 図書館

　図書館や博物館に対する連邦援助の配分や関連情報の収集・分析等を役割とする連邦機関，博物館図書館サービス支援機構（IMLS）の調査（IMLS, 2018）によると，州の法令に基づき設置され，主に公的財源で運営される公立図書館（public library）は全米に9,057館，うち1,546館は支部を，537館は移動図書館を持ち，移動図書館を除くサービス提供の窓口（中央図書館と支部図書館）の合計は1万6,568カ所に上る（2016会計年度）。公立図書館のうち半数以上（52.9%）は市やタウン等の地方自治体によって，このほか特別地区である図書館区（15.4%）や非営利団体（13.9%），カウンティ（10.1%）などによって設けられる。図書館を所管する州政府機関は多様であり，専門の委員会が設けられている州が最も多い（18州）が，州教育局・州教育委員会（11州）や州総務局（10州），文化関係局（6州）などもある。

　また，IMLSの調査（IMLS, 2018）によると，公立図書館の所蔵物は全体で本を中心とする印刷資料7.3億件以上，購読している定期刊行物約168万件，聴覚資料約4,400万件，視覚資料は約6,500万件に上る（2016会計年度）。このように膨大な資料を有し，各地に設けられている公立図書館は，幅広い年齢層の人々にとって重要な学習の拠点となっている。また，公立図書館は図書の貸し出し・閲覧以外に，利用者や地域の特性，図書館自身の機能等に応じて多様なサービスを提供している。

　公立図書館が提供する成人対象の学習プログラムについて連邦教育省が行った調査によると，基礎教育やGED取得準備教育，第二言語としての英語教育などを内容とする成人対象の識字教育プログラムを提供している公立図書館（サービス提供窓口）は全体の17%であり，都市部にある比較的規模が大きい図書館ほど，こうしたプログラムを提供する傾向にある（**表12**参照）。このほかにも非常に多様な学習関連プログラムが提供されており，規模が大きな図書館（週当たり訪館者数1,500人以上）に限れば半数以上の図書館（サービス提供窓口）がコンピュータ教室や読書会，文化的催事，レクリエーションの各プログラムを提供している。

53

表12：公立図書館における成人対象の学習プログラムの提供状況[1]（2000年度）

	コンピュータ教室	読書会	文化的催事	レクリエーション	親としての訓練	家計相談等	キャリア相談	大学進学相談	市民教育
	%	%	%	%	%	%	%	%	%
全体	56	43	41	39	20	18	17	15	5
週当たり訪館者数									
300人未満	36	22	11	24	6	4	8	9	5
300～1,499人	59	45	48	40	22	19	20	18	4
1,500人以上	77	69	71	59	38	38	24	18	5

表注1：成人識字教育を除く。
（出典）NCES, *Programs for Adults in Public Library Outlets*（NCES 2003-010），2002，Tab.7，p.13.

5.1.2　博物館・美術館

　博物館図書館サービス支援機構（IMLS）の統計によると，全国に約3万3,000の博物館や美術館がある。この統計では，博物館や美術館のほか，動物園や水族館，公園，史跡などが含まれる。この中でも多いのは歴史的建造物等の史跡であり，このほか美術館や歴史博物館が多い（**表13**参照）。

　施設が有する機能や所蔵物から，博物館や美術館等の施設は，幅広い年齢層にとって，また，学校教育及び学校外教育の双方にとって，重要な学習の拠点となっている。例えば，南北戦争に関心を持った者にとって，関連する展示物を持つ博物館の館内ツアーに参加したり，実際の戦場となった史跡を訪ねることは，学習を深める優れた機会となる。博物館の全国団体である全米博物館協会（American Association of Museums: AAM）は，優れた博物館の持つ特質を示す7分野のうちの1つに「教育と解説」を定め，教育目標等を明確にすることやその達成に向けて適切な手法やテクノロジーを使用することを求めている。

　こうした博物館の教育的機能を重視し，博物館図書館サービス支援機構（IMLS）は，多様な博物館支援のための連邦補助金事業を実施している。この中には，例えば，児童・生徒の学校外における教育を促進するための図書館と博物館の協力への支援や博物館による地域活性化や生涯学習振興に向けた取組の援助を目的とするものがある。

表13：分野別博物館・美術館数

美術館	植物園	子供博物館	史跡等	歴史博物館	自然史博物館等	科学博物館，プラネタリウム	動物園等	その他[1]	合計
3,241	1,484	512	14,862	2,285	346	1,081	564	8,697	33,072

表注1：「その他」は上記カテゴリーに分類が困難なものなど。
（出典）IMLS, Museum Universe Data File, Fiscal Year 2015, Third Quarter Release.

5.1.3 コミュニティセンター

コミュニティセンター（community center）は，「地域住民が集まって，社会的目的や文化的目的，余暇目的で利用する場所」，「地域住民が社会的活動や教育的活動，文化的活動のために集まる建物」である[注4]。地域によっては，レクリエーションセンター（recreation center）と呼ばれる場合もある。通常，地域のすべての住民に開かれているが，宗教系のセンターのように，特定の集団を対象とするものもある。

一般に，コミュニティセンターは一般行政部門にある公園や公共プール等を所管する部局によって管理運営されている。例えば，メリーランド州モンゴメリー・カウンティ（人口約97万人，面積1,313km^2）の場合，一般行政を所管するカウンティ政府のレクリエーション局がカウンティ全体で21か所コミュニティセンター（同カウンティではcommunity recreation center）を設置・運営している。レクリエーション局は，コミュニティセンターのほか，高齢者を対象とするサービスを提供するシニア・センター（6か所），プール（11か所）も所管している。

成人の学習活動において，「職業関連プログラム」に次いで参加率が高い「個人の趣味・教養に関するプログラム」の最大の提供機関は「地域団体及び宗教団体」であるが，実際の提供場所となっているのはコミュニティセンターやシニアセンター等に代表される地域ごとに設けられた公共施設である。モンゴメリー・カウンティの場合も，コミュニティセンターやシニアセンターなどレクリエーション局が所管する地域の施設において，余暇活動，社会活動，文化活動，スポーツなどにおける多様なニーズに対応した様々なプログラムやサービスが，公立学校や民間セクターとのパートナーシップの下で提供されている。このうちコミュニティセンターは，幼児から高齢者まであらゆる年齢層を対象とした講座やワークショップ，サークル活動，運動，工芸等の活動を行う場となっており，近年は，移民の増大に対応して，米国で生活するために必要な英語の習得やコンピュータ技能の習得などのクラスも提供している。

5.2 生涯学習担当職員の養成・役割等

生涯学習に関連する職に従事する者の職務は多様である。例えば，生涯学習関連事業のうち成人学習を例に見ると，関連する職務の中には，成人学習者を対象とする指導のほか，成人教育事業の事業計画の立案，成人学習者を対象とするカウンセリング，事業の財務管理などが含まれる。成人教育や高等教育機関における継続教育を専門職として確立しようとする動きとして，この分野における実務者や研究者をメンバーとする全国的な専門団体としてアメリカ成人継続教育協会（American Association for Adult and Continuing Education: AAACE）が設けられているほか，成人教育関連の研究室を置く大学が米国及びカナダの両

国に合計で100大学前後あるとみられている。ただし，現在，この分野の職に就いている者のほとんどは，大学においてこうした分野の専門教育を受けたことはないといわれている。

5.2.1 事業計画の立案者

　生涯学習の実践に携わる専門家として，成人教育等の事業の立案・運営に携わる者がある。全国的に統一された呼称はないが，成人教育事業の事業管理者（director, manager）や専門職（specialist）と呼ばれている。対象となる成人学習者及び提供される教育の内容・指向によって教育プログラムの提供機関や所管行政機関は異なるものの，学区教育事務所や大学開放部にはこうした役割を持つ者が配置されている。

　例えば，カリフォルニア州内の学区が公表した成人教育事業の管理者（director）の職務規程をみると，業務内容は定められた予算及び連邦，州，学区の基準の枠内で成人教育プログラムを開発・維持することであり，そのために新規プログラム立案のための情報収集や短期・長期の事業計画の立案，既存及び新規事業の実施に向けた関係者の調整等を行うことが求められている。資格要件は，修士号取得と成人教育の教員と行政担当者としての合計5年間の実務経験が課せられている[注5]。このように，成人教育や生涯学習に関する専門教育は，必ずしも就職に必要な資格要件の1つとして課せられているわけではない。

5.2.2 コミュニティカレッジの教員

　高等教育機関であり，成人教育機関としても重要な役割を果たしているコミュニティカレッジの教員は，雇用形態や取得学位など様々な点において，州立及び私立の4年制大学と異なる部分が多い。例えば，雇用形態でみると4年制大学に比べてパートタイム雇用の教員の比率が高く，連邦政府の統計によるとコミュニティカレッジの教員の約3分の2はパートタイム教員となっている（2003年度のコミュニティカレッジの教員のうち，フルタイム教員は12万1,000人，パートタイム教員は24万人）。これに対して，州立の4年制大学においては，パートタイム教員の比率は全体の28％，私立では42％であった。

　主たる職務内容をみると，コミュニティカレッジの教員の場合，4年制大学の教員に比べて「教育」とするものが非常に多い。連邦政府の統計（NCES, 2008）によると，「教育」「研究」「事務」「その他」のうち主たる職務として認識しているのは，州立4年制大学の教員の場合，「教育」63％，「研究」15％，「事務」9％，「その他」13％，私立4年制大学の教員では「教育」72％，「研究」9％，「事務」8％，「その他」11％となっている。これに対して，コミュニティカレッジの教員の89％は「教育」と答え，次いで「その他」が8％，「事務」が3％で，「研究」についてはほぼ0％であった（数値はいずれも2003年度）。

　また，同統計によると，取得学位において4年制大学では博士号とする者が最も多く，州立で58％，私立で48％を占めるのに対して，コミュニティカレッジの教員の場合，修士号

とする教員が全体の55％で最も多い。また，コミュニティカレッジの教員の場合，4年制大学の教員と比べて修士号未満である教員の比率が高い。すなわち，学士号を最高の取得学位とする教員は，4年制大学では州立，私立ともに5％であるが，コミュニティカレッジでは18％に上っており，学士号未満とする教員については4年制大学ではいずれも1％であるのに対して，コミュニティカレッジでは12％となっている。

　こうしたコミュニティカレッジの教員の特徴は，1つに各種資格取得等を目指す技術教育・職業教育や，成人対象の識字・基礎教育など，通常，4年制大学では提供されない教育が行われていることによる。これらの教育を行うために，現役を含めた実務経験者が教員として雇用され，雇用される実務経験者は修士号レベルの職業学位を取得している場合が多い。このほか，住民の大学進学率や学位取得状況など地域的な要因に関する指摘もある。

5.2.3　成人を対象とする基礎的な教育の担当教員

　移民やハイスクールをドロップアウトした成人を対象に行う基礎教育やハイスクール修了資格（GED）取得を目的とする教育は多様な機関によって提供されるが，主な提供者は地域の公立学校である。そして，公立学校等において，こうした教育で指導を行うのは，通常，各州が発行する初等中等教育の教員免許を持つ者である。州によっては，成人教育に関する専用資格や教員免許への裏書きを行っているところもある。

　例えば，テネシー州の場合，成人を対象とする基礎的な教育は原則として教員免許取得者が行うこととなっている（ただし，州の許可がある場合はこの要件は免除される）。こうした授業を担当する教員の多くは，公立学校のフルタイム教員として働き，成人対象の授業を夜間に行っている。なお，2000年に，同州で成人を対象とする基礎的な教育の指導にあたっていた者のうちフルタイムで教えていた者は18％であった[注6]。

　州によっては，成人を対象とする基礎的な教育を担当する教員を対象とする研修プログラムを実施しているところもある。カリフォルニア州では，州教育局の成人識字教育課による研修プロジェクト（California Adult Literacy Professional Development Project: CALPRO）が実施されている。同プロジェクトでは，成人教育を担当する教員を対象とした現職研修の改善を目指し，民間シンクタンクとの契約の下，調査研究に基づいた研修計画の立案実施，ウェブサイトの作成及び関連情報の提供などが，包括的に行われている[注7]。

【注】

1. ECS, *StateNotes: Adult Education Governance Structures and Descriptions*, July 2004.
2. Eugene Sullivan, David W. Stewart , Henry A. Spille, *External Degrees In The Information Age: Legitimate Choices（American Council on Education Oryx Press Series on Higher Education）*, 1997, pp.5-14, 江原武一「アメリカにおける学外学位課程の動向」学位授与機構『学位授与機構研究紀要　学位研究』第10号，1999年，

58-59頁（57-72頁中）。

3．Bloomington Public Schools, *Community Education* (https://ce.bloomington.k12.mn.us/community-education), *Adult Enrichment Classes* (https://ce.bloomington.k12.mn.us/adult-enrichment-classes), *Galaxy Youth Center* (https://ce.bloomington.k12.mn.us/Array_8956) 及び *SLAM* (https://ce.bloomington.k12.mn.us/node/3131948) (2018年7月28日確認)

4．*Dictionary of the English Language, Fifth Edition*, Houghton Mifflin Harcourt Publishing Company, 2016及び *Random House Kernerman Webster's College Dictionary*, © 2010 K Dictionaries Ltd. Copyright 2005, 1997, 1991 by Random House, Inc.

5．スイートウォーター統一学区（カリフォルニア州）成人教育ディレクター職務規程 (http://hr.sweetwaterschools.org/wp-content/blogs.dir/59/files/2012/11/Director-of-Adult-Education.pdf) (2018年7月29日確認)。

6．John G. Morgan (Comptroller of the Treasury, Office of Education Accountability), *Teaching Tennessee Adults*, March 2004, pp.10-11.

7．カリフォルニア州CALPRO関連サイト (http://www.calpro-online.org/about.asp)。カリフォルニア州以外に, テネシー州でも行っている (John G. Morgan, *Teaching Tennessee Adults*, March 2004, p.11)。

《主要参考文献》

Carol E. Kasworm, Amy D. Rose, Jovita M. Ross-Gordon (eds), *Handbook of Adult and Continuing Education, 2010 Edition*.

IMLS, *Public LIbrary Survey Fiscal Year 2016: Supplementary Tables*, April 2018.

Lumina Foundation for Education, *Returning to Learning: Adults' Success in College is Key to America's Future (New Agenda Series)*, Mar. 2007.

NCES, *Adult Training and Education: Result from the National Household Education Surveys Program 2016 (First Look) (NCES 2017-103rev)*, September 2018.

NCES, *National Household Education Surveys Program of 2005: Adult Education Participation in 2004-05 (NCES 2006-077)*, May 2006.

NCES, *Community Colleges: Special Supplement to The Condition of Education 2008 (NCES 2008-033)*, 2008.

OECD, Thematic Review on Adult Learning, United States, Background Report, September 2003, Finalised in December 2004.

U.S. Department of Education and U.S. Department of State, *National Report on Development and State of the Art of Adult Learning and Education*, UNESCO Institute for Lifelong Learning 6th International Conference on Adult Education, CONFENTEA VI - May 2009.

天野郁夫『「学習社会」への挑戦－学歴主義を超えて－』日本経済新聞社, 1984年。

厚生労働省『海外情勢報告』各年版。

政府機関, 大学及び関連団体のウェブサイト。

江原武一「アメリカにおける学外学位課程の動向」学位授与機構『学位授与機構研究紀要　学位研究』第10号, 1999年, 57-72頁。

原田圭子「労働力の革新及び機会に関する法律―アメリカにおける就業支援の取組―」国立国会図書館調査及び立法考査局『外国の立法』第271号, 2017年, 6-60頁。

藤田晃之「アメリカにおける生涯学習推進施策の特質（教育改革の国際比較－生涯学習との関連において－　日本教育学会第65回大会報告）」日本教育学会『教育学研究』第74巻, 第1号, 2007年3月, 65-68頁。

イギリス

1 イギリスの生涯学習 60

2 関係法令・基本計画 63

3 成人による学習活動 75

4 地域・家庭教育の支援 88

5 生涯学習支援施設・人材 90

1 イギリスの生涯学習

1.1 生涯学習の範囲

　イギリスの生涯学習（lifelong learning）は，広義には「ゆりかごから墓場まで」の生涯にわたる継続的学習を指し，教育と訓練，義務教育と義務教育後の教育，教育機関での学習と職場における訓練，さらにはインフォーマルな学習を包括する概念である。そして，そうした教育・学習が積極的に展開される社会を「学習社会」と呼んでいる。このように生涯学習は包括的概念であるが，実際の政策においては，高等教育，継続教育，成人教育，職業・技能訓練などの独立した施策として展開されている。このうち，本稿では，比較的強い結び付きをもって1つの領域を形成している，継続教育，成人教育，職業・技能訓練を主に取り上げる[注1]。

　「生涯学習」は比較的近年の用語であり，それ以前からよく用いられている概念がいくつかある。「継続教育（further education）」は，広義にはフルタイムの義務教育後（16歳〜）の高等教育を除く教育・訓練を指す。また，狭い意味では16〜19歳までの教育・訓練を指す場合もある。「成人教育（adult education）」は，19世紀から成人の教育に関連して長く用いられてきた。現在，具体的には19歳以上の義務教育年齢を超えた学習者に対して提供される様々なコースを指し，内容は基礎的な識字クラスから，趣味・生きがいの学習，さらには学位レベルの課程まで様々である。成人教育と重なる用語として，「成人継続教育（continuing educationあるいはadult continuing education）」があり，そこでは個人の生涯を通じた教育実践が強調されているほか，大学で提供される成人に対するフォーマルな教育の側面を指す場合もある。また，「職業・技能訓練（vocational／skills training）」には，継続教育機関などの機関中心の訓練と，働きながら訓練を受ける見習い訓練（apprenticeship）のような職場中心学習（work based learning）があるが，いずれも内容は特定の職業のための技能訓練であり，雇用の機会に結び付くことが期待される。

　雇用に結び付く職業・技能訓練に関して，イギリスでは全国的な資格制度枠組み（NQF：National Qualification Framework）の構築が1980年代後半から政府により進められてきた。そこで取り扱われる資格は，職業資格を中心に中等教育レベルの普通教育資格を含み，その枠組みは学習者と雇用者の双方に明確な情報を提供することで学習社会をより円滑なものとするとともに，EUの労働市場と連動する道具としての役割を果たしつつあった。現在は後述のように，NQFからQCFを経てRQFへと枠組みが変容してきている。また，職業資格

と普通教育資格，高等教育学位・資格との同等性の実現（parity of esteem）がしばしば政策課題として指摘されている。

地域教育は，学校などの教育機関の外で行われる教育活動を指し，地域にある公的又は私的な施設において行われる。実践上，成人教育や継続教育とも結び付けられる。さらには，子育て支援（parenting, family learning）や，青少年育成活動（youth work），博物館教育なども生涯学習活動として捉えることができる。

以上のように，生涯学習の範囲において提供される内容は，基礎的レベルから上級レベルまでの職業教育や普通教育，技能訓練，趣味や教養を中心とするものまで多種多様となっている。しかし，政府が強調する生涯学習は，グローバル経済における競争を勝ち抜くことのできる教育や技能を備えた国民の形成であり，そうした人的投資論の観点に立つ，個人のキャリア開発や被雇用者の再教育・再訓練の機会の拡大に重点が置かれている。特に近年，生涯学習は職業資格の取得をはじめ，職業能力の開発や向上を目的とした学習が中心となってきている。

1.2 生涯学習政策の領域

教育政策において生涯学習（Lifelong Learning）という用語が用いられるようになったのは比較的最近である。生涯学習に含まれる範囲を，学校教育全体（Formal），学校外の組織化されたノンフォーマルな学習（Nonformal），及び非体系的なインフォーマルな学習（Informal）の3つに分けて横軸に置き，年齢を縦軸にすると生涯学習は図1のように展開されている。

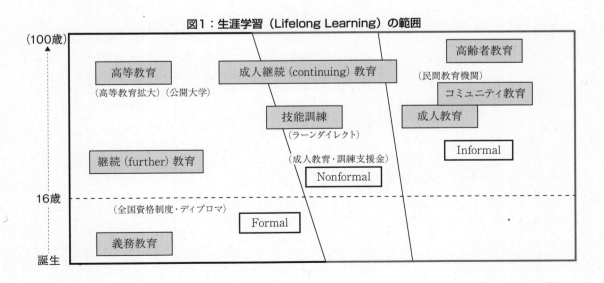

生涯学習は多様な広がりを持つが，政府は生涯学習政策の範囲を積極的に限定していない。生涯学習は，政策形成及びその実施段階になると，より個別的な領域を指して用いられ，特に近年は，成人の基礎的技能の育成・再訓練の機会の拡充，若者の職業教育・技能訓練の充実，全国的な資格制度の整備，これらに基づく国民の教育・技能訓練水準の向上の文脈において用いられることが多い。すなわち，**図1**のうち，義務教育を除く各領域における個別の施策が実質的な生涯学習政策の範囲となっている。

1.3 障害者の生涯学習に対する支援

基本的な前提として，障害者への差別禁止の法的枠組みが確立している。主なものとして例えば，「1970年慢性疾患及び障害者法（Chronically Sick and Disabled Pesons Act 1970）」では，国内の各地区における障害者の居住状況を把握し，障害者のニーズの確認や障害者へのサービスの提供が義務付けられた（1976年改正）ほか，1995年に成立した「障害者差別禁止法（DDA：Disability Discrimination Act）」では雇用やサービスの提供，教育へのアクセス等に際して障害者への差別が禁じられた（2005年改正）。直近では，年齢・信条・人種・性別や性指向などとともに，障害のある者に対する差別を禁止する「2010年平等法（Equality Act 2010）」が成立した。

生涯学習の設置機関は，生徒や学生に対し，何をどのように教育するかについて独自に指針を決定することができる。継続教育カレッジや大学では，基本的に学習に困難を伴う者や障害者に対する相応のサポートを行っている。

例えばリーズ大学では生涯学習センター（LLC：Lifelong Learning Centre）に，障害者専用サポートスタッフを備えている。また，同センターではサポートスタッフを備えているだけでなく，障害者に有用な国内のアクセス情報を提供するプロバイダーであるDisabledGoと提携しており，キャンパスを定期的に見回ったり，障害者にとって歩きにくいところはないか等を報告している。DisabledGoは，地方当局や主要大学，民間セクターなどに有用なイギリスとアイルランドのアクセス情報を提供している他，旅行や観光関連セクターとも業務提携し，身体の不自由な人に対し，情報提供を通して支援している[注2]。

1.4 社会教育の在り方

日本では，社会教育法第2条において，「学校の教育課程として行われる教育活動を除き，主として青少年及び成人に対して行われる組織的な教育活動（体育及びレクリエーション活動を含む）」と定義されている。イギリスにおける，日本の「社会教育」に近い概念として用いられているのは，lifelong education（生涯教育），nonformal education（ノンフォーマル

教育）あるいはadult education（成人教育）などである。日本における社会教育の実践は，例えば教育委員会の所管する図書館や博物館，公民館などの社会教育施設において見ることができるが，イギリスにおいてもこれらの施設において，資格取得，職業訓練，趣味・教養講座など様々なジャンルの講座（オンライン講座を含む）やスポーツアクティビティ，余暇活動等が展開されている。

2 関係法令・基本計画

　生涯学習を全面に打ち出した中長期的な計画としては，ブレア政権（1997〜2007年）が1998年に公表した緑書『学習の時代を拓く』がある。同緑書は，具体的なスケジュールを示してはいないが，ブレア政権の生涯学習政策の方向性と，長期的な展望に立つ基本的な政策を示した。その後，同政権の政策は，特に雇用に結び付く形での職業訓練・技能向上政策の色合いを濃くしていった。継続教育における義務教育後の若年者層の教育・訓練の拡充，成人技能の底上げ，職業資格制度の見直し，見習い訓練制度の改善，全体的な技能向上策が次々と打ち出されるようになった。特に2004年には，2020年までにイギリスが実現すべき国民の技能水準とそれを実現するための施策の検討を諮問し，その報告を受けて，2007年7月，技能戦略文書『世界的水準の技能の実現』を示した。その一方で，雇用や資格・学位に直結しない成人のインフォーマルな学習を見直す動きも強まり，ブレア政権を継いだブラウン労働党政府（2007〜2010年）は，成人のインフォーマルな学習も大切であるとして支援の方向を示し，2009年に白書『成人のための学習革命』を公表，補助金を含むインフォーマルな学習の振興を打ち出した。これらの政策文書に示された施策は，生涯学習という包括的概念の下で重なりつつ，全体として国民の学習機会を拡大する中で，長期的に国民の教育・技能水準の向上を目指す方向を示している。

　2011年5月に発足した保守・自民連立政府は，職業教育や技能訓練とともにインフォーマルな成人学習も重視することを表明している。

2.1 生涯学習政策の方向

　生涯学習は，学習者の観点に立つと，より良い就職や雇用の確保というとらえ方と，直接雇用に結び付かない趣味や教養，生きがいのための学習というとらえ方に分けることができる。この観点から，ブレア労働党政府10年間（1997〜2007年）の政策の傾向は，現地調査において得られた共通的な見解として，生涯学習政策の枠組みにおいて「雇用のための学習」，

職業教育・技能訓練を重視する立場が示されてきた。政府の政策形成に近い立場にある専門家は，「労働党政府（2008年現在）は，学習・技能促進委員会（LSC：Learning and Skills Council）が推進している継続教育カレッジで行われる成人教育プログラムに対して補助金を出している。学習・技能促進委員会（LSC）が設けられたとき，職業的なものが強調され，その時の法令の仕組みにより，職業コースへの投資が強く方向づけられた」と述べた。

2.2 基本計画

2.2.1 生涯学習緑書『学習の時代を拓く』

1998年2月，その前年に政権に就いたブレア首相（1997～2007年）は，生涯学習緑書『学習の時代を拓く——新しいイギリスのために（*The Learning Age - a renaissance for a new Britain*）』を公表し，「学習こそは個人と国の両者の繁栄のカギを握るものである」として，学習社会の構築を見通した生涯学習政策の基本方針を示し，継続教育，成人教育及び高等教育をカバーする生涯学習のための一貫した政策の立案を導く方向性を示した。

『学習の時代を拓く』は，個人と企業の学習（教育）への投資の意義を強調するとともに，特に実践的な教育訓練の拡充を重視し，21世紀の国際競争を勝ち抜くために産業の変化に対応できる国民の技能レベルの向上を目指した。緑書の章立ては次のようになっており，2000年代の生涯学習政策の取組の方向を示すものとなった。

序　章　学習の時代（Learning Age：Introduction）
第1章　学習の革新（Individual Learning Revolution）
第2章　学習への投資（Investing in Learning）
第3章　職場における学習（Learning at Work）
第4章　学習の時代の実現（Realising the Learning Age）
第5章　教育訓練の水準，質，アカウンタビティの確保（Ensuring Standards, Quality & Accountability）
第6章　資格制度の確立（Recognising Achievement）
第7章　緑書に対する意見（Consultation：how to respond）

緑書は，イギリス国民の技術・技能水準の現状は十分ではないとの認識を示し，生涯を通じて教育・訓練を受けることで知識・技能を高めていくことが個人と国の繁栄の鍵となるとして，学習社会の構築をうたい，政府に加え個人や企業による学習への投資の意義を説いた。このための具体策として，緑書は，特に個人の学習活動の費用調達のための専用口座である「学習口座」を導入することや，場所や時間を選ばずに学習ができる機会を飛躍的に拡大す

るための支援システムとして「国民産業大学」の構想を明らかにした。なお，続く白書『成功への学習（*Learning to Succeed*)』（1999年6月）では，緑書のビジョンを受けるかたちで，継続・成人教育，職業訓練への支援を強化する観点から，既存の支援・助成機関の統合が提案され，2000年に準政府機関として「学習・技能促進委員会（LSC：Learning and Skills Council)」[注3] が設けられた。

緑書は柱となる新たな施策として次のような提案を行った。

①学習口座（Individual Learning Accounts）の導入

学習口座は，個人が専ら学資を調達するために開設するもので，開設に当たっては，公費の補助，税制上の優遇措置及び雇用主の支援を受けられる。通常の預金口座と同様に一般の金融機関に開設され，様々な教育機関のコースや夜間講座の受講料の支払いに同口座から引き出されるようにする。また，国民産業大学の利用に伴う支払いにも利用できる。学習時間を確保するための保育などにも充てることができる。さらに，口座開設者には，地方当局の雇用・訓練サービス部局などが，当該地方の利用可能な教育訓練などの情報提供や助言を行う。

②国民産業大学（University for Industry）の構想

国民産業大学（UfI）は，学生を受け入れ，教育プログラムを提供する「教育機関」ではなく，継続教育機関や大学，あるいは教育産業などが持つ既存の教育訓練プログラムをCD-ROM化したり，インターネットで利用できるようにし，これを学習者に仲介することを主な業務とする新しい遠隔教育支援組織である。また，仲介のみならず，教育訓練市場の分析をもとに独自の教育訓練プログラム（UfIブランド）を開発・提供することを目指す。また，個人と企業を対象に雇用訓練に関する助言サービス活動も行う。学習は，主にパソコンを使用して家庭や職場で個人が行うことになるが，このほか，パソコンを持たない人などのために継続教育機関，大学，図書館，さらにショッピングセンターやレジャーセンターなどに学習センターを設け，情報機器を利用できるようにする。

『学習の時代を拓く』に対しては，公表前から関係者の間で大きな期待が寄せられていたといわれる。しかし，予算措置や法案提出を前提とする政策文書である「白書」ではなく，政策を提案し，広く国民の意見を求める文書＝「緑書」に留まったこと，また，上述の2つの提案を除けば新たな施策に乏しく，特に財務省が十分な財政的支援を与えなかったなどの点から，当時その実効性を危ぶむ声が報道された。

「学習口座」は1999年から導入され，2001年には利用者数が250万人に上った。しかし，架空の受講者による補助金のだまし取りや，不正使用などのトラブルが生じ，同年一時停止され，2003年の技能改善白書『21世紀の技能』において最終的に廃止が決まった。

「国民産業大学」は，「ラーンダイレクト」（後述）が実質的な業務となり，当初の構想に比

べると規模の小さなものに留まった。2018年現在，ドイツのシーメンス社やアメリカのマッキンゼー社など国際的な企業と業務提携し，産業界のエキスパートから産業保全や応用分析論，デジタルビジネスモデルといったデジタル産業やビジネス関連の講座を中心に100以上の講座が開設されている。

2.2.2 技能戦略『世界的水準の技能の実現』

　2007年7月，労働党政府（1997〜2010年）は2020年までにイギリス（イングランド）が，その技能水準において世界のトップレベルになることを目指す政策文書『世界的水準の技能の実現（*World Class Skills : Implementing the Leitch Review of Skills in England*）』を公表した。同文書では，成人の基礎技能の習得率の向上，見習い訓練を通じた資格取得者の拡大，高等教育レベルの資格を持つ成人の割合の引上げなどが目標として示され，全体として国民の技能水準の底上げに焦点が当てられた。

　2004年に政府は，雇用に関する政府助言委員会の議長を務める企業家のサンディ・リーチ（Lord Sandy Leitch）氏に，イギリスの技能水準の現状分析，2020年までに実現すべき技能水準及びそのための施策について検討を諮問した。検討チームは財務省に置かれた。2006年12月にリーチ氏は最終報告となる『リーチ技能報告：グローバル経済における国民の繁栄のために（*Leitch Review of Skills : Prosperity for all in the global economy - world class skills Final Report*）』を公表し，2020年までの技能改善の目標や原則を提案した。これを受けて政府は『世界的水準の技能の実現』を公表し，『リーチ技能報告』に示された目標や提案に基づいて施策を行い，400万人以上の成人の技能の向上を実現させるとした。『世界的水準の技能の実現』に示された目標や施策は，次のようなものであった。

　　○成人の95％が，読み及び数的処理の基本的スキル（全国資格枠組みレベル1）を身に付ける（2005年現在，読みの基本的スキルと数的処理の基本的スキルを備えている成人はそれぞれ85％と79％）。
　　○成人の90％以上が最低レベル2以上の技能を持つ（2005年現在は69％）。
　　○「中間技能水準」をレベル2からレベル3に上げ，同水準への到達者を190万人増やす。
　　○就労しながら訓練を受ける見習い訓練（apprenticeship）を通じた資格取得制度の受講者を年間50万人程度とする。
　　○成人の高等教育資格取得者（全国資格枠組みレベル4以上）割合を40％とする（2005年は29％）。

　これらは『リーチ技能報告』に提案されたものであり，政府は，2011年及び2014年までの中間目標を設定して，2020年の目標実現への行程を示した。また，今後の技能水準に係る

国の体制について，雇用者や個人に対して次のような方針を示した。

＜雇用者について＞

○雇用者は，今後，職業資格の改革・開発により積極的な役割を果たせるようにする。

○雇用者による従業員の技能改善への投資を増やす。

○高等教育機関は，より労働力の開発に着目し，雇用者と協力して雇用者のニーズにより
　応じた訓練を提供する。

＜個人について＞

○成人向け「技能口座（Skills Accounts）」を導入する。口座を開設すると自身の口座番号
　とカードを得る。口座を通じてキャリア開発に関する情報や助言，ガイダンスを得るほ
　か，自身の学習記録にアクセスすることができる。技能習得コースの受講料支援なども
　得られる。

○成人に対するキャリアサービスを幅広いものとするために，研究大学技能省（DIUS）と
　労働年金省は，雇用と技能に関する協同的なシステムを構築する。

　なお，上記のような施策を実現して行く上で必要な法令上の措置については，2008年教育・技能法（後述）などに盛り込まれた。

2.2.3　生涯学習白書『成人のための学習革命』

　緑書『学習の時代』（1998年）は国民の様々な学習要求に応える内容を備えていたが，その後の施策では，成人の基礎技能向上，資格の取得のための教育・訓練に対する支援といった「雇用のための学習」に政策的な比重が置かれた。この一方で政府は，資格・学位の取得を直接目的としない「インフォーマルな学習」に対する支援の在り方を検討することを決め，2008年1月に協議文書を公表した。これに対して，関連団体・機関，個人から意見が寄せられ，政府（研究大学技能省（DIUS）当時）はこれらを踏まえて，2009年3月，生涯学習白書『成人のための学習革命（*The Learning Revolution*）』を公表し，雇用を直接の目的としない，生きがいとしての成人学習（インフォーマルな学習）を支援するために2,000万ポンドを充てること，中央省庁と地方当局，関連組織・団体が横断的に協力して自主的な学習活動を支援すること，さらに学習の場に関する情報ウェブサイトを立ち上げ，学習の機会を見つけやすくすることなどを打ち出した。政府は，学校，図書館やギャラリー，職場や教会，パブや店舗など，様々な公共施設や私的な建物が学習の場に利用されたり，インターネットを通じて豊かな学習情報が提供されるようになることで，成人のインフォーマル学習が質量ともに革新されることを期待するとした。白書は以下のような施策を打ち出した。

○「学習革命促進資金」の創設

新しい学習の在り方・機会の拡大のための取組を支援するために2,000万ポンドの補助金（transformation fund）を設け，新しい学習事業を公募し，優れた提案に補助金を給付する。

○「学習のためのオープンスペース」運動の推進

自主的な学習の組織化を支援するために，無償あるいは廉価な学習の場所（＝学習のためのオープンスペース）の提供が重要である。DIUSをはじめとする関連省庁は，学校，図書館，地域センター及び保健センターといった施設を，これまで以上に積極的に学習のためのオープンスペースとして提供できるようにする。

○「学習革命」を支援する組織の連携・協力のためのネットワークの形成

民間の機関・団体及び各政府組織がインフォーマルな学習の拡大の支援を表明し，学習革命の促進を図るとともに，横断的なネットワークを形成し，優れた実践の普及を支援する。白書は，支援を表明している教育，文化・スポーツ，放送・IT，ボランティアや教会，地方及び中央政府などの団体・組織・企業名を紹介している。この中には，研究大学技能省（DIUS，現在はビジネスエネルギー産業戦略省：BEIS）のほか，子ども学校家庭省（DCSF，現在は教育省：DFE），文化メディアスポーツ省（DCMS，現在はデジタル文化メディアスポーツ省：DCMS），労働年金省（DWP）及びコミュニティ開発省（CLG，現在は住宅コミュニティ地方自治省：MOCLG）の中央5省も含まれている。

○高齢者や困難な状況にある人々の学習支援

高齢化社会の進行により高齢者の学習が重要となっている。DIUSは，内閣府，保健省及び労働年金省と連携をとりながら，高齢者が学習を進める上での障害を一層取り除くようにする。

また，インフォーマルな学習は，社会的経済的に困難な立場にある人々の生活の改善に貢献できる側面も持っていることから，地域においてそうした人々を支援する人々による学習活動を促進する。例えば，困難な状況にある家庭における学習の支援については，そのニーズに沿いつつ，子供の学習への親の参加を高めるといった特定の目的に焦点を当てる。

地域における学習機会及び職場におけるインフォーマルな学習の拡大を支援する。

○デジタル技術による学習の推進

デジタル技術による学習を一層推進する。ただしデジタル格差（digital exclusion）の克服が重要となる。学習のための情報ウェブサイトを立ち上げ，インフォーマルな学習活動や学習施設について情報を提供する。また，貧困地域を対象とするネットワーク，デジタルメンター（Digital Mentors）を設け，そうした地域でのデジタル学習の形成を支援する。

2.2.4　展望報告書『技能と生涯学習の未来』

　ビジネスエネルギー産業戦略省に置かれる政府科学庁（Government Office for Science）は，イギリスの生涯学習に関して将来予想される障壁についてエビデンスを収集し，『技能と生涯学習の未来（*Future of skills and lifelong learning*）』と題する報告書を2017年11月に発表した。これは，政府科学庁が1年の期限で実施する「展望プロジェクト（Foresight profect）」の一環として，未来の生涯学習に対する現状と課題を明らかにした報告書である。同報告書の中で，将来，経済的な保障は生活するための仕事があることで得られるものではなく，生涯学習を通してふさわしい技能を保持・更新していくことによって得られるものであることが記載されている。同報告書は，将来的に科学技術が変化し，老齢人口が増加していく中で，イギリスにおいて将来どのような技能が必要になり，またどのような変化がその技能に影響を与えていくのかについて着目し，政策立案者に対して，技能と生涯学習に関するエビデンスを提供している。

　本報告書の要点は，次のとおりである。

○**イギリスにおける若年成人の読み書き・計算能力は諸外国に比して比較的低い**：全年齢層においてイギリスと同等あるいはそれ以上のスコアを取得しているOECD加盟国が7か国ある。また，16～19歳のグループでは，24か国の中，読み書き能力がイギリスより低いのは，チリとトルコのみである。また親の獲得スコアが低いと，子供の教育成果にも影響を与えることが明らかとなった。このサイクルを断ち切るには，家庭学習プログラムを親と子の双方を対象に導入することが肝要である。職場も読み書き・計算能力の向上に重要な役割を果たす。

○**イギリスでは，雇用者は新社会人に労働力となる準備が十分にできていないという考えが他国より強い**：雇用者と学校現場の教育者が連携を強化することが，新社会人が仕事で必要な技能を着実に身に付ける手助けとなる。また，仕事の紹介や経験を積ませることで雇用者の求める非アカデミックな技能は向上するが，それを実践している雇用者は全体の3分の1に留まる。同僚同士の学び合いやスポーツ，その他のインフォーマル学習も非アカデミックな技能の習得に役立つ。

○**イギリスでは，技能の需要と供給のバランスに比較的大きなミスマッチが生じている**：技能の未活用の状況が深刻であり，また特別に高度な技能は不足している。このようなミスマッチにより，雇用者の技能のニーズを満たしたコースを学校側が開設せず，あるいは生徒が選択せず，未来の技能のニーズが十分期待できなくなる可能性がある。問題改善には，労働市場に関する情報の質や情報へのアクセスの良さが求められる。

○**国内の多くの地域で，低賃金・低技能に限定された需要と供給が蔓延している**：低技能の労働力に見合う低技能の仕事が求められた場合，いわゆる「低技能の均衡」が起こり，

生徒は高い技能を身に付けようとする意欲が抑制され（あるいはすでにその技能を有していればそのレベルに留まり），雇用者も現状の技能の供給に順応してしまう。また，供給だけが改善されると，余剰が出たり技能の未活用の問題が生じたりするため，この状況を打破するには，技能の需要と供給双方の問題を解決する必要がある。

○**加齢に伴う学校教育参加者の低下／成人学習は全体的に低下：より経済的に恵まれ，より高い技能を持つ者に偏重**：公的な職場訓練（formal workplace training）への参加はここ15年以上低下している。その要因として，55歳以上の成人学習が学校教育（Formal education）全体から，非体系的なインフォーマルな教育（Informal education）へとシフトしてきていることが考えられる。すべての技能レベルにおいて，個人の成人学習に共通する障壁として費用と時間の不足が問題として挙げられるが，資格を持たない人間にとっては，自信や興味のなさ，学習するには高齢すぎるという躊躇が，より学習の妨げになっている。将来的に，より高齢で低い技能しか持たない個人が労働市場において特に弱い立場に立たされることになる。

2.3　関係法令

　生涯学習政策に関する単独法はなく，広く関連法令の中で生涯学習に関係する法的な枠組みが提供されている。近年の生涯学習に関係する法律は，インフォーマルな学習よりもむしろ職業や雇用につながる教育・訓練に関するものが中心となっている。前労働党政権（1997〜2010年）下では，継続教育・訓練や働きながら訓練機会を得る「見習い訓練」に関する法令の整備が進んだ。また，16〜18歳の若者について，フルタイムの教育を受けていない場合，あるいは就労している場合も，パートタイムの教育を受けることを義務化する法律が制定され，若年者の教育・訓練機会の充実が目指されている。なお，2010年5月に成立した保守・自民連立政府は，見習い訓練を含む訓練機会を拡充することや，18歳までの教育・訓練を段階的に保障する方針を示した。

2.3.1　2007年継続教育・訓練法

　2007年10月に成立した「継続教育・訓練法（Further Education and Training Act 2007）」は，継続教育機関に短期高等教育レベルの準学位（応用準学位）の授与権を認めること，問題のある継続教育機関への介入を迅速に行うこと，補助金配分機関や継続教育機関が学習者や雇用者の求めに一層効果的に対応できるようにすること，及び継続教育におけるリーダーシップを高めるために校長職に就くための資格を設けることなどが盛り込まれ，これにより継続教育の一層の振興が目指されることとなった。

　労働党政府は，義務教育後の（高等教育を除く）教育・訓練＝継続教育（further

education）の拡充を目的に見直しを進め，2006年3月，白書『継続教育：技能の向上と機会の改善（*Further Education : Raising Skills, Improving Life Chances*）』において，継続教育機関はイギリスの社会経済発展のエンジンであると強調し，学習者の雇用可能性を高め，雇用者のニーズに対応できるシステムの確立を目指す改革案を示した。政府は改革案の実現のために2006年11月，「継続教育及び訓練法案」を議会に提出，法案は2007年10月，「2007年継続教育・訓練法」として成立した。同法は，継続教育機関と国の補助金配分機関である学習・技能促進委員会（LSC）の改革を柱に，継続教育を通じて学習者はより高い技能を習得し，雇用者は経済のグローバル競争の中で求められる技能を身に付けた人材を確保することを目的として，以下のような施策の実施に必要な法令上の措置を定めた。

○フルタイム2年の職業系準学位である応用準学位（foundation degree）の授与権を，継続教育機関に認める（第19条）（これまでは大学等の高等教育機関が，継続教育機関の当該課程を履修した者に授与してきた）。
○継続教育機関の長に対してリーダーシップに関する資格の取得を求める権限を，担当大臣（研究大学技能大臣）に与える（第23条）。
○継続教育機関の設置認可・廃止に係る権限を，担当大臣から学習・技能促進委員会（LSC）に委譲する（第14, 15条）。
○担当大臣に代わって，LSCが管理運営に問題のある継続教育機関に介入する（第17条）。
○LSCの中央委員を12名から10名に減らし，47ある地方組織（local LSC）を地域別（regional council）に代えるなど，合理化による機構改革を進める（第1〜3条）。
○継続教育に関する政策検討委員会（strategy-making bodies）を設ける権限を担当大臣に与える（第4条）。
○LSC及び継続教育機関は，施策の形成において雇用者や学習者に協議（consultation）を行う。担当大臣が協議に関するガイドラインを示す（第7, 21条）
○LSC及び継続教育機関は，教育の振興を目的とする会社又は公益団体を設けることができる（第9, 21条）。

2.3.2　2008年教育・技能法

　2008年11月に成立した「教育・技能法（Education and Skills Act 2008）」では，10代後半の若者の教育・訓練参加への拡大を目的に義務教育の終了を2年延長して18歳とすることが定められた。ただし，延長する2年間については，フルタイムの就学に限定せず，職場での訓練と学校での学習を組み合わせた見習い訓練プログラムへの参加や，就労しながらパートタイムで教育・訓練を受けることも可能としている。

　同法の背景には，イギリスがOECD諸国の中で10代後半の若者の教育・訓練割合が相対

的に低く，また，ニート問題を長期に抱えているという事情がある。2006年12月，前述の政府諮問委員会報告書（『リーチ技能報告』）は，産業・ビジネスの国際競争力維持のためには国民の全般的な技能水準の向上が不可欠であると指摘した。このため，政府は2007年3月の緑書『より高い期待を：義務教育後の教育・訓練の拡充（*Raising Expectations, Education and Skills*）』において義務教育の2年延長を提案し，同年7月には2020年を目途に国民の教育・技能水準の向上を目指す目標を設けた。その後，同年11月教育関連法案の1つとして本法案が議会に提出された。

　2008年教育・技能法が定める教育・訓練期間延長の対象は，義務教育終了年齢（16歳）に達し，18歳未満で，かつ全国資格枠組みのレベル3（後期中等教育レベル）に到達していない者（第1条）である。対象者は，具体的には次の中からいずれかを選択することになる（第2条）。

①中等学校又は継続教育カレッジ等において，フルタイムの教育を受ける。
②見習い訓練（apprenticeship。職場での実習と教育・訓練機関での学習を組み合わせた訓練）プログラムを受ける。
③週当たり20時間以上就労する者（独立自営やボランティア活動従事者を含む）は，パートタイムの教育又は訓練を受ける。

また同法は，この延長する教育・訓練を支援するため，次のような規定を定めている。

○地方当局は延長の実施を促進する義務を負う（第10条）。また，若者の教育・訓練参加を支援する上で地方当局の役割を強化する（第68条）。
○地方当局は，当該地方の関係機関との連携・協力を進める（第85条）。
○学校（中等教育機関）は，対象者の教育・訓練への参加を促進する義務を負う（第11条）ほか，該当する生徒にキャリアに対する適切な情報提供や助言を行う（第72，81条）。
○雇用者は，被雇用者で対象となる若者の教育・訓練への参加を認める（第27条）。
○政府補助金配分機関である学習・技能推進委員会（LSC）は，該当年齢層の者に見習い訓練の機会を保障する（第82条）。

　教育・訓練期間の延長実施は，2013年までに17歳，2015年までに18歳と段階的に引き上げる。
　またこのほか同法は，成人（19歳〜）の技能の向上に関する規定（第86〜91条）も定めている。

2.3.3　2009年見習い訓練等法

　2009年11月に成立した「見習い訓練等法（Apprenticeships, Skills, Children and Learning Act 2009)」は，イギリス経済の長期的な人材ニーズを踏まえて，14～19歳の教育・訓練の充実を目的に，特に見習い訓練（apprenticeship）制度の整備を柱として，見習い訓練修了証の導入，地方当局の役割拡大，補助金配分や大臣に助言を行う技能訓練主任執行官（CESF: Chief Executive of Skills Funding）の設置，職場体験の充実などを規定している。同法は，2008年教育・技能法により18歳までの教育又は訓練（パートタイムを含む）が義務化されたことと連動している。同法はこのほかにも，資格・試験機関の設置，子どもサービスの充実や学校の規律向上などを規定する内容となっている。

　「見習い訓練等法」は，第1～5部までが見習い訓練制度の拡充に関する内容を扱い，第6～13部は資格・試験機関や就学前教育，学校教育などに関する内容を扱っている。見習い訓練に関する内容は，概略以下のようになっている。

　○**見習い訓練及び関連領域の拡充**
- ・見習い訓練修了証（apprenticeship certificate）を導入する（第3条）。
- ・見習い訓練枠組み（apprenticeship framework）を設ける（第12条）。これにより，職種別に見習い訓練を通じて習得すべき内容を定める。枠組みは，能力（competence），知識，キースキル及び雇用の権利・責任といった内容を含む。また，資格のレベルを示す。
- ・見習い訓練合意の策定（第32条）：雇用者と見習い訓練受講者との間で，雇用と訓練の条件について一定の形式を備えた合意を結ぶ。合意は，実地訓練（OJT）と職場から離れた学習の双方を含み，受講者の到達内容や指導内容を明記する。
- ・職場体験（work experience）の充実（第47条）：地方当局は，義務教育後の若者の職場体験の機会を確保する。
- ・キャリア教育の充実（第250条）：中等学校は，キャリア教育において，見習い訓練を含む16～18歳における教育訓練情報を提供する。

　○**地方当局（LEA）の役割（第41条）**
- ・義務教育後の若者（19歳未満と19歳以上25歳未満の学習障害のある若者）の教育訓練の振興について，従来の学習・技能促進委員会（LSC）から地方当局にその責任を移す。LSCは廃止する（第123条）。
- ・準政府機関として若者学習支援局（YPLA：Young People's Learning Agency for England）を設置し（第60条），▽義務教育後の若者の教育訓練の補助金配分を地方当局に対して行う（第61条），▽教育訓練を提供者の実績評価を行う（第63条）。また，YPLAの助成による教育訓練は原則無償とする（第65条）。

○技能訓練主任執行官（CESF：Chief Executive of Skills Funding）の設置（第81条）

- ・CESFは，19歳以降の教育技能訓練及び16〜18歳の見習い訓練に責任を負う。教育担当大臣が任命する。関連の補助金を配分するほか，担当大臣に助言を行う（第81条）。
- ・CESFの下に「全国見習い訓練サービス（NAS：National Apprenticeship Service）」を設け，新しい見習い訓練制度の中心的な実施機関とする（第82条）。
- ・CESFは，有資格者に対する十分な見習い訓練を保障する（第91条）。成人の資格（基礎レベル〜レベル3）取得に必要な授業料は一定の条件で無償とする（第88条）。

このほか，以下のような規定も含まれる。

○資格・試験規制機関（OFQUAL：Office of Qualifications and Examinations Regulation）の設置（第127条）：OFQUALは教育水準局と同様に独立政府機関（non-ministerial department）として（第127条），資格や試験・評価の適切な水準の維持を目的とする（第128条）[注4]。

○QCA（資格・カリキュラム開発機関）の変更

　資格・カリキュラム開発機関（QCA）をQCDA：Qualifications and Curriculum Development Agencyに名称変更する（第175条）。QCDAは，引き続き準政府機関（NDPB：Non Departmental Public Body）の地位を持つ。QCDAは，資格や教育課程に関する助言や研究を通じて，就学前を含む子どもの教育及び発達に係る質の向上を目的とする（第176，179，181条）[注5]。

○子供サービスについて

　地方における子供サービス（教育及び福祉）について，子供の福祉増進の観点から関係機関との連携協力を強化する（第193条）。「福祉」は，子供の心身の健康，安全，教育・訓練・レクリエーション，社会に対する貢献及び社会経済的福祉を指す。

2.4　生涯学習政策関係政府機関

　イギリスの教育担当省は政権交代や内閣改造に伴って再編，改称され，しばしばその所管内容を変更してきた。ブレア首相の退陣に伴って2007年6月に新内閣を組閣したブラウン首相（〜2010年5月）は，それまでの教育技能省（DFES）を「子供学校家庭省（DCSF）」と「研究大学技能省（DIUS）」に再編した。その後DIUSは，2009年の内閣改造に伴い，ビジネス革新技能省（BIS）となった。さらに2010年5月の総選挙の結果政権が保守・自民連立政府に移ると，連立政府はDCSFを廃し，教育省（DFE：Department for Education）に名称を変更した。

政府の生涯学習政策は近年，雇用の充実を目指して職業教育・技能訓練に比重が置かれてきたが，これを中央政府の行政組織の観点からみると，1995年の労働省の解体に伴って設置された教育雇用省（DFEE）が，「雇用のための学習」の政策を推進する行政組織上の基礎となった。さらに，2001年に教育雇用省から雇用サービス等が他省に移り，教育雇用省は教育技能省（DFES）に改組された。このように，職業・技能訓練が教育担当省の下におかれてきたことが，政府の生涯学習政策の在り方に影響を与えてきたと考えられる。しかし，2007年のDIUS（2018年現在はBEIS）の創設により，再び「雇用のための学習」は教育担当省から離れた。DIUSは2009年にビジネス革新技能省（BIS）となった後，2016年7月にはエネルギー気候変動省（DECC）と合併し，ビジネスエネルギー産業戦略省（BEIS）に再編された。

同時に，ビジネス革新技能省（BIS）が所管していた高等教育部門は教育省へ所管替えが行われ，生涯学習，継続教育，成人教育，見習い訓練等も主に教育省（DFE）の担当となった。科学技術や研究部門は引き続きビジネスエネルギー産業戦略省（BEIS）が所管している。

現在，生涯学習政策に関する施策は，主に教育省，ビジネスエネルギー産業戦略省のほか，図書館・博物館・美術館の教育支援や芸術・スポーツ等の振興を担当するデジタル文化メディアスポーツ省によって分掌されている。

3 | 成人による学習活動

成人の学習は，義務教育後（16歳〜）に提供される教育・学習機会を広く指し，学習者も多様である。社会生活を営むのに必要な英語力や技能を必要とする移民から，雇用の獲得や転職を希望する者，趣味や教養を深めたい社会人，退職後の生きがいを求める年金生活者など，それぞれが目的に応じて基礎的技能（literacy and numeracy skills），雇用やキャリアの向上に結び付く技能訓練，趣味や教養につながるインフォーマルな学習を選んでいる。政策的には，産業構造が急速に変化し，エスニックマイノリティが増え，社会移動が増す中で，雇用に結び付く訓練や学習，生きるための技能の習得といった側面が強くなっている。

成人の学習の提供場所は，継続教育機関，大学・高等教育機関，成人教育センター（コミュニティカレッジなどとも呼ばれる），コミュニティセンター，教会施設など様々である。近年はITの活用が進み，ネットワークによる学習情報や学習機会の提供が盛んになっている。また，学習機会の確保を支援する観点から経済的支援も行われている。

3.1 継続教育実施機関

「継続教育」の訳語を当てる英語には，「further education」と「continuing education」がある。「further education」は，フルタイム義務教育後（16歳〜）の高等教育を除くすべての教育・訓練を包括し，特に職業準備に比重を置く教育・訓練を指す。「continuing education」は，成人教育やリカレント教育と重なりつつ，フォーマル／インフォーマルの区別を越えた生涯を通した教育を強調する。

継続教育（further education）を提供する機関は，継続教育カレッジ（further education college）と総称され，義務教育後の学習者を対象に全国に381校ある[注6]。継続教育カレッジには，主に職業教育を提供する一般継続教育カレッジのほか，フルタイムの普通教育を与えるシックスフォームカレッジ，シックスフォームカレッジの要素と一般継続教育カレッジの双方を兼ねたターシャリーカレッジ，さらには特定の分野の教育・訓練を専門に行う専門カレッジ（specialist FE college）などが含まれる。こうした機関は，伝統的には職業・技術課程をフルタイム及びパートタイムの双方により，義務教育後の学習者（16歳〜）を対象に提供してきたが，近年その役割が拡張され，GCSE（中等教育修了一般資格）や基本的な大学入学資格であるGCE・Aレベル資格といったアカデミック・プログラムや，機関により応用準学位などの高等教育プログラムを提供するようになっている。

また，継続教育機関は，資格の取得に結び付くプログラムの提供を基本としているが，学習者の需要に応じて，必ずしも資格の取得につながらない次のようなプログラムも提供している。

○**語学コース**：外国諸語のほか，英語を母語としない人のための英語（EAL）コース。

○**基礎技能コース**：成人を対象に，基礎的なリテラシー，数的処理などの基礎技能の習得を目指す課程。

○**アクセスコース**：伝統的な大学入学資格を有しない成人で，高等教育を希望する人が，高等教育を受けるための基礎的知識や技能の習得を目指す課程。

○**教養コース**：絵画，写真，陶芸，宝飾デザイン，運動，ICTなど様々な興味・関心，教養のためのコース。

以上のように，継続教育カレッジは提供するプログラムのレベルや内容，学習者の年齢層や修学形態においても実に多様なものとなっている。

3.1.1　大学における継続教育（continuing education）の提供

　イギリスの高等教育ではパートタイムの修学形態が浸透している。パートタイムの学生は，通常，就労しつつ夜間や週末に学ぶ形態を取るため，同一レベルの学位を取る場合にはフルタイムの学生と比べて在籍期間が長くなる。2015年度の高等教育初年度生を25歳未満と25歳以上に分けてみると，第1学位（学士レベル）については，フルタイムの場合，25歳未満が89.6％を占めるが，パートタイム学生では，逆に25歳以上が69.0％となっている。また，大学院の初年度生でみると，フルタイム学生の41.9％，パートタイム学生の87.5％が25歳以上となっている[注7]。このようにイギリスの大学では，パートタイムで修学を続ける成人が少なくない。

　イギリスの大学には19世紀後半以来の大学拡張運動（university extension）の歴史があり，この伝統の下で構外教育部（external department）が発達し，成人教育や継続教育（continuing education）が提供されるようになった。大学における生涯学習は1980年代頃に全盛期を迎えたが，1998年から政府の財政政策によって大学が授業料を徴収するようになったことに伴い，国費による全面的な負担が改められた。すなわち，財政事情の悪化が始まり，政府からの直接助成によって廉価な授業料で講座を提供できていた成人教育部において，成人教育の縮減傾向が見られるようになってきた。

　それでも現在，多くの大学において，継続教育部，生涯学習センターなどの形で幅広く成人向けの教育プログラムが提供されている。また，いずれの大学においてもパートタイム課程が発達していることから，こうした課程を生涯学習のプログラムの一部と捉えることも行われている。例として，オックスフォード大学継続教育部，ウォーリック大学及びヨーク大学の生涯学習センター（CLL）が提供する内容の枠組みを示すと**表1**のようになる。これによれば，例えば，オックスフォード大学継続教育部は，1日だけのセミナーから研究学位取得コースまで1,000以上のプログラムを提供し，18歳から95歳までの，年間1万4,000人以上が1つ以上のコースに登録している[注8]。ウォーリック大学では，成人を対象とするフルタイム4年間の第1学位課程（2＋2 degrees）を開設し，最初の2年を継続教育カレッジで，後半の2年を大学で学ぶようになっている。ヨーク大学では，120単位を取得すると得られる「生涯学習高等教育資格」（Certificate of Higher Education in Lifelong Learning）を授与している。さらに，オンラインの文芸講座で60単位を取得すると，「生涯学習大学資格」が提供される。

　また，イギリスの大学では，各コースの内容をモジュール化して一定の単位を付与する単位互換制度（CATS：Credit Accumulation and Transfer Scheme）が普及している。CATSは，異なる機関や専攻の学位・資格の水準が全国的に標準化され，単位（修学量）の蓄積と移転が可能となり，学習者により柔軟な修学機会を提供することに貢献している。単位数は，高

等教育資格枠組み（FHEQ）に定められている学位・資格に沿って示されている。**表2**は，各レベルにおいて標準となる単位数を示している。このうち，学士相当の第1学位は360単位で，3年間のフルタイム課程の場合であれば，第1学年120単位（レベル4相当），第2学年120単位（レベル5相当）そして第3学年120単位（レベル6相当）が設定される。これらの単位を取得すれば最終的に第1学位（優等）が授与されることになるが，例えば，応用準学位の取得者は，第3学年の120単位（レベル6相当）を履修すれば第1学位が取得できる。また，研究学位については必ずしも単位数は提示されない。

表1：大学付設生涯学習機関と提供内容の例

オックスフォード大学 Department for Continuing Education	ウォリック大学 Centre for Lifelong Learning	ヨーク大学 Centre for Lifelong Learning
○週日・週末クラス （1～2日程度） ○週間クラス （週1回を5週，10週又は20週） ○サマースクール （1～4週間，100コース以上） ○オンライン・遠隔課程 （50以上のコースを提供。短期は5～10週間） ○学部レベルコース ・ファンデーションコース・サーティフィケイト・ディプロマ・応用ディプロマ・プレマスター ○大学院レベルコース ・修士コース（歴史学，国際人権法，他） ・博士コース（考古学，文学・芸術，他）	○入門コース（社会科学，20週間） ○学部レベルコース ・2+2第1学位プログラム （1～2年次は継続教育機関，3～4年次はウォリック大学に在学） ・パートタイム第1学位 （古典，歴史等，4～10年） ・サーティフィケイト・ディプロマ（コーチング，9か月又は6か月） ○短期コース （マインドフルネス，カウンセリング，10週間） ○大学院レベルコース ・サーティフィケイト／ディプロマ（カウンセリング，メンタリング，6か月／10か月） ・修士コース（社会事業） ・博士コース （成人教育，生涯教育）	○学部レベルコース ・単位制プログラム（人文，社会科学，オンライン執筆講座，3年，パートタイム） （120単位でCertificate of HE in LLを授与，他） ○大学院レベルコース ・大学院ディプロマ（天文学，地質学，執筆，鉄道学） ・修士コース （歴史，鉄道） ○非単位認定コース （執筆，歴史，社会科学，文学，音楽，社会科学他） ○土曜クラス（文芸，歴史，芸術，文学，音楽他） ○無料講義 ○サマーシリーズ （小説執筆，詩作等，半日コース）

出典：Oxford University Department for Continuing Education, Warwick University Centre for Lifelong Learning, York University Centre for Lifelong Learningの各ウェブページ（2018年7月現在）。

表2：高等教育資格枠組みに基づく単位

学位	CATS	高等教育資格枠組み
博　士	540単位	レベル8
修　士	480単位	レベル7
第1学位	360単位	レベル6
応用準学位	240単位	レベル5
高等教育サーティフィケイト	120単位	レベル4

出典：QAA *Academic credit in HE in England an Introduction*（2009年）。

3.1.2　公開大学と第三世代大学

　イギリスでは，パートタイム修学を基本とする公開大学（Open University）が放送・通信メディアを教育手段として取り入れ，伝統的な入学資格を問わない革新的な大学として1969年に創設され（開学は1971年），世界の遠隔高等教育機関の先駆けとなった。現在，公開大学は，人文学，社会科学，教育，経営，保健・社会福祉，自然科学，数学・コンピュータ及びテクノロジー等の領域を提供する総合大学で，約600コースを開講し，180の学位・資格を提供している。学生数は，開学以来200万人を超えるが2016年現在，17万3,927人でほとんどのコースが欧州その他の国からも受講可能となっている。公開大学の学生のうち76％が，フルタイムあるいはパートタイムで働いている。また，公開大学は障害のある学生を最も広く受け入れる高等教育機関であり，2015-2016年には2万3,630人の障害のある学生が在籍している。学生は，自学自習を基本にコースの課題をこなし，オンラインによるチュートリアルやサマースクール（スクーリング）による指導を受け，最終試験に臨むことになる。

　公開大学は，年齢や階層を超えて国民の高等教育の機会を拡大したとして高い評価を得ているが，近年はICTを通じたe-ラーニングの構築を進めるとともに，EU諸国や中東・アフリカ，アジア諸国へ海外事業を展開している。「オープン・ラーン（Open Learn）」と呼ばれる，ウェブサイトで無料公開されている学習リソースが2006年の立ち上げ以来，現在5,000万以上の訪問を記録している。また，パソコンやスマートフォンで利用できる，大学などの教育機関や博物館，文化機関等が無料で公開している教育コンテンツを公開大学も提供しており，こちらは7,000万回以上のダウンロードを突破している。

　また公開大学は，イギリス発のMOOCs（Massive Open Online Courses）のプラットフォームとして，2013年に「フューチャーラーン（FutureLearn）」を開設した。イギリスの国内外の大学や大英図書館，ブリティッシュ・カウンシルを含む教育文化機関などが参画してオンラインで講座を提供している。コースはパソコンやタブレットの他，スマートフォンにも対応しており，講座はビデオやオーディオで受講し，読解や小テスト，討論の時間が設定されている。また講座の受講修了後は参加証明書（Statement of Participation）を購入することが可能となっている。2018年現在，844コースが開設されており，6〜10週間のコースを中心に，2〜3週間の短期コースも用意されている。2013年の開設以来，累計791万以上がフューチャーラーンを利用している[注9]。

　第三世代大学（U3A：University of the Third Age）は，退職している高齢者を中心とする自助的な学習活動・組織であり，インフォーマルな教育活動を基本としている。1970年代初頭にフランスに起こり，イギリスでは1982年に3名の創立者が立ち上げた。1980年代の初めにケンブリッジ，ロンドンそしてハダスフィールドの3地方から活動が始まった[注10]。第三世代大学の学習活動の主体は，各地のU3Aであり，2016年末には，U3Aが1,000か所

を突破した記念にU3A創設者の1人を招聘して記念講演を開催した。総会員数は，イギリス全体で23万2,019人となっている。活動に参加できるメンバーの年齢制限は特に設けていないが，実際は50歳以上の会員のみで構成されている。イギリス（連合王国）では，1983年に設立された第三世代トラスト（非営利団体）がU3A活動を推進する全国組織として，ロンドン市内にオフィスを構えている。

　各U3Aではアート，歴史，文学，語学，工芸，園芸といった興味や関心に応じてテーマによる学習グループが形成され，自主的に学習活動が営まれ，実際の学習は当該地方のコミュニティセンターや会員の自宅などが利用されている。また，各U3Aでは年会費やグループ活動費用などを徴収している。U3Aの規模は様々であり，会員数が30人のU3Aから3,000人まで幅広く，平均は400人程度である。イギリス全体では3万以上の学習グループが形成されている[注11]。

3.1.3　オンライン学習支援「ラーンダイレクト」と成人教育・訓練支援金（ALG）

　緑書『学習の時代を拓く』（1998年）は，公開大学の成功からヒントを得た「国民産業大学（UFI：University for Industry）」の構想を明らかにし，同年UFIが設置された。国民産業大学（UfI）は通常の「大学」ではなく，インターネットの活用により，国民が場所や時間を選ばずに学習ができる機会を飛躍的に拡大するための教育訓練支援システムとして構想された。しかし実際の事業の中核は，「ラーンダイレクト（Learndirect）」と呼ばれる，オンラインによるイギリス最大の教育・技能・訓練等に関するプログラムの提供や学習助言サービスを行う学習ネットワークの運営である。ラーンダイレクトは2000年の設立以来，英語・数学・ICTを含む基礎的実践的なプログラムを中心とし，個人に加え，企業への訓練プログラムの提供も行っている。学習は，ラーンダイレクトを介して家庭で行うほか，継続教育機関，大学，図書館などの学習センター（Learndirect Centre）において，学習の場や関連情報の提供やサポートが得られる仕組みになっている。設立以来，累計約450万人が利用してきたが，2018年現在，毎日2万人がオンライン上でラーンダイレクトで学習をしており，年間で2万3,000人の見習い訓練者がラーンダイレクトを学習ツールとしている。また，総勢約2,000人のスタッフが毎年22万5,000人のキャリアサポートを支援している。さらに，毎年約4,000企業が従業員にラーンダイレクトを利用させている[注12]。

　また，学習者を経済的に支援する仕組みの構築が進み，成人学習者に対する支援として「成人教育・訓練支援金（ALG：Adult Learning Grant）」が設けられた。ALGは元来，国民の技能水準改善の戦略，とりわけ成人の基礎的技能水準の改善が重要であるとの観点から，2003年7月の技能改善白書『21世紀の技能（*21st century skills- realising our potential*）』において提案され，試行を経て2007年から本格実施されている。ALGの対象は，19歳以上の成人で，中等教育程度（全国資格枠組みのレベル2又は3）の資格を有しておらず，そのレベ

ルの資格の取得を初めて目指してフルタイムベース（平均週12時間以上／1学期150時間以上）
で学んでいる者を対象に，年収により週当たり最高30ポンドの奨励金を給付するもので，
給付期間は原則2年間（1年間の延長可）となっている。使途として，書籍や学習教材の購入，
備品購入，交通費といった学習関連費に使用することができる。

　なお，義務教育後の16～19歳の若者のフルタイムの教育・訓練の継続を支援する「教育
支援金（Education Maintenance Allowance）」が連合王国において2004年から導入され，家
計の収入に基づいて週最高30ポンドが給付されていた。しかし現在「教育支援金」は，イン
グランドでは廃止されており，他の3地域（ウェールズ，スコットランド，北部アイルランド）
においてのみ存続している。イングランドでは同年齢を対象とする支援に「16歳から19歳
のための奨学基金（16 to 19 Bursary Fund）」がある。経済的に困難な立場に置かれている
生徒が，最高1,200ポンド給付を受けられる。

3.1.4　生涯学習支援民間組織 —— L＆WとWEA

　イギリスには成人教育の振興を目的とする代表的な民間機関・団体として，学習労働協議
会（L&W：Learning and Work Institute）と労働者教育協会（WEA：Workers' Educational
Association）がある。両者は非営利組織である。

3.1.4.1　学習労働協議会（L&W：Learning and Work Institute）

　学習労働協議会（L&W：Learning and Work Institute）は生涯学習，完全雇用，インクルー
ジョン（多様性の受容・包摂）への取組に特化した独立政策研究機関である。2016年1月に
全国成人継続教育振興機関（NIACE：National Institute of Adult Continuing Education）と，
経済社会インクルージョンセンター（CESI：Centre for Economic and Social Inclusion）が
合併して誕生した。NIECEは，様々な成人継続教育を率先して支援する非営利の民間組織
として，20年以上機能していた。その起源は，1918年の世界成人教育協会（WAAE：World
Association for Adult Education）に遡り，イングランド及びウェールズにおける最大の成
人学習支援組織となった。

　NIACEは，プログラムそのものを提供するのではなく，成人学習に関係する施策の支援・
擁護（advocacy），コンサルティング，調査研究，会議やセミナーの提供，専門的情報の提供，
キャンペーン及び出版などの活動を行ってきた。また，あらゆる成人学習者の利益を守るこ
とを使命としており，成人教育の擁護・研究などによって政策に影響を与えるとともに，個
人のメンバーに加え，継続教育機関，大学，地方当局，放送局など，成人教育に関係する様々
な組織が法人会員となっていた。

　NIACEの活動の中で，特に学習へのアクセス改善（Adult learning for all）という観点か
ら取り組まれている対象領域には，次のようなものがあった。

○読み書き能力及び数的処理能力（literacy, language and numeracy）
○高齢者の学習
○ICTによる学習
○黒人やマイノリティーの学習
○学習困難や障害のある者の学習
○成人学習とボランティアセクター
○若者（16～25歳）の学習活動
○女性と学習

　2016年1月，NIACEとCESIが統合再編してL＆Wが誕生してからも改正が重ねられ，生活の中で誰もが向学心や学習の潜在能力に気づけるような機会を提供するという展望を持って，活動を実施している。また，財政面では寄付や投資もあるが，L＆Wの収入は9割以上が活動の核となる慈善事業から得られた収益によるものである。

3.1.4.2　労働者教育協会（WEA）

　労働者教育協会（WEA：Workers' Educational Association）はイギリス最大の民間成人教育団体で，1903年に設立され，今日まで成人教育の機会を提供する中核的な団体として活動している。WEAは理念として「教育と学習に対するアプローチを課す計画，評価，フィードバックは挑戦を促し，学習の目標に向かって前進させるものである」ということが掲げられている。「教育は生涯に渡り，学校や大学後の人生全体に及ぶものであり，民主的社会において人々の潜在的能力の発達を助ける」ことを掲げている。本部はロンドンに置かれ，2016年度には，5万2,752人が2,295か所（イングランド及びスコットランド）で学んだ。また同年度イングランドでは8,000以上の教養的，趣味的なものから実用的な内容まで多種多様なプログラムを提供している。

　WEAの提供するプログラムは，次のような3つの特徴を有している。

(1) 基礎的な資格を得たい人や，より良い仕事に就きたい人のための職業的なニーズに応えるもの。
(2) コミュニティのための学習で，ホームレスや障害者，移民を含む困難な立場にある人々に，能力と自信を与えることを目的とするもの。
(3) 教養を高めるための学習で，人文学や芸術といった趣味や生きがい（learning for learning's sake）となるもの。

　この3つの柱に基づいて，各地方支部や地方事務所ごとの優先順位に沿った内容が決めら

れている。特に（2）に関しては，近年移民や身体障害者の学習者が増加している。

　また，継続教育機関と契約を結び，そこで成人教育を提供するほか，公開大学（Open University）などと連携して成人向けコースを提供する場合もある。

　活動面においては，地方支部や地方事務所に広汎な自主性が認められており，各支部が個々のコースを組織し，地域事務所は地域レベルでコースを支援している。支援者の中には，地域のボランティアスタッフも多数含まれる。さらに，コースの開設・提供にあたっては地方当局，継続教育機関や高等教育機関，労働組合などと協力している。WEAの収入は，中央政府や地方当局の補助金，授業料等により賄われており，2016年度でみると，政府（現・教育技能助成局（ESFA：Education and Skills Funding Agency））からの収入が約1,947万ポンドで全体（約2,740万ポンド）の70％超を占めている[注13]。ただし，政府は近年，成人教育のための予算を削減していく方針を取っている。

3.2　全国的な職業資格枠組みの整備

3.2.1　全国資格枠組み（NQF）の構築

　イギリスでは，職業資格について，従来から多数ある資格付与団体が審査・認定を行っており，代表的なものには商業・テクニシャン教育協会（BTEC。1996年に教育・職業資格協会（Edexcel Foundation）に再編），シティ・アンド・ギルド（CGLI）及び王立技芸協会（RSA）などがあるが，1980年代にはその資格・認定証の数や付与団体の数が相当数に上ったため，資格の全国的な統一基準が欠落し，取得を目指す者と雇用者の双方に少なからぬ混乱が生じていた[注14]。これに対して政府は，資格の標準化及び質の確保の観点から1986年に全国職業資格審議会（NCVQ：National Council for Vocational Qualifications）[注15]を設け，既存の資格の水準の区分認定を進め，全国職業資格（NVQ：National Vocational Qualifications）を創設して，多様な職業資格を**表3**のような5段階に位置付ける枠組みをつくった。

表3：職業資格の全国枠組み

NVQレベル5	大学院レベルの応用的な有資格者に相当する職業，中級管理職
NVQレベル4	上級技術・専門職，初級管理職
NVQレベル3	監督業務を含む上級技能
NVQレベル2	協同作業を含む特定技能
NVQレベル1	一定の基礎的な単純作業技能

　そして，1993年には一般全国職業資格（GNVQ：General National Vocational Qualifications）[注16]が導入された。これは，応用可能な基礎的職業能力を認定するもので，

NVQが伝統的な分野を含む特定職種の技能資格であるのに対して，ビジネス，美術・デザイン，情報技術，メディア，衛生・社会福祉あるいは観光など，より現代的な領域について幅広い範囲をカバーする資格として設定されている。また，NVQが職場中心の訓練を通じて身に付けた技能を評価するのに対して，GNVQは継続教育カレッジなどの教育機関におけるフルタイム課程の修了が主な要件となっている。さらにGNVQは，16歳から18歳を主な対象とし高等教育機関への入学資格としても利用された。

　以上のNVQ及びGNVQは，いずれも旧商業・テクニシャン教育協会など既存の主要な資格付与団体が実際の資格認定を行う。

　NVQとGNVQの定着を図り，かつ職業資格の質を向上させるため，上述の普通教育資格との対応を明確に示す統一的な資格体系を確立しようという施策が進められた。GNVQの開発・導入を提案した1991年5月の白書『21世紀に向けての教育・訓練（*Education and Training for the 21st Century*）』は，高等教育機関への進学コースと職業教育コースとの社会的地位の格差是正を重要な課題として示し，目安として**図2**のような普通教育資格と職業教育資格との対応表が提示されるようになった。

図2：普通教育資格と職業資格との対応関係

全国職業資格	一般全国職業資格（〜2007年まで）	普通教育資格
NVQ5		大学院学位
NVQ4		学　士
		準学位
NVQ3	上級GNVQ	GCE・A（2教科）
NVQ2	中級GNVQ	GCSE（4〜5教科；評価A〜C）
NVQ1	基礎GNVQ	GCSE（4教科；評価D〜G）

　このように，1980年代後半から，段階的に5段階からなる全国資格枠組み（NQF：National Qualifications Framework）が整備されたが，NQFは2004年にそれまでの5段階から8段階に段階的に移行し，**図3**のようになった。**図3**のレベルのうち，入門レベルは1〜3段階からなり，国の教育課程基準である全国共通カリキュラムの到達目標レベル1〜3にほぼ相当するとされ，最も初歩的な段階を示す。レベル1〜2は，最高のA*からGまでの8段階評定を持つ中等教育修了一般資格（GCSE）の成績が1つの目安として示されており，レベル2は義務教育修了レベルに相当する。レベル3は，基本的な大学入学資格となっているGCE・Aレベル資格の取得と同程度となり，後期中等教育修了レベルを示している。レベル4以上になると，高等教育資格枠組み（FHEQ：Framework for Higher Education Qualifications）とNQFの資格との等価性も示されている。

図3：全国資格枠組み（NQF）

レベル	各レベルの資格例（一般的な相当職）		（高等教育資格枠組み（FHEQ））
レベル8	City & Guilds Fellowship（先導的専門家）	D	博　士
レベル7	BTEC Advanced Professional Diploma（上級専門家）	M	修　士
レベル6	City & Guilds Graduateship（知的専門職）	H	第1学位
レベル5	NVQ5, BTEC Profes. Diploma/Certificate（上級技術者,管理者）	I	ディプロマ（HND,応用準学位）
レベル4	NVQ4, BTEC Profes. Diploma/Certificate（技術・専門的職務）	C	サーティフィケイト（CHE）
レベル3	GCE・Aレベル, NVQ3, BTEC Diploma		｝後期中等教育レベル
レベル2	GCSE（A*〜C評価）, NVQ2, Key Skills 2		｝義務教育修了レベル
レベル1	GCSE（D〜G評価）, NVQ1, Key Skills 1		
入門レベル	Entry Level Certificate（1〜3段階）		

　NQFにおいては，普通教育から職業教育・職業訓練資格まで，認定された資格が表中の「入門レベル」から「レベル8」のいずれかに位置付けられるが，これは個人においては自らのキャリア開発の道しるべとなり，雇用者にとっては採用や人事管理において様々な資格を標準化する手立てとなっている。また，政府の教育・訓練向上策においては，達成目標の設定の手段として用いられている。

3.2.2　全国資格・単位制度（QCF）の開発と廃止

　2004年の新しい全国資格枠組み（NQF）の導入後，政府はさらなる職業資格制度の検討，開発を進め，2008年から2010年を移行期として従来のNQFに代えて，新たに全国資格・単位制度（QCF：Qualifications and Credit Framework）を順次導入し，2年間の試行を経て2010年に基本的な移行を終えた。QCFが，従来のNQFと大きく異なる点は，「ユニット」や「単位（credit）」という概念を明確に組み込むことで学習量の比較を容易にするとともに，「ユニット」による学習の積み上げを可能にし，資格取得の機会の拡大，資格の流通性の向上，資格取得の柔軟化を図る狙いがある。また，QCFは職業資格に重点を置き，欧州資格枠組み（EQF）や高等教育資格枠組み（FHEQ）に連動している。全国資格・単位制度（QCF）は，これまでの全国資格枠組み（NQF）と同様に，入門からレベル8までの全9段階からなるレベル（達成困難度）を設定しているが，これに加えて，当該レベル達成のための学習量を時間の単位として導入している。したがって，あるレベルの資格は，単位の固まりであるユニットを積み上げることで達成されるようになり，例えば，ある資格を獲得するために，それに必要なユニットの一部を終えた後，時間を置いて次のユニットから訓練を再開することや，近接する異なる資格を取得しようとする場合，一定の組合せルールの下でそれまでに積んだ単位を読み替えたりすることが可能になった。これにより，生涯にわたる各人のキャリアス

テージに応じて，学習を蓄積し，資格のレベルを向上させたり，種類を増やしたりしやすくする狙いがあった。

　しかし2015年QCFは廃止され，同年10月から，より簡略化された規制資格枠組み（RQF：Regulated Qualifications Framework）が開設されることとなった。QCFを実際に運用していく中で，単位の移転があまり利用されないことや，ユニットレベルの評価の運用が難しいことなど，QCFが十分機能していないことが明らかになった。そのため，2013年頃から見直しが検討され，2014年にはQCFの設計の見直しがOFQUALにより決定された。さらに2015年春には，新たな枠組みに関して資格授与団体等に意見を聞く最終協議を行い，同年秋から，QCFとNQFを1つにしたRQFを段階的に導入することが決定した。

＜QCFにおける資格の学習構造モデル＞

○**単位とユニット**：QCFでは1つの資格は複数のユニットに分かれ，それぞれ独立して扱われる。1ユニットは複数の単位（credit）からなり，1単位は10時間の学習量に換算される。**図4**の場合，この仮想の資格は4つのユニットA，B，C，Dからなり，ユニットにより単位数は異なるが，全体として10の単位から構成されている。

図4：QCFにおける資格の仮想学習構造モデル

1単位	ユニットD
1単位	
1単位	ユニットC
1単位	
1単位	
1単位	ユニットB
1単位	
1単位	ユニットA
1単位	
1単位	

○**レベルと学習量**：QCFは従来の全国資格枠組み（NQF）のレベルを踏襲し，入門レベルから最高レベル8までの9段階からなり，レベルにより当該資格の難度が示される。QCFではこれに，**図5**のように「アワード（award）」「サーティフィケート（certificate）」及び「ディプロマ（diploma）」の3つの学習量（size）が新たに置かれた。1単位当たりの学習量の基準を10時間とすることで，例えばアワードの場合，資格により10〜120時間相当の学習が想定されることとなった。

図5：QCFのレベルと学習量（サイズ）

レベル		アワード （1～12単位）	サーティフィケート （13～36単位）	ディプロマ （37単位以上）
8				
7				
6				
5				
4				
3				
2				
1				
入門				

（横軸：学習量）

3.2.3　全国規制資格枠組み（RQF）の開始

　QCFの廃止要因は，資格の質の維持や遵守すべき実施規定が細微にわたること，また雇用主のニーズに則した資格が，学習者に対して提供できていないことなどが挙げられる。2015年10月1日よりQCFがRQFに取って替わり，従来の資格枠組みがQCFからRQFへと順次移行していたが，2018年1月からは全てのQCFの資格がRQFへと完全に移行した。RQFではQCFの単位（credits）が学習者の資格取得に向けた総資格時間数（TQT：Total Qualification Time）に置き換えられ，レベルと学習量（size）だけの枠組みへと簡略化されることとなった。RQFは入門レベル1，2，3に加え，1～8のレベルによって**図6**のように構成されている。RQFの枠組みにおいて全ての資格には，TQTによって表示される学習量（size）が割り当てられており，それが単位（credits）に分解される。例えば，1単位当たりの学習量の基準は10時間であるので，もし当該資格のTQTが10である場合，資格獲得にはおよそ100時間を要するということになる。

　RQFは，従来のNQFとQCF，2つの枠組みを統合し，資格のレベルは入門レベル及びレベル1から8を維持しつつ，次のような要素を備えることとしている。

○資格のサイズ（学習量）として，資格取得総時間（TQT：Total Qualification Time）を導入する。従来，資格の取得やユニットの履修に求められる指導付き学習時間（Guided Learning Hours）が設定されてきたが，必ずも統一したものとなっておらず，また，義務教育後2年間の教育・訓練の義務化（2013年～）に対応するため，指導付き学習時間のほかに，学習者自身による学習や評価に取り組む時間を含むTQTを導入する。

○QCFで採用された学習単位（credit）の量を示すアワード／サーティフィケイト／ディプロマを引き続き用いる。1単位は10時間としてTQTから算定する。

○各資格授与機関は，明確な指針に基づいて既習学習の認定（Recognition of Prior Learning）を行う。

○高等教育資格枠組み（FHEQ）や欧州資格枠組み（EQF）との対応も維持される。

図6：全国規制資格枠組み（RQF）

レベル		レベルの資格例	EQF	FHEQ
レベル8		City & Guilds Fellowship, NVQ L5	8	8
レベル7		BTEC Advanced Professional award, certificate & diploma L7, NVQ L5	7	7
レベル6		BTEC Advanced Professional award, certificate & diploma L6, NVQ L4,	6	6
レベル5		HNC, HND, NVQ5, BTEC Professional Diploma	5	5
レベル4		Certificate of HE, NVQ L4, BTEC Professional award, certificate & diploma L4		4
レベル3		GCE・A（AS/A2）レベル，NVQ3, BTEC L3, Key Skills 3, Cambridge Tech L3	4	
レベル2		GCSE（A*～C），NVQ2, Key Skills 2, BETC award, certificate & diploma L2	3	
レベル1		GCSE（D～G），NVQ1, Key Skills 1, BTEC award, certificate & diploma L1	2	
入門レベル	3	Entry Level Certificate, Entry Level Skills for Life, Entry level award, certificate and diploma, Entry level Functional Skills, Entry level Foundation learning	1	
	2			
	1			

（出典）GOV.UK Compare different qualification[https://www.gov.uk/what-different-qualification-levels-mean/compare-different-qualification-levels，2015年3月など

4 | 地域・家庭教育の支援

　イギリスにおける地域教育（community learning and development）の範囲は広い。かつて生涯学習関係事業者の団体であった「生涯学習ＵＫ」（Lifelong Learning UK）は，地域の教育の対象支援となる構成要素として7つの活動領域を挙げている。すなわち，①教育機関よりも，地域を基礎とする成人学習（Community based adult learning），②地域社会の発展につながる活動を行う地域の開発（Community development），③地域の子供から成人までの学習のニーズをもとに行う地域の教育（Community education），④グローバル市民を育てる開発教育（Development education），⑤子育てに対する支援（Working with parents），そして，⑥若者の人格的社会的教育的成長を支援する青少年育成支援（Youth work, Youth service）である[注17]。「生涯学習UK」は2011年3月にその機能を終えたが，これらの7領域に該当するサービスを提供する施策については，青少年育成支援が，1944年教育法において地方教育当局（地方当局）の役割として定められており，今日まで地方がその活動を担っている。

4.1 青少年育成と家庭教育の支援

　青少年の健全育成を推進する活動として，ユースワーク（Youth Work／Youth Service などとも）がある。1964年に組織された全国組織の非営利団体である，全国青少年育成支援機関（National Youth Agency）が実施している。ユースワークの主な対象は通常11〜25歳までの若者であり，若者の人格的社会的発達を促し，地域や社会の中で，自ら発言し，その立場を築くことを可能にできるような支援を行っている[注18]。

　ユースワーク事業は実際は，地方当局を中心にして，指導の専門家も配置され，当該地域のボランティア活動やコミュニティサービスなどの活動や，インフォーマルな教育活動とも重なりつつ，若者に焦点を当て，その成長や自立，福祉（well-being）を目的に様々な社会的な支援活動として展開されている。

　なお，労働党政権下（1997〜2010年）において，青少年政策は，若年失業者対策（welfare to work）や青少年犯罪への取組に重点が置かれた。1998年の緑書『学習の時代を拓く』ではユースワークは位置付けられていないが，2000年から，従来のキャリアサービス（Careers Service）を再編した「コネクション事業」（Connexions）がはじまった。同事業は，10代の若者（13〜19歳）を対象に，学習上の問題や進路あるいは家庭の悩みを相談できる青少年個人相談員の配置，さらには電話やネットによる情報提供や相談を行うネットワーク事業（connexions direct）などを展開してきたが，2010年の政権交代により，コネクション事業の見直しが行われた。

　このほか，2005年7月の緑書『若者が大切（*Youth Matters*）』では，10代（13〜19歳）を対象に，若者の自立的な生活を一層支援することを提案した。さらに2006年3月『若者が大切：ネクストステップ（*Youth Matters : Next Steps*）』において，政府は以下のような方針を打ち出した。

　○若者の行き場所や活動の提供について，全国的基準を設けて整備する。
　○給付金により活動を支援する「若者機会カード」を実験的に導入する。
　○若者のボランティア活動を支援する。
　○若者が様々な情報・助言を得られる総合的なサービスを構築する。

　また，子育てに対する支援は，家庭教育（family learning）とも呼ばれる。例えば，WEA が提供する家庭教育プログラム（2018年）は，▽パン作りに挑戦，▽親子でクッキング，▽親子でキャラクター作り，▽親子で美術館訪問——歴史・美術・科学を学ぶ，▽夏の工芸作り，など，親子で楽しめるプログラムが提供され，無料のものもある[注19]。

5 | 生涯学習支援施設・人材

　生涯学習は場所を選ばず，様々な機関や施設で実践されており，▽継続教育機関，▽大学・高等教育機関，▽初等中等学校といった教育機関から，コミュニティセンターや職場，▽図書館・博物館・美術館，▽教会施設，さらには自宅など様々な場で展開されている。ここでは，すでに見た教育機関以外の代表的なものとして，コミュニティセンター，博物館・美術館そして図書館を取り上げる。また，生涯学習を支える人材はプログラム提供者，指導者，管理業務者と様々である。近年，職業教育を中心とする継続教育教員の質及び地位向上の観点から改革が進められている。

5.1　生涯学習支援施設

5.1.1　成人教育センターとコミュニティセンター
　成人を対象にパートタイムの教育・訓練プログラム提供する機関として，成人教育センター（adult education centre／institute, community college）があり，全国的に普及している。センターでは，趣味や生きがい，レジャーといったコースも提供している。

　コミュニティセンター（community centre）は，地域の人々の健康や福祉，地域改善や学習やレクリエーションといった様々な活動に利用されている施設であり，地域の生涯学習機関として重要な役割を果たしている。コミュニティセンターは，その規模や成り立ち，運営形態も様々である。当該地方の人々の自主的活動に負うことが多いが，地方当局が運営に積極的に関与している場合，運営団体が組織されてそれを当局が支援する場合，独立の公営団体が運営する場合，教会が運営を支援する場合，エスニックグループが公益団体を組織して運営する場合など様々な形態がある。提供するサービスの内容も，社交，成人の教養，識字，子育て，学校外活動，スポーツなど様々なプログラムが，地域により機関により提供されている。

5.1.2　博物館・美術館教育
　イギリスの博物館（美術館を含む）は，中央政府の直接の支援を得ている博物館と，その他の地方博物館に大別することができる。2016年現在，中央政府の文化メディアスポーツ省（DCMS）（現・デジタル文化メディアスポーツ省）が直接補助金（Grant In Aid）を出しているのは，大英博物館（British Museum）やナショナルギャラリー（National Gallery），ウォレスコレクション（Wallace Collection）など15件である。

地方博物館の設置・維持の主体は様々であり，地方当局を中心に，大学，私的あるいは公的団体・機関がその運営に当たっている。規模も内容も様々で，地元の人々が当該地方の歴史に根ざした小さな建築物を博物館として設立して運営している例，地方の警察が設立した「警察博物館」の例，大規模な交通博物館等など実に多様である。そうした中で，当該地方の歴史や文化を扱った地方博物館やギャラリーが目立つ。

イギリスの博物館・美術館については，全国的な水準の維持の観点から，認定事業（accreditation scheme）が行われている。博物館の登録・認可（Accreditation Scheme for museums in the UK）事業は1988年から行われており，当初は博物館登録制度（The Museum Registration Scheme）であったものが，2004年には博物館及び美術館認定制度（Accreditation Schme for Museum and Galleries）となり，質保証が図られてきた。また芸術振興を目的に，準政府機関（NDPB）として1946年に設立された連合王国芸術会議（Arts Council of Great Britain）は，一旦イングランド，スコットランド，ウェールズの各芸術会議に分割された後，2002年にイングランド芸術会議（Arts Council England）に一括統合されることとなった。その後，2012年に博物館及び美術館博物館認定制度を管理していた博物館・図書館及び文書館委員会（Museum, Libraries and Archives Council）が閉鎖されるにあたり，2011年には博物館・図書館に関する機能がイングランド芸術会議に委譲されることとなり，現在，博物館や美術館の認定はイングランド芸術会議が所掌している。2018年6月現在，同会議によって認定されている博物館・美術館数は，全国（連合王国）で1,727件である[注20]。

5.1.3　公共図書館

イギリスの図書館は，地方自治体の運営による公共図書館（public library），大学に付設されている学術図書館，そして納本図書館である全国図書館に大別される。このほかに，近年整備の努力が続けられている学校図書館も地域の学習機能の観点から注目される。

図書館の数は，学術図書館が946件（2007年度），納本図書館は6件（連合王国）であり，2008年には，公共図書館の総数は4,517件（2008年度）であった[注21]。しかし，公共図書館は近年漸減しており，2017年2月現在，3,850件となっている[注22]。

これらの図書館のうち，地域の中心となっているのが公共図書館である。すべての地方当局は，「1964年公共図書館・博物館法（The Public Libraries & Museums Act 1964）」に基づいて，十分な図書サービスを提供することが義務付けられている。同法は，担当大臣（現在はデジタル文化メディアスポーツ大臣）が，公共図書館を監督・振興する義務を負い，また，地方当局がその義務を果たすようにし，義務を怠った場合にはそれに対する措置を取ることが定められている[注23]。また，DCMSが公共図書館を所管しており，公共図書館の財源は，中央政府（DCMS）の補助金が基本となっているが，特定補助金（ring-fenced）ではないこと

から，各地方当局がその具体的な使途を決めている[注24]。

　しかし近年，政府補助金の減額により，公共図書館のサービスは年々縮小され，運営においてもボランティアスタッフに頼る傾向が強まっている。そのような中，2016年にDCMSと，主に図書館や政府関係者から成る「図書館特別委員会（Libraries Taskforce）」が5年間の活動計画 'Libraries Deliver：Ambition for Public Libraries in England 2016 to 2021' を発表し，図書館サービスに関するパイロットプロジェクトに対して400万ポンドの出資を行うことによって，イングランドにおける公共図書館の活性化を支援する姿勢を示した。

5.2　生涯学習施設・事業従事者

　イギリスには，業界別に人材養成を支援する機関として産業別技能改善協会（SSCs：Sector Skills Councils）が，業種に応じて16協会，また産業別技能団体（Sector Skills Bodies）が5協会設けられている。各協会・団体は当該業種の雇用者が中心となって運営されており，これらが対象とする産業は全英の労働力人口の9割（55万人以上の雇用者）をカバーしている。

　SSCsの1つとして，生涯学習事業者団体である「生涯学習UK（Lifelong learning UK）」が設けられ，生涯学習事業にかかわる人材の養成・向上を目的として活動していた。しかし，2011年3月末に生涯学習UKは，産業別技能改善協会（SSCs）としての活動を停止し，業務の多くはLSIS（Learning and Skills Improvement Services）に移管された。その後，2013年にLSISが活動を停止し，2013年10月には政府によりIfL（The Institute for Learning）と生涯学習UK（Lifelong Learning UK）が合併し，生涯学習部門を支援することとなったが，翌2014年にIfLが閉鎖され，IfLの役割が教育訓練基金（ETF：Education and Training Fundation）へ移管された。

　現在，金融サービス，ソーシャルケア，建設，メディア，科学技術，ITサービス，自動車，保健，環境など，さまざまなジャンルにわたる産業の協会がSSCsのメンバーとなっている。

5.2.1　博物館・美術館従事者

　博物館・美術館従事者については，産業別技能改善協会（SSCs）のうち，「創造・文化産業カウンシル（Creative & Cultural Skills）」の中の文化遺産産業部門で扱われている。同部門には博物館や美術館関係の団体や組織の他に，イングリッシュ・ヘリテッジやナショナル・トラストといった団体が含まれている。この部門には5万7,350人（2006～2007年）が従事しており，うち博物館関係が59%を占める。また，従事者の50%が全国資格枠組み（NQF）のレベル4以上の資格を有している。

5.2.2　継続教育教員の資格

　生涯学習の中で重要な役割を果たしている継続教育（further education）は，全国（連合王国）に381機関ある。教員数は7万3,000人（フルタイム）である（2015/2016年）[注25]。継続教育カレッジは，シックスフォームで行われるアカデミックな教育に対して，伝統的には職業教育が中心となってきたため，指導に当たる教員には実業の世界の経験者が広く採用され，その呼び方も，TeacherのほかLecturer，Tutor，Trainerなど様々ある。このようなことから，継続教育教員の養成や資格に対する制度的規制は，他の学校種に比べて緩やかであった。しかし，労働党政府（1997〜2010年）は継続教育の改善には教員の質の向上が重要であるとして，ブレア政権下の2001年に継続教員資格の義務化を図り，ブラウン政権下の2007年9月からは養成や研修，資格についてさらなる改革を実施した。

　そこでは，新たに雇用される教員について，準教員（Associate teacher）と正教員（Full teacher）の2つのルートが設けられたが，新任の教員は，いずれの場合も，採用後1年以内に生涯学習指導補（PTLLS：Preparing to Teach in the Lifelong Learning Sector）となる。次にルートに応じて，生涯学習指導サーティフィケイト（CTLLS：Certificate in Teaching in the Lifelong Learning Sector），又は，教育訓練ディプロマ（DET：Diploma in Education and Training）[注26]のいずれかを取得する。PTLLSは，CTLLS又はDETを取得するための出発点であり，CTLLSは全国資格枠組み（NQF）のレベル3又は4に相当し，DETはレベル5に相当する。

　いずれかを取得し，継続教育部門及び職業教育・訓練の専門職団体である教育訓練協会（SET：Society for Education and Training）に登録して認定されると，準教員ルートでCTLLSを取得した者には「準教員資格（ATLS：Associate Teacher Learning and Skills）」が，また，正教員ルートでDETを取得した者には「正教員資格（QTLS：Qualified Teacher Learning and Skills）」がそれぞれ授与される。教育訓練基金（ETF）によると，2008年の導入以来，1万7,500人以上がQTLSを取得している。さらに2017年6月には，ETFが上級教員資格（ATS：Advanced Teacher Status）を立ち上げ，継続教育・訓練について，さらに高度な専門性や技能を身に付けた者に対してETFが援与する[注27]。

　継続教育教員の資格改革が進められた背景の1つには，教育・訓練水準の向上に加えて，継続教育教員には，通常の中等学校教員が持つ正教員資格（QTS：Qualified Teacher Status）に相当する資格がなかったため，待遇に差があったこともあげられる。また，職業教育の見直しを行った『ウォルフ報告』（2011年3月）によれば，継続教育の正教員資格（QTLS）を持つ教員の地位の改善により，通常の中等学校における職業教育の充実も期待されるとしている。

【注】

1. イギリスは，イングランド，スコットランド，ウェールズ及び北アイルランドの4つの地域（country）からなる連合王国であるが，本稿はイングランドの制度を中心に検討したものである。利用した統計等により，適宜対象地域を示した。

2. DisabledGoのウェブサイト，About Us（2018年8月現在）。

3. LSCは，2009年見習い訓練等法により廃止が定められた。本稿第2．3．1節を参照。この結果，LSCの権限のうち，16-19歳に関する補助金等機能は地方当局に，成人学習に対する補助金等機能は技能訓練財政支援局（SFA：Skills Funding Agency）にそれぞれ移管され，LSCは2010年3月をもって廃止された。その後，SFAはEducation Funding Agencyと合併し，2017年4月より教育技能訓練財政支援局（ESFA：Education and Skills Funding Agency）となった。

4. OFQUALは，旧資格・カリキュラム開発機関（QCA）の役割を一部担う形で2008年に暫定的に発足していたが，同法律により正式に独立政府機関となった。

5. QCDAは2012年に廃止。QCDAに代わり，2011年10月より基準試験局（STA：Standard and Testing Agency）が役割を引き継いだ。対象範囲は就学前教育からキーステージ2（7〜11歳）まで。

6. 数値は連合王国。うち94校は主に普通中等教育を与えるシックスフォームカレッジ（DCSF *Education and Training Statistics for the UK 2009*）。

7. HESA *Students in Higher Education Institutions 2015/16*, Table G, H

8. Oxford University Department for Continuing Educationウェブサイト（2018年7月現在）。なお，当該頁に記載されたデータは2016-2017年度のもの。

9. FutureLearnのウェブサイト（2018年7月現在）

10. U3Aについては，生津知子「イギリスU3A（The University of the Third Age）の理念と実態に関する一考察」（『京都大学・生涯教育学・図書館情報学研究』vol.4，2005年），U3Aトラストウェブサイト，同トラスト出版の，U3Aの2018年度版報告書"Learning Not Lonely"を参照（2018年7月現在）。連合王国における3名の創設者は，ピーター・ラスレット（Peter Laslett），エリック・ミッドウィンター（Eric Midwinter），マイケル・ヤング（Michael Young）

11. Ely & District U3A及びBarnet U3Aの各ウェブサイト（2011年6月現在）また，2018年度版報告書"Learning Not Lonely"（U3Aトラスト出版）を参照。

12. ラーンダイレクトのウェブサイト，About us（2018年7月現在）

13. WEA Trustees' Annual Report and Accounts（Year ended 31 July 2017）を参照。2017年4月より，Education Funding Agency（EFA）とSkills Funding Agency（SFA）が合併してESFAが誕生。

14. 2000年に発足した資格付与団体がの連合組織（Federation of Awarding Bodies）には，100以上の団体が加盟している。

15. NCVQは1997年，School Curiculum and Assessment Authorityと合併し，QCA（Qualifications and Curriculum Authority）となった。

16. GNVQは2007年を最後に廃止された。GNVQが担った実用的応用的内容及びレベルは，GCSEやAレベルの応用的資格に移行された。

17. Lifelong Learning UKは，雇用主のニーズに応える技能制度を構築することを目的として設立されたSSC（Sector Skills Councils）の1つ。活動を終えた2011年以降，Learning and Skills Improvement Service（LSIS）にその機能の多くが移管されたが，LSISも2013年7月末をもってその役割を終えた。

18. National Youth Agencyウェブサイト，What We Do and WhyおよびWhat is Youth Work?を参照（2018年7月）。

19. WEA Adult Learning Within Reachのウェブサイト。コース検索で家庭教育（family learning）のコースを抽出。

20. Arts Council England, Statistical report：Accreditation June 2018 meeting update

21. CILIPウェブサイト，Libraries in UK（2010年8月現在）

22. CIKIPウェブサイト，Public libraries statistics（2017年2月現在）
なお，英国下院図書館の報告書『公立図書館』（2016年5月15日発行）に2005年から2015年の公立図書館数の推移が記載されている。

23. DCMSウェブサイト，public libraries（2010年8月現在），『英国の公立図書館』（自治体国際化協会，Clair

Report Number 097, 1995年）。

24. DCMSウェブサイト, How are Public Libraries funded? (2010年8月現在)

25. GOV. UK, Education and training statistics for the UK: 2017, Main tables: SR64/2017, Table 2.1.

26. 生涯学習ディプロマ（DTLLS：Diploma in Teaching in the Lifelong Learning Sector）は教育訓練ディプロマ
    （DET：Diploma in Education and Training）へ。いずれもレベル5相当。

27. ETFウェブサイト, Membership (2018年8月現在)。

《主要参考文献》

上杉孝實「イギリスにおける大学成人教育の変遷－ノッティンガム大学成人教育部の事例－」『UEJジャーナル』第
　　19号, 2016年4月15日号, 16-21頁。

奥田真丈他編『新教育学大辞典』第一法規, 1990年。

香川正弘, 鈴木眞理, 永井健夫編『よく分かる生涯学習［改訂版］』ミネルヴァ書房, 2016年。

澤野由紀子「諸外国の生涯学習・社会教育」, 伊藤俊夫編『生涯学習概論』文憲堂, 2006年。

島田修一「自治体再編と成人教育のプライヴァタイゼーション（1）」中央大学『教育学論集』1996年, 25-46頁。

―――――「自治体再編と成人教育のプライヴァタイゼーション（2）」中央大学『教育学論集』1997年, 35-54頁。

生涯学習e研究事典 [http://ejiten.javea.or.jp/]

生津知子「イギリスU3A (The University of the Third Age) の理念と実態に関する一考察」京都大学『生涯教育学・
　　図書館情報学研究』vol.4, 2005年, 91-105頁。

日英教育学会編『英国の教育』東信堂, 2017年。

文部省『我が国の文教施策（昭和63年度）』

柳田雅明『イギリスにおける「資格制度」の研究』多賀出版, 2004年。

Eurydice, *Organisation of the education system in the UK-England, Wales and Northern Ireland 2009/2010*.

Eurylice, *United Kingdom - England, Guidance and Counselling in a Lifelong Learning Approach* (2018年).

Eurylice, *United Kingdom - England, Adult Education and Training* (2018年).

Gordon, P. & D. Lawton, *Dictionary of British Education* (2003年).

Government Office for Science, Future of Skills & Lifelong Learning (2017年).

UNESCO, *Confintea VI United Kingdom National Report* (2009年).

Wallace, S. Oxford Dictionary of Education (2008年).

フランス

1　フランスの生涯学習 98
2　関係法令・基本計画 100
3　成人による学習活動 104
4　地域・家庭教育の支援 113
5　生涯学習支援施設・人材 115

1 フランスの生涯学習

フランスでは，知識へのアクセスという理念は古く18世紀に遡り，主体性と創造性を持った責任ある国民を育てることを目的とした学習・活動が行われてきた。こうした理念に基礎を置く学習・活動は，学校教育を始め，職業教育や民衆教育，社会活動などとして今日でも広く行われており，「生涯学習」として包括的に捉えることができる。

「生涯学習（l'éducation et la formation tout au long de la vie）」は欧州の枠組みの中で近年用いられている用語である。生涯学習に近い概念で以前から用いられてきたものに「生涯教育（éducation permanente）」がある。生涯教育は1971年に国の義務として定められ，「生涯教育は，人間の人生における全ての時期にその教育及び発達を保障し，以て文化的経済的社会的進歩，その他の人間の開花に寄与する知的又は手工的な知識及び全適性を人間が獲得できるようにすることを目的とする」（教育法典第L.122-5条）と規定されている。生涯教育は，大きく，就学を開始してから中断せずに教育を受ける者に対して行う「初期教育（formation initiale）」と，学校教育から一旦離れた者に対して行われる「継続教育（formation continue）」に分けられる。

生涯教育に隣接する概念には「民衆教育（éducation populaire）」がある。民衆教育は，主として学校で行われるフォーマルな教育以外で行われる社会教育などとして行われる教育を指す。フォーマルな教育とそれ以外の教育を包括して「生涯学習」という概念となっている。学校，家庭，職業生活や社会生活といった生涯を通じた生活の様々な場面で生涯学習は行われている。なお，職業資格等の取得に繋がる教育・訓練と趣味・教養のための学習活動は区別して考えられている。

1.1 成人を対象とした教育

成人を対象とした教育は，継続教育（formation continue，或いはformation continue des adultes），継続職業教育（formation professionnelle continue）として実施される。継続教育は，職業適応，スキルの研さん，資格の取得，昇進，又は転職などの労働者のニーズに応えることを目的としており，学校教育（初期教育）から離れた者に対して行われる職業教育・訓練をいう。

継続教育は，教育・訓練機関により提供される。現在，教育・訓練提供機関（organisme de formation）として登録されている機関が公私合計で約8万7,000あるといわれており，このうち代表的な機関としては，継続教育中等学校連合（GRETA），国立工芸院（CNAM），

大学における継続教育，国立通信教育センター（CNED）や全国成人職業訓練庁（AFPA）などが挙げられる。このほか，アソシアシオン，商工会議所など各方面の関係団体・組織が継続教育の提供に重要な役割を担っている。

　継続教育では，主に職業資格取得のための教育や職業訓練や，教養・技術を身に付け自己形成するための教育・訓練が実施されている。

　全ての人が教育・訓練を受ける平等な機会を得られるよう，国や企業による財政支援をはじめ，キャリア形成についての相談などの支援が図られている。フランスの継続（職業）教育制度では，企業に対して教育・訓練のために分担金を納めることを義務付けている。

　成人教育としてこのほか行われている主な取組として非識字者対策がある。全国非識字対策機構（ANLCI）が中心となって，成人が基本的な読み書きや基礎的な知識・技能を習得するための学習支援を行っている。

1.2　趣味・教養に関する学習

　趣味・教養に関する学習や活動は，古くから民衆教育（éducation populaire）として発展してきた。19世紀後半から1970年代にかけて，民衆大学や青少年運動が発達する中で，民衆教育は全ての人が教育にアクセスするための手段となっていた。民衆教育は主にアソシアシオンを中心にボランティアにより実施されており，こうした活動を国が所管するようになったのはユースホステルが誕生した1930年代に入ってからである。1971年の法律により生涯教育（éducation permanente）が発展し，また社会文化教育活動（animation socio-culturel）を担う専門的職業が創設され，同分野が専門化されていく中で，民衆教育の概念は少しずつ変化しながら展開されていった。全ての人への知識・文化の普及及び創造的で責任ある市民の育成を目指す自発的な活動，という理念に基づく民衆教育は，生涯学習において重要な要素として位置付けられている。

　今日行われている趣味・教養に関する学習や青少年活動の多くはアソシアシオンにより実施されている。このほか，市町村や大学等において，資格の取得を目的としない自由な文化・教養講座が提供されている。

1.3　障害者の生涯学習に対する支援

　2005年に制定された「障害者の権利，機会，参加及び市民権の平等のための2005年2月11日付法律第2005-102号（loi n°2005-102 du 11 février 2005 pour l'égalité des droits et des chances, la participation et la citoyenneté des personnes handicapées）」により障害者の社会へのアクセスの機会が拡大された。公衆を受け入れる建物，住宅，交通手段，学校，公的

サービス及び余暇など，社会生活の様々な環境においてアクセスできることが義務となった。

　障害者は全ての生涯学習，継続教育にアクセス可能である。継続教育や職業教育を履修する場合，提供機関は，履修者の状況に対じた適応措置を，特に訓練期間や時間を考慮したり，知識・技能の評価における適応などを提案しなければならないとされる。

1.4　社会教育の在り方

　フランスの教育行政において「社会教育」という用語はほとんど用いられず，我が国の社会教育（社会教育法第2条）に位置付けられる諸活動は，民衆教育，青少年，アソシアシオン活動の一環で実施されている。このような活動は，社会・社会文化センター，青少年の受入れ施設，スポーツ施設，図書館など多様な場において，生涯学習や民衆教育を支援する専門家であるアニマトゥールやアソシアシオン等，様々な主体により実施されている。国，地方公共団体，文化施設やアソシアシオン等が連携して，地域のニーズや状況に応じた活動が展開されている。

2 ｜ 関係法令・基本計画

2.1　関係法令・基本計画

　生涯学習の基本理念である知識へのアクセスの原則は，第1共和制（18世紀末）に思想家コンドルセにより唱えられた。1946年憲法の前文で初めて職業教育への権利が規定され，1959年に制定された「社会的地位の向上に関する法律（ドゥブレ法）」は教育訓練機関に対して夜間の授業を認める規定を定めた。また，1966年12月30日付法律により，教育・訓練を公共サービスとして国が同分野に関与することが定められた。このように比較的古くから生涯学習に関する理念や取組が様々な法令の中で定められてきたが，現在の生涯学習の基礎を築いたのは，1971年7月16日付の法律である。1971年7月16日には継続職業教育，見習い訓練，職業技術教育，及び職業技術教育における雇用者の財政負担，について定めた合計4本の法律が制定され，生涯教育の基礎が築かれた。

　なお，生涯学習に関する基本計画はなく，職業的側面，学業的側面，社会・市民生活など多義にわたる分野での活動に関してそれぞれ法令が定められている。

2.1.1　1971年7月16日付法律第71-577号（技術教育基本法）

　同法（loi n°71-577 du 16 juillet 1971 d'orientation sur l'enseignement technologique）は，その第1条（現教育法典第L.122-5条）で「生涯教育は，国の義務を成す。生涯教育は，人間の人生における全ての時期にその教育及び発達を保障し，以て文化的経済的社会的進歩，その他の人間の開花に寄与する知的又は手工的な知識及び全適性を人間が獲得できるようにすることを目的とする」と規定し，人生の全ての時期に行われる「生涯教育（éducation permanente）」が国の義務であることを条文として初めて明示した。

2.1.2　1971年7月16日付法律第71-575号

　1971年7月16日付法律第71-575号（生涯教育の枠組みにおける継続職業教育の組織に関する法律，loi n°71-575 du 16 juillet 1971 pourtant organisation de la formation professionnelle continue dans la cadre de l'éducation permanente）では，第1条で「生涯職業教育（formation professionnelle permanente）は国の義務を成す。生涯職業教育は初期教育（formation initiale）とその後の教育（formation ultérieure）から成る。その後の教育は，成人及び既に職業生活に従事した又は従事している若者を対象とする。これらのその後の教育は継続職業教育（formation professionnelle continue）を構成する。継続職業教育は生涯教育（éducation permanente）の一部を成す。それは，技術や労働条件の変化に労働者を適応させ，種々のレベルの教養と職業資格へのアクセスによる彼らの社会的向上（promotion sociale）と彼らの文化的・経済的・社会的発展に対する貢献とをもたらすことを目的とする。国，地方公共団体，公的機関，公的及び私立教育機関，アソシアシオン，職業，組合及び家族団体，並びに企業はこれを保障するために協力する」と規定している。

　同法では，今日の継続職業教育制度の基礎となっている教育・訓練休暇制度及び企業が継続職業教育のための分担金を支払う義務について定めた。

2.1.3　労使関係近代化に係る2002年1月17日付法律第2002-73号

　同法（loi n°2002-73 du 17 janvier 2002 de modernisation sociale）では，第133条で，労働活動に従事する全ての者は，自らの獲得した経験を学位・資格の取得を目的として認められる権利を有するとして，経験知識認証（VAE）制度が創設された。また，第134条により，職業を目的とした学位・資格は，学校及び大学教育，見習い訓練，継続職業教育，若しくは全て又は一部において経験知識認証（VAE）により取得するとして，学校で提供される初期教育と職場における職業経験が同等に位置付けられた。

2.1.4　生涯職業教育及び労使対話に係る2004年5月4日付法律第2004-391号

　生涯職業教育及び労使対話に係る2004年5月4日付法律（loi n°2004-391 du 4 mai 2004

relative à la formation professionnelle tout au long de la vie et au dialogue social) は，2003年9月20日に労使により締結された合意を踏まえて定められたもので，1971年の法律を基に築かれた従来の教育・訓練のシステムに改革をもたらした。改革は，被雇用者が主体的に教育・訓練を受け，技能を習得し，発展することを目的としたもので，雇用者のイニシアティブにより提供される教育・訓練と，労働者個人が主体的に参加するそれを同等に位置付けた。

　同法では，教育訓練を受ける個人の権利（droit individuel à la formation：DIF）が創設された。DIFは，企業規模，性別，職種などによる職業教育へのアクセスの不平等を是正することを狙いとしており，全ての被雇用者に対して年間20時間の教育訓練を6年にわたり受けることを可能とした。同法はまた，教育・訓練の一部を勤務時間外に受けることを認めた。このほか，16～25歳の若者及び26歳以上の求職者や特定の条件を満たす者を対象に，職業参入又は再就職を目的に職業資格を取得するための教育・訓練を行う熟練契約（contrat de professionnalisation）制度等が創設された。

2.1.5　生涯職業教育・訓練に関する2009年11月24日付法律第2009-1437号

　同法（loi n°2009-1437 du 24 novembre 2009 relative à l'orientation et à la formation professionnelle tout au long de la vie）では，労働法典（L.6111-1）に「生涯職業教育は，各人に対して，その個人の地位に関わらず，職業的な発展に寄与する知識技能を獲得し実現すること，また職業生活において，資格が一段階以上進歩することを可能とすることを目標とする。国家戦略が立てられ，国，地域圏及び労使により定められ，実行される」が挿入され（第1条），全ての者が生涯職業教育にアクセスし，個々にキャリア形成を行い発展することを目指している。

　同法では，個人の教育・訓練への権利（DIF）が強化され，解雇された者が既にDIFの権利として有する教育・訓練のための時間を利用することを認めた。また，身分の不安定な被雇用者や求職者の教育・訓練のための基金（fonds paritaire de sécurisation des parcours professionnels：FPSPP）が創設された。企業が教育・訓練のために納める分担金のうち，毎年一定率（5～13%）が同基金のために負担されることとなった。

2.1.6　職業訓練，雇用及び社会的民主主義に関する2014年3月5日付法律 第2014-288号

　同法（loi n°2014-288 du 5 mars 2014 relative à la formation professionnelle, à l'emploi et à la démocratie sociale）では，個人の教育・訓練への権利（DIF）に代わる，職業生活を通して一人一人を追跡する教育・訓練個人口座（compte personnel de formation：CPF）が創設され，2015年1月から適用された。同制度では，フルタイム勤務の場合120時間に到達するまで年間最大24時間，その後上限150時間に到達するまで年間12時間の教育・訓練時間

102

を獲得することができる。

2.1.7 労働，社会対話の近代化及び職業訓練行程の安定に関する2016年8月8日付法律第2016-1088号

同法（loi n°2016-1088 du 6 août 2016 relative au travail, à la modernisation du dialogue social et à la sécurisation des parcours professionnels）では，労働権における団体交渉の権利を拡大するとともに，「活動個人口座（compte personnel d'activité：CPA）」が創設された。CPAは，原則16歳以上の者を対象に開設される，個人の活動を管理する口座である。転職や地理的な移動など，個人の職業生活やキャリアが変化する状況においても，個人に与えられた権利を使用・管理するものである。「教育・訓練個人口座（CPF）」「労働困難予防個人口座（compte personnel de prévention de la pénibilité）」[注1]「市民参加口座（compte d'engagement citoyen）」から成る。

2.1.8 学校教育に関連する法令，EUの枠組み

1971年7月16日付技術教育基本法の第1条は，現教育法典L.122-5条として挿入されている。1989年7月10日付法律第89-486号（教育基本法）においては，継続教育の実施のための継続教育中等学校連合（GRETA）の組織について定められ，現教育法典L.423-1となっている。高等教育段階においては，大学が生涯教育に寄与することを定めた1968年高等教育基本法（フォール法），継続教育を初期教育と並ぶ大学の任務として定めた1984年高等教育基本法（サヴァリ法）があり，高等教育の提供する生涯学習の構築に寄与している。

また，EU（欧州連合）においても生涯学習関連の法令が定められており，フランスはEUの枠組みに沿った生涯学習政策を進めている。EU基本憲章第14条では，全ての人は教育への権利とともに職業及び継続教育へアクセスする権利を有することを定めている。生涯学習関連法令の主なものには，欧州における生涯学習空間の構築を実現するための加盟国及び欧州委員会の行動指針を示した「生涯学習に係る2002年6月27日付決議（Résolution du 27 juin 2002 sur l'éducation et la formation tout au long de la vie）」や2018年5月に採択されたリテラシー，外国語，数学及び科学技術工学の基礎的技能，情報化等のキーコンピテンシーを定めた「生涯学習における主要技能に関する理事会勧告（Recommandation du Conseil du 22 mai 2018 relative aux compétences clés pour l'éducation et la formation tout au long de la vie）」[注2]がある。

2.2　所管省庁

生涯学習の範囲は広く，職業訓練，継続教育，民衆教育，青少年，スポーツなどの各領域

について関係する省庁がそれぞれ所管する。学位・資格の取得をはじめとする継続教育については，初等中等教育政策及び高等教育政策を所管する省庁が所管する。また，職業訓練については労働政策を所管する省庁が，民衆教育や青少年，アソシアシオン活動，スポーツについては，それぞれを担当する省庁が所管する。

　フランスではしばしば省庁の改編が行われている。現在，継続教育のうち初等中等教育段階については国民教育省が，高等教育段階については高等教育・研究・イノベーション省が所管している。また，職業訓練は労働省，スポーツはスポーツ省の所管となっている。民衆教育，青少年やアソシアシオン活動は国民教育省の所管となっている。

3 ┃ 成人による学習活動

3.1　学習機会の提供者・アクセス

3.1.1　継続教育中等学校連合（GRETA）

　継続教育中等学校連合（groupement d'établissements publics d'enseignement：GRETA）は，国民教育省における生涯学習に関わる主な事業である。GRETAは1970年代から構想され，1989年教育基本法（1989年7月10日付法律第89-486号）により法制化された。教育法典第L.423-1条において「公立中等学校は，継続教育，職業教育及び就職に関する使命を実行するために，政令に定める条件で中等学校連合（groupement d'établissements）において互いに協力する」と規定されている。GRETAの枠組みは，2011年以降見直され，現在のかたちになっている。

　GRETAとは，コレージュ，リセ及び職業リセが成人教育を実施するために組織する連合であり，複数の中等学校が協定を締結することで設立される。学校がグループを編成することにより，継続教育を実施するための資源や財源を共同利用することができ，また社会・経済のニーズに応えた教育・訓練を幅広く提供することが可能である。

　GRETAを構成する中等学校は，参加各校の権利と義務や組織運営規則などを定めた協定（従来は6年契約であったが，2013年度から無期限）を締結し，これは国民教育省の出先機関である大学区長により承認される。GRETAの活動計画や予算などについては総会が定めることとされている。GRETAを構成する学校のうち1校がサポート機関となり，GRETAの会計管理・運営を担う。

　教育行政区である大学区としての活動の中でGRETAを担当するのは，大学区長補佐，継

続教育代表（DAFCO），又は初期及び継続職業教育代表（DAFPIC）であり，GRETAのネットワークの協力関係を容易にし，また資源の相互利用，刷新及び技術の向上を図るための体制を整えている。GRETAによる教育・訓練を企画し，実施するに当たり，公的利益のための団体（groupement d'intérêt public formation continue et insertion professionnelle：GIP-FCIP）(注3)が組織される。

　GRETAは，公的セクター及び民間セクター双方のニーズに対応した教育・訓練を組織している。提供する教育・訓練のプログラムは，社会人，求職者のほか，個人として学習したい全ての者に対して開かれている。各プログラムは，国民教育省の教員，又は実務を行う専門家により実施されている。

　GRETAの提供するサービスは，▽キャリア形成のための支援，▽職業教育，▽転職支援，▽スキルアップや基礎的知識・技能の獲得のための支援，▽外国語学習の支援，▽資格（CAP，BTS）の取得準備，▽VAE制度利用への準備，▽公務員試験準備，▽ICT教育，▽求職者に対する雇用獲得のための支援，など多岐にわたる。毎年約50万人に教育・訓練が提供されている。

　教育・訓練プログラムは各個人のニーズや能力に応じて組織される。GRETAには継続教育カウンセラーが置かれ，受講者に対し，プログラムの選択やプログラム終了後の就職活動等において様々な支援を行っている。カウンセラーは，受講生のサポートをはじめ，教育・訓練プログラムの組織・企画，継続教育の実施における企業や産業との調整，人事管理等，幅広い分野で活動している。

3.1.2　国立工芸院（CNAM）

　1794年に創設された国立工芸院（Conservatoire national des arts et métiers：CNAM）は成人を対象とした高等教育機関であり，生涯学習の機会を提供する場となっている。高等教育研究省が所管する学術的文化的職業的性格の公施設法人（EPCSCP）であり，▽生涯学習，▽研究，▽科学技術文化の配信，という3つの役割を持つ。

　CNAMの提供する課程（formation）は，現在，経営・社会，産業科学・情報技術という2つの領域から構成されている(注4)。課程は，昼間の講座，若しくは夜間又は土曜日の講座として提供され，スタージュ（実習），遠隔教育，又は見習い訓練としてなど，様々な履修方法が認められる。

3.1.3　全国成人職業訓練庁（AFPA）

　全国成人職業訓練庁（Agence nationale pour la formation professionnelle des adultes：AFPA）は成人の職業教育・研修を提供することを専門とする機関である。2017年以前は全国成人職業訓練協会として存在していた。同協会は1949年に創設され，1966年にAFPAと

なり，2017年に商工業的公施設法人（EPIC）となった。AFPAは障害者，求職者，年配者，女性，若者，外国人など，全ての者を対象に教育・訓練を提供している。AFPAは全国にある110の施設において，毎年約10万人の求職者，約6万人の有職者に教育・訓練プログラムを実施している。

3.1.4　遠隔教育
3.1.4.1　国立通信教育センター（CNED）

　国立通信教育センター（Centre national d'enseignement à distance：CNED）は，通信教育を担う機関として1939年に創設された。教育所管省が所管する行政的性格を有する公施設法人（EPA）である。CNEDの役割は，通信教育の課程を開発し，これを配信するための措置を提供することであり，学習者一人一人の教育状況を保障する。CNEDは年齢や居住地，現在の立場等に関係なく学習計画を持つ全ての者に対する生涯学習の機会を提供するほか，企業のニーズに応じて短期の専門的教育及びディプロムに結び付く研修課程も提供する。フランス国内外から遠隔教育の受講希望者を受け入れている。また，遠隔教育を必要とする大規模プロジェクトへの協力なども行っている。

　2016年の活動報告によれば，約23万9,500人がCNEDに登録しており，うち3分の2は成人，13％はフランス本土外の利用者となっている。登録分野別内訳は，初等中等教育が55％，高等教育が9％，試験対策（教師採用や公務員試験）が10％，職業教育・訓練が19％，その他（自己学習のための教材等の購入等）が7％となっている。

3.1.4.2　フランス大規模公開オンライン講座（FUN-MOOC）

　2013年，高等教育のデジタル化のための計画「フランスデジタル大学（France Université Numérique：FUN）」が発表され，その中で，フランス大規模公開オンライン講座（FUN-MOOC）の全国プラットホームが開設された。大学，グランゼコール，国立工芸院などの高等教育機関がオンラインコースを提供している。

3.1.5　セカンド・チャンス・スクール

　セカンド・チャンス・スクール（école de la deuxième chance：E2C）は，学業不振などにより離学した無資格・無修了証の若者を受け入れて職業訓練や社会適応などの支援を行う研修機関であり，1995年にEUにより提唱されて以来，加盟各国内で設置が進められている。フランスは1997年にマルセイユ市に初めて設置され，現在約124校が設けられている。2017年には約1万5,000人の若者が受け入れられた。

　セカンド・チャンス・スクールは，16〜25歳の若者を対象としており，中退対策とともに，何も資格を取得せずに中退してしまった若者を支援することを目的としている。プログラム

の内容は，基礎的な内容（読解，筆記，計算，情報処理，外国語）の習得，並びに職業体験をするための企業における交互教育を柱とし，企業と連携して地元での雇用に繋げることを目指す。履修期間は4〜18か月であり，生徒が職業参入するために必要な知識技能を身に付けるために必要な期間により異なる。修了に当たり，生徒は獲得した知識等を示す証書を交付される。入学要件は，全国職業資格目録の第5資格水準（後期中等教育2年相当）を取得していない者が対象であり，入学に際して入学志望動機及び学校規則の尊重が重視される。教員は国民教育省の職員である正規教員のほか商工会議所や企業等の幅広い分野の専門家から構成される。

3.1.6　第三世代大学・全ての世代大学・世代間大学・余暇大学

　1973年，トゥールーズ大学から始まり，ニース，ストラスブールなどの各地の大学へと広がった第三世代大学（université du troisième âge）は，当初は高齢者を対象として，老人学研究など大学の研究と連携した学習を実施していた。現在は年齢を問わず，成人が学ぶ場を提供している。大学の一部として，大学のキャンパスで講義を行っていたが，1990年代から一般の学生の増加などにより設備面や管理運営が困難になったのに伴い，アソシアシオンとして存在するようになったものもある。呼称は第三世代大学のほか，「全ての年代大学（université tous âges）」「世代間大学（université inter-âges）」「余暇大学（université du temps libre）」など多様である。この取組は，フランス国内でネットワークを形成するとともに，他国の同様の組織と国際第三世代大学連盟（AIUTA）等として国際的なネットワークを形成している。

3.1.7　市町村による成人のための講座

　趣味・教養のための学習や資格の取得に結び付く学習を提供するため，成人のための講座を実施している市町村がある。例えばパリで開設されている「成人のための授業（Cours Municipaux d'Adultes）」は子供の学業時間の終了後，夜間（主に18時30分〜21時30分）に実施され，小学校，コレージュ（中学校），リセ（高校）などの教育機関で授業が行われる。受講対象者は18歳以上のパリ在住者が優先される。多種多様な講座が提供されており，受講期間は様々（年間，セメスター，短期等）である。趣味・教養の講座のほか，例えば外国語としてのフランス語，学校教育を十分に受けていない者を対象とした基礎知識の習得，外国語学習の講座や，経験知識認証（VAE）によるディプロムの取得に繋がる可能性を目指した講座も設けられる。履修した講座により，獲得した知識技能を評価する証明書が取得できる。講座の中には国民教育省やその他の省庁が所管するディプロムの取得を目指すものもある。現在のところ，秘書，商業，簿記，幼児教育などの分野で職業適任証（CAP），職業教育修了証（BEP）や職業バカロレアなどの資格取得に繋がる講座が設けられている。

3.1.7.1　成人のための市立リセ（パリ市）

　成人のための市立リセは，成人の授業のみを提供する機関で，1980年に現在の組織として創設された。8時から17時30分までは「成人のための授業」を行い，夜間は「成人を対象としたリセ（Lycée Municipal d'Adultes Philippe Leclerc de Hautecloque）」となっており，普通バカロレア（文学（L），経済社会（ES），科学（S）コース）取得のための授業が実施されている。同リセは，いわゆる後期中等教育機関としてのリセではない。授業は主に学校教育を中退した者や，様々な理由からバカロレアの取得を希望する者を対象としている。入学に当たってはテスト（3科目）を受ける。レベルに達していないと判断される場合は個別面接が行われる。授業は9月から6月までの間，月曜日から金曜日までの18時〜22時の時間帯である（第3学年は土曜9時〜13時もある）。授業時数は第1学年及び第2学年は週20時間，第3学年は週24時間となっている。授業は主に国民教育省の教員により実施される。

3.1.8　全国非識字対策機構（ANLCI）

　全国非識字対策機構（Agence nationale de lutte contre l'illettrisme：ANLCI）は，2000年に，1984年に創設された非識字対策常設グループ（GPLI）に代えて創設された団体である（2000年10月17日付省令）。ANLCIは，全ての人に対する読み・書き及び基礎的な知識・技能を習得するための機会へのアクセスを促進することを目的として，国レベル及び地方レベルで非識字に関わる取組を実施している。具体的には非識字の予防，企業における基礎研修，文化活動，ICTの活用，若者支援など，非識字者対策に関わる分野の異なるパートナーと連携して活動している。

　非識字者対策は国の優先課題とされ，公的サービスはそれぞれの活動領域において組織的に非識字者対策に貢献しなければならないとされている。フランスにおける18〜65歳人口のうち7%（250万人）が非識字の状況にある。

3.1.9　アクセスのための経済支援

　生涯学習や職業教育・訓練を希望する者はまず，財政手段を確保しなければならない。学習機会へのアクセスのために，学習者の状況により多種の経済支援措置が設けられている。主に国や地方，企業，欧州基金による支援がある。企業については，1971年7月16日付法律第71-575号では，雇用者に対して教育・訓練のための分担金を支払うことが義務として定められた。分担金の負担率は，従業員11人以上の企業は総支払い給与の1%，従業員11人未満の企業は0.55%となっている(注5)。分担金の徴収及び管理は，労使同数認定徴収機関（organisme paritaire collecteur agréé：OPCA）により行われる。「個人の教育・訓練休暇」等，教育・訓練休暇に関する分担金は，OPCAが徴収し，教育訓練休暇管理機関（OPACIF, FONGECIF）に支払われる。

給与所得者は主に所属企業からの支援を受ける。求職者は主に地域圏又は国の職業教育活動の枠組みや雇用局（pôle emploi）による支援を受ける。自営・自由業者の場合，認定徴収機関に対する分担金の支払いが義務となっており，教育・訓練を受ける場合には認定徴収機関から資金を得ることができる。

3.1.10 アクセスのための権利
3.1.10.1 個人の教育・訓練休暇（CIF）

被雇用者に対して，企業により実施される教育・訓練の枠外で，個人が自発的に教育・訓練を受ける権利として「個人の教育・訓練休暇（congé individuel de formation：CIF）」制度がある。同制度は1971年7月16日付法律第71-575号により，当時教育・訓練休暇（congé de formation）として法的な位置付けが与えられた。「個人の教育・訓練休暇」制度を利用して，最高フルタイムの教育・訓練で1年，パートタイムの教育・訓練で1,200時間の休暇を受けることができる。

3.1.10.2 教育・訓練個人口座（CPF）

2004年に導入された，120時間を上限として，6年にわたり年間20時間の研修を受けることができる「教育・訓練を受ける個人の権利（DIF）」に代わり，2015年から「教育・訓練個人口座（compte personnel de formation：CPF）」が導入された。CPFでは，フルタイム勤務の場合120時間に到達するまで年間上限24時間，その後最大150時間に到達するまで年間12時間の教育・訓練時間を獲得することができる。

3.1.10.3 市民活動口座（CEC）

市民活動口座（compte d'engagement citoyen：CEC）は，市民活動を実施した個人がその活動を記録するとともにその活動を評価するため，教育・訓練時間の付与又は有給休暇として取得することができる制度として2016年に導入された。市民活動として大きくボランティア活動，アソシアシオンにおけるボランティア活動，見習い訓練指導者としての活動となっている。CECは原則16歳以上を対象としており，生涯開設され有効である。活動に対して最大20時間を取得することができ，CECを利用した総取得時間は60時間となっている。取得するための要件は活動により異なる。

3.2 資格・学位

3.2.1 全国職業資格目録（RNCP）

全国の職業資格は，職業別・水準別に，全国職業資格目録（répertoire national des

certifications professionnelles：RNCP）に掲載されている。首相府に置かれた「全国職業資格委員会（CNCP）」の審査に基づき，国の各省庁が所管する資格が全て掲載されるほか，民間団体が交付する職業資格についても交付団体の申請に基づく審査を経て掲載される。同目録への登録により，資格は唯一国が公認した職業資格となる。同目録に掲載される職業資格の水準別分類は，第1資格水準（高等教育5年相当），第2資格水準（高等教育3年相当），第3資格水準（高等教育2年相当），第4資格水準（中等教育修了相当），第5資格水準（後期中等教育2年相当）の5段階で行われる。

　全国職業資格目録は2002年労使関係近代化に係る法律により創設された。同目録の目的は，個人又は企業に対して常時，職業に係るディプロムや資格，また目録にある資格に関する更新された情報の提供である。こうした情報提供により，雇用へのアクセス，人事管理，被用者の移動などがより容易になることが目指される。CNCPの提供するウェブサイトにおいて，資格を検索し，資格に関する説明（目指される活動，活動のセクター，必要要件，取得要件等）を閲覧することが可能である。

　全国職業資格目録（RNCP）が国家資格枠組み（NQF）として機能している。RNCP，NQF及び欧州資格枠組み（EQF）との対応関係は**図1**のとおりである。

図1：RNCP，NQF及びEQFの対応関係

全国職業資格目録 （RNCP）	国家資格枠組み （NQF）	欧州資格枠組み （EQF）
Ⅰ （高等教育5年相当）	Ⅰ-博士	8
	Ⅰ-修士	7
Ⅱ （高等教育3年相当）	Ⅱ	6
Ⅲ （高等教育2年相当）	Ⅲ	5
Ⅳ （中等教育修了相当）	Ⅳ	4
Ⅴ （後期中等教育2年相当）	Ⅴ	3
―	―	2
―	―	1

3.2.2　高等教育進学のためのディプロム

3.2.2.1　バカロレア（baccalauréat）

　バカロレアは，中等教育修了資格と高等教育入学資格を兼ねる国家資格である。リセ（高校）の普通科で取得する普通バカロレア，技術科で取得する技術バカロレア，職業科（職業リセ）

で取得する職業バカロレアの3種類がある。各種類のバカロレアは更にコース（série），職業バカロレアについては専門領域に分かれる（**表1**参照）。1985年以来，政府はバカロレア水準到達者を同一世代の80％に至らせるという目標を提唱している。1980年代半ばのバカロレア取得率は約3割であったが，1990年代半ば以降6割程度で推移している。2017年の同一世代におけるバカロレア取得率は78.9％であった。バカロレア取得者は大学の1年目に登録することが認められる。

表1：バカロレアの種類

普通バカロレア	文学 (L)，経済社会 (ES)，科学 (S)
技術バカロレア	経営科学技術 (STG)，工業科学技術 (STI)，実験科学技術 (STL)，医療社会科学技術 (ST2S)，農業 (STAV)，音楽舞踏 (TMD)，ホテル業
職業バカロレア	工芸，サービス，生産製造，建設，販売，事務等，様々な専門領域

3.2.2.2　大学入学免状 (DAEU)

　大学入学免状（diplôme d'accès aux études universitaires：DAEU）は，高等教育へのアクセスにおいてバカロレアと同等の権利を付与する制度として1994年に創設された。バカロレアを取得せずに学校教育を終えた人で，高等教育を受けることを希望する，又はバカロレアを要件とする公務員試験を受けるための代替措置，若しくは一般教養を証明するためのディプロムとして利用されている。対象となるのは，成人であり，初期教育を受けてから最低2年の空白があるもので，①20歳以上で2年以上の職業経験又は社会保険への加入を必要とする活動に従事した者，②24歳以上の者である。連続して最長4年で取得が可能であり，また一定期間の専門分野への従事をディプロム取得につなげる経験知識認証 (VAE) を活用することが可能である。それまでの学力等により授業時数等は異なっている。DAEUの取得課程には2つの選択（オプションA：文学・法律，オプションB：科学）があり，各4つの科目から成る。履修時間は最低225時間となっており，試験により取得する。

3.2.3　その他の資格等
3.2.3.1　成人のための情報化及びインターネット免状

　成人のための情報化及びインターネット免状（brevet informatique et internet pour adultes：B2i adultes）は，コンピュータ・リテラシーを証明するため，欧州の枠組みにおける生涯学習及び教育のための戦略の一環として導入された[注6]。B2i adultesでは到達すべき技能として5つの分野（環境と情報化，市民的姿勢，処理・生産，研究・情報，及びコミュニケーション）が定められている。取得に当たっては，公認される機関において技能の評価が行われ，審査委員による審査の後，大学区長により認定される。

3.2.3.2　外国語能力に関するディプロム

　国民教育省により創設された外国語能力に関するディプロム（diplôme de compétence en langue）は，職業上必要とされる外国語の運用能力についての評価を目的とする。2018 年3月現在，英語やドイツ語を含め13か国語，及び外国語としてのフランス語，地域語（ブルトン語及びオック語），手話のディプロムが設けられている。

　同ディプロムは，欧州連合が定めた外国語に関する共通枠組みに一致している。同ディプロムの取得は試験の成績に基づくものであり，履修が必須の研修・課程など受験に必要な要件はなく，社会人，求職者，学生等全ての人を対象としている。同ディプロムは，1995年に創設されたが，見直しが行われ，2010年に現在のかたちとなった。成人や社会人の場合は継続教育中等学校連合（GRETA）が主な受験地となっている。GRETAや国立通信教育センター（CNED）等では，取得のための研修や講座が提供されている。

3.3　学習成果の評価

3.3.1　経験知識認証（VAE）制度

　経験知識認証（validation des aquis de l'expérience：VAE）制度は一定の専門分野において3年以上の経験を有する者を対象に書類審査及び面接審査を行い，合格者に中等・高等教育において授与されるものと同等の職業資格・学位を授与又はその取得のための単位の一部を認定する制度である。VAEの対象となる職業資格は，全国職業資格目録に掲載されている資格で，国民教育省及び高等教育研究省が所管する資格のほか，各省庁が所管する職業資格が含まれている。VAEが2002年に導入される以前にも，職業経験等に関する書類の審査により高等教育機関への入学要件の免除を認める1985年の職業知識認証（validation des aquis professionnels：VAP85）や，1992に確立した5年の職業経験を有する者を対象に学位取得のための単位の一部を与える制度（VAP）があった。VAE制度の確立により，初期教育と経験が同等に扱われることとなった。

　同制度による資格の申請・取得手順は，資格の種類や所管省庁により異なるが，国民教育省所管の資格の場合，各大学区に置かれる大学区経験知識認証局（DAVA）が窓口となって手続を実施している。申請を考える者に対し，個別面談が実施され，目指す進路等を考慮して取得する資格を選択し，その後書類ⅠをDAVAへ送付する。書類Ⅰが受領可能と判断されると，VAEの申請が可能となる。その後，申請者は，資格授与機関に対してより詳細な申請書類（書類Ⅱ）を提出し，同書類，及び面接や実技を通して，申請資格と同等の知識技能を備えているか否かが審査委員会により審査される。書類Ⅱの作成については，有料の支援（ただし，任意）が行われている。また，高等教育の資格については，各大学の生涯学習担当の部署の手続によりVAEを申請する。

VAEを利用した資格・学位授与数の推移は**表2**のようになっている。

表2：VAEを利用した資格・学位授与数の推移

年	2002	2003	2004	2005	2006	2011	2012	2013	2014	2015	2016
件数	1,360	7,061	10,778	11,736	13,244	13,560	13,628	13,805	13,378	13,153	12,836

表注1：国民教育及び高等教育担当省が授与する資格・学位。
（出典）国民教育省 Note d'information, n° 17.27（2017年12月）

4 地域・家庭教育の支援

4.1 幼稚園及び小学校における課外活動

　幼稚園及び小学校では，原則学校週4日半制（月・火・水（午前）・木・金），例外的に週4日制（月・火・木・金）も認められており，水曜日を中心に課外活動が実施されている。これらの課外活動は市町村が中心となって企画・実施しており，学校や外部施設などで行われ，アソシアシオンの職員やボランティア，ボランティア教師，幼稚園専門地方職員等が指導に当たっている。

　2018年度（9月～）から，「水曜日計画（Plan mercredi）」として，水曜日の課外活動の充実が図られる。同計画は，社会的・地域的な環境に左右されることなく，全ての子供が文化，芸術，スポーツや自然に触れる機会を得て，成長することができることを目指したものである。学校，地方公共団体，文化施設やアソシアシオンなどが連携して，質の高い様々な活動を提供することができるよう，活動の法的な条件整備が行われるとともに市町村に対する財政支援の拡大を行うものとなっている。

4.2 子供の読書活動を推進するための取組

　国民教育省は，夏休みに入る前に，小学校最終学年の全ての児童に対して本を配付する「休暇のための一冊（un livre pour les vacances）」プロジェクトを実施している。子供が読書に親しみ，自発的な読者となることを目指した施策である。2017年には実験的に一部の学校で実施されたが，2018年から全国に拡大され，約80万人の児童が対象となっている。

　「休暇のための一冊」プロジェクトは，子供の置かれた環境にかかわらず，全ての子供に名作文学に触れる機会を与え，夏休みの読書活動を推進することを目的としているが，同時に基礎知識を習得させることを目指している。小学校では，「読み」「書き」「計算」及び「他

者の尊重」から成る4つの基礎知識を全ての児童が習得することを優先事項としており，中でも，他の全ての知識を獲得するために必要となる「読み」については，本をすらすら読めるようにさせることが学校の大きな任務の1つとなっている。国民教育省は文化省との連携の下，学校や地域の図書館，アソシアシオンなどと協力して，コンクールや表彰等の行事を実施するなど，子供の読書への関心を高めるための取組を実施している。

4.3　子供・青少年を対象とした教育的余暇活動

　長期休暇期間や平日の授業時間外において，毎年400万人以上の子供・若者が，余暇や教育的余暇活動を行う施設で受け入れられている。未成年者を対象に余暇や教育的余暇活動を提供する活動は「未成年の集団的受入れ（accueil collectif de mineurs：ACM）」と総称され，社会福祉家族法典において3つの分類で7種類の受入れ方法が規定されている。

○宿泊付きの受入れ

・ヴァカンス滞在：子供・青少年最低7人を対象に最低4泊。
・短期滞在：子供・青少年最低7人を対象に1〜3泊。
・特定の滞在：6歳以上の子供と青少年を対象とする。同活動は，特別な活動（スポーツ滞在，語学滞在，芸術文化滞在，欧州若者交流など）の促進を目的とし，規定される法人により実施する。
・ホームステイによる滞在：未成年者2〜6人を最低4泊。

○宿泊なしの受入れ

・余暇の受入れ：未成年者7〜300人を対象に授業外の時間に最低年間14日，1日最低2時間実施される。子供たちは定期的に通い，多様な活動を行う。
・若者の受入れ：14〜17歳を7〜40人対象に年間最低14日，教育計画において明示される特定の社会的ニーズに応えるために実施される。

○スカウト活動

　最低7人の未成年者を対象に，スカウト活動を目的とするアソシアシオンで，青少年を担当する大臣により「青少年，民衆教育」の活動の公認を受けた者が実施する。

　集団的受入れは教育計画に沿って組織され，自律や責任感の育成，集団生活の習得などを育成する場となっている。年齢に応じた活動が用意されており，例えば，身体活動（乗馬，ヨット，トレッキング等），文化及び音楽やダンス，演劇などの芸術表現活動，科学技術活動（天文学，情報化，写真等）などがある。
　以上のような余暇活動は市町村，アソシアシオン，地域団体等が中心となって提供してい

る。受入れを実施するに当たり国の県出先機関へ申請し，施設設備等受入れに関する規定を遵守しなければならない。指導者については，アニマトゥールなど有資格者によるチームを組織しなければならないとされる。

5 生涯学習支援施設・人材

5.1 生涯学習支援施設

5.1.1 社会・社会文化センター

　社会・社会文化センター（centre social et socioculturel）は地域ごとに配置され，文化，社会参入，余暇，住居，保育など多様な分野における活動やサービスを提供する。全ての住民に開かれており，施設利用のみならず，利用者が活動の企画に参加する場となっている。2000年に採択されたフランス社会・社会文化センター連盟憲章（Charte fédérale des centres sociaux et socio-culturels de France）において，人間としての尊厳，連帯，そして民主主義という価値が設立の根底にあることが示された。

　社会センターの任務・特徴として，▽グローバルな視点を持った地域の施設，▽家庭及び多世代に向けた施設，▽社会生活におけるアニマシオンの場，▽協議に基づく革新的な社会的活動の場，の4つが示されている（家族手当公庫（CNAF）通達56/1995）。

　社会・社会文化センターは，住民の生活の向上，教育及び文化的表現の発展，連帯の強化，排除の予防及び削減を第一の目的としている。活動内容はセンターのある土地柄や住民のイニシアティブ等により異なる。ボードゲームの利用から職業参入のための講座，演劇ワークショップ，識字教育，料理教室，宿泊なしの余暇センター，地域新聞の編集などと非常に多様であるが，日常生活や近隣住民共通のニーズがある事柄が優先される。

　各センターは地域の現状に根付いており，独自の特徴を持っているが，同時に共通の価値観の下，全国的なネットワークを築いている。県又は地域圏単位で組織される約40の連盟には約1,000のセンターが加盟しており，フランス社会・社会文化センター連盟（FCSF）を構成している。

　各センターには，ボランティア，専門職員から成るチームが配置され，地域の住民であるボランティアと有給職員との連携が活動の中心となっている。各センターは，その大半が地域の住民から成る管理評議会により管理運営されている。センターの7割以上は1901年法に基づくアソシアシオンの地位を得ている。財源は主に，家族手当公庫（CNAF），市町村，県，

地域圏，国の青少年・スポーツの出先機関が担っている。

5.1.2　図書館

　公共図書館は大きく，国立図書館など特別な地位を持つ図書館，市町村立図書館，県立貸出図書館及び教育図書館に分類される。

　特別な地位を持つ図書館には，フランス国立図書館（BnF），公共情報図書館（Bpi），及び科学産業都市図書館（Médiathèque de la Cité des sciences et de l'industrie）及びクラマール子供図書館（bibliothèque des enfants de Clamart）がある。フランス国立図書館は，フランスで出版される図書・マルチメディアを全て保管するレフェレンス図書館の役割を持つ。市町村図書館は約7,000館（農村部の図書拠点を含めると約1万6,000か所）ある。県立貸出図書館は97館ある。教育図書館には，高等教育機関に置かれる大学図書館，研究図書館，就学前・初等中等教育機関に置かれる図書館がある。

　図書館は，初等中等教育及び高等教育・研究を担当する省庁が所管する教育図書館を除き，文化省が所管している。文化省は読書に関わる公共政策を担っており，全国の図書館活動を調整している。図書館に関する法的枠組みはないが，1991年，高等図書館評議会（Conseil supérieur des bibliothèques）による図書館憲章において図書館の役割が示されている。憲章では，「憲法で認められる生涯教育（formation permanente），情報及び文化に関する権利を行使するために，全ての国民は，生涯にわたり，本及びその他の資料へ，自由なアクセスを与えられなけらばならない」（前文第1条）とし，図書館の任務と役割について示している。また，国の役割として読書や資料への平等なアクセスを与えるための政策の決定と監視，また，地方公共団体は公共図書館サービス（公読書（lecture publique））を通じて，国民に教育，情報，文化へのアクセスを保障しなければならないとしている。

　高等教育研究所管省の下には図書館総監督局（IGB）が置かれ，大学図書館の監督のほか，公立図書館の技術的な指導・助言を主な任務としている。このほか，IGBは図書館職員の採用・人事管理への参加や国の諮問機関としての役割を担う。また，テーマ別研究等も行っている。

5.1.3　博物館・美術館

　博物館（musée。美術館を含む）は文化遺産法典において「常設コレクションであって，その保存及び展示が公益性を持ち，また公衆の知識，教育及び娯楽となるように組織されたもの」と定義されている。2002年に「フランス博物館に関する2002年1月4日付法律第2002-5号（loi n° 2002-5 du janvier 2002 relative aux musées de France）」が制定され，「フランス博物館」の呼称制度が設けられた。国，その他公法上の法人又は民法上の非営利法人に属する博物館に対し「フランス博物館（«musée de France»）」の呼称を付与することがで

きるとされた。「フランス博物館」は使命として，▽コレクションを保存，修復，調査するとともにその充実を図る，▽コレクションを最大限の公衆にアクセスできるようにする，▽全ての人々に平等に文化へのアクセスを保障するための教育及び普及活動を計画し，実施する，▽知識及び研究の進歩，またその普及に貢献すること，が挙げられている。「フランス博物館」の呼称を持つ博物館は1,220館となっている。

　国の博物館政策は文化省が所管している。国の出先機関として地域圏に置かれる文化行政局（DRAC）が実施している。

5.2　生涯学習支援人材

5.2.1　アニマトゥール

　フランスでは，アニマトゥール（animateur）と呼ばれる生涯学習や社会教育を支援する専門家が，人々の学習活動の場において中心的な役割を担っている。職業としてのアニマトゥールは社会文化アニマトゥール（animateur socio-culturel）として1960年代に確立され，生涯学習の様々な活動におけるリーダー（指導者）のような役割を果たす。アニマトゥールの資格は国家資格であり，資格の種類により資格取得要件や履修課程・段階はそれぞれ異なる。また，任務は多岐にわたり，資格によりその範囲は異なっている。主な活動場所は，社会・社会文化センター，未成年の集団的受入れ施設，高齢者クラブなどである。正規職員のほか，非正規職員やボランティアで活動している。

　アニマトゥールの資格の主なものには，次のものがある。2016年に資格の取得課程等に関する見直しが行われた。

○青少年スポーツ技術アニマトゥール補適正免状（brevet d'aptitude professionnelle d'assistant animateur technicien de la jeunesse et des sports：BAPAAT）

　　RNCP第5資格水準（後期中等教育2年相当）の資格。アニマシオン分野における初級レベルの資格。対象は，16歳以上の者で，取得資格・学位あるいは特定の職業経験等の要件は定められていない。理論と実践の交互教育による課程を1,500～2,000時間履修する。青少年・児童の余暇活動，あらゆる人の余暇活動，野外余暇活動，の3つの専攻がある。課程終了後に行われる試験により取得する。

○青少年・民衆教育・スポーツ職免状（brevet professionnelle de la jeunesse, de l'éducation populaire et du sport：BPJEPS）

　　RNCP第4資格水準の資格。スポーツ又は社会文化活動における25の専門が設置されており，各専門により要件が定められている。初期教育，見習訓練又は継続教育により課程を履修する。初期教育の課程は最低600時間となっている。

○青少年スポーツ国家免状 (diplôme d'Etat de la jeunesse et sports：DEJEPS)

RNCP第3資格水準（高等教育2年修了相当の資格）。2つの専門（スポーツ（80の専攻）及び社会教育・文化アニマシオン（2つの専攻））があり，各専門は専攻に分かれる。対象要件は各専攻により定められる。初期教育，見習訓練又は継続教育により課程を履修する。

○青少年民衆教育スポーツ高等国家免状 (diplôme d'Etat supérieur de la jeunesse, de l'éducation populaire et du sport：DESJEPS)

RNCP第2資格水準（高等教育3年修了相当）の資格。2つの専門（スポーツ上級（80の専攻）及び社会教育・文化アニマシオン（1専攻））があり，各専門に専攻がある。対象要件は各専攻により定められる。初期教育，見習訓練又は継続教育により履修する。

○社会福祉職大学技術教育免状，社会・社会文化アニマシオン選択 (DUT carrières sociales, option animation sociale et socioculturelle)

大学付設技術短期大学部 (IUT) において2年間の課程を修了することで取得する。

○身体・スポーツ・文化活動のアニマシオン及び管理国家免状 (DEUST animation et gestion des activites physiques sportives et culturelles)

RNCP第3資格水準（高等教育2年修了相当）の資格。大学において2年間の課程を修了することで取得する。

○職業リサンス

RNCP第2資格水準（高等教育3年修了相当）の資格。高等教育2年を修了した者が1年で履修し取得する。社会又は文化，都市政策，経済協力，地域発展のための協力や介入等に関する課程が置かれる。

アニマシオンの資格は現在見直しが行われており，従来のアニマシオン・開発計画主幹国家免状 (DEDPAD) はDESJEPSに，アニマシオン職関係国家免状 (DEFA) はDEJEPSに，民衆教育青少年技術アニマトゥール国家免状 (BEATEP) はBPJEPSに移行している。

このほか，職業資格ではないが，アニマトゥールとしての適性を証明するものとして次のようなものがある。

○アニマトゥール職適性証書 (brevet d'aptitude aux fonctions d'animateur：BAFA)

対象は17歳以上。理論及び実習から成る課程。30か月以内に，理論を2セッション及び実習を行う。

○管理職適性証書 (brevet d'aptitude aux fonctions de directeur：BAFD)

対象は21歳以上で，アニマトゥール職適性証書 (BAFA) 取得者，若しくはアニマシオン活動を行う資格（2007年2月9日の省令にある）を有し，アニマシオンの経験を2回

（合計で最低28日間。うち最低1回は未成年の集団的受入れ施設において）有する者。理論を2セッション，実習を2セッション行う。セッションは段階ごとに進め，各セッションが認定される。

○**社会教育アニマシオン適性証書**（brevet d'aptitude à l'animation socio-éducative：BASE）

　　対象は18歳以上で，青少年又は民衆教育の分野において最低2年連続して活動経験を有する者が対象。実地研修及び面接により取得する。

5.2.2　アソシアシオン

　アソシアシオンとは，2人以上の人が利益を共有する以外の目的で，知識等の活動を共有するために組織する団体である。その目的は文化，スポーツ，余暇，福祉・医療・保健，教育，人道など多岐にわたる。アソシアシオンは民衆教育や余暇活動において大きな役割を果たしている。

　アソシアシオンは，アソシアシオン契約に関する1901年7月1日付法律により規定された。アソシアシオンは自由に組織することができ，設立に当たって登録申請は必須ではない。ただし，申請されたアソシアシオンは県庁に法人として登録され，補助金を得ることや，条件により寄付を受けること等が認められる。また，公的な性格を持つと判断されるアソシアシオンは公的な利用を目的とした公認アソシアシオンなどの地位を得ることも可能である。

　公認アソシアシオンは一定の条件を満たし，認可を受けたものである。例えば，国民教育省の認可を受けるには次の条件が必要である。

　○全国又は多数の大学区にわたる活動を行うこと。
　○次の点で公教育に貢献する：▽学校の教育活動に則った，授業時間内における活動，▽授業時間外での補完的な教育活動，▽教育研究の発展，▽教員チーム及び教育関係者に対する研修。
　○次の点を義務的な条件とする：▽一般的利益の性格，▽質のあるサービスの提供，▽国民教育省の公的サービスの活動と適合し，教育及び指導要領との補完性を持つ，▽非宗教性の原則を尊重し，全ての者に対して差別なく開かれる活動である。

　これらの条件を満たすアソシアシオンは，申請，審査，決定ののち，公認される。公認期間は5年間で更新が可能である。

　公認アソシアシオンとして，例えばジュネス・ミュージカル・ド・フランス（Jeunesse Musicales de France：JMF）は芸術家やボランティアから成るアソシアシオンで，特に子供たちを対象とした音楽活動を行っている。同団体は公教育を補完する教育的団体とされ，

政府と連携して児童・生徒の音楽教育に携わっている。

　アソシアシオンに関する統計の詳細については把握が困難であるが，今日約100万のアソシアシオンが存在するといわれている。

　活動セクター別の団体数は**表3**のようになっている。

表3：活動セクター別アソシアシオン数

	団体数	％
余暇・社会生活	337,469	23.7
スポーツ	303,118	21.3
文化	278,929	19.6
健康・福祉活動	149,665	10.5
教育・訓練	101,785	7.2
経済，地域発展	100,760	7.1
環境・文化遺産	65,417	4.6
その他	86,175	6.1

（出典）DataAsso ウェブサイト（http://www.dataasso.fr）2018年7月12日閲覧。

【注】

1．予防職業口座（CP2）に移行。
2．従来の「2006年12月18日付欧州議会及び理事会勧告」に代わり，2006年以降の政治，社会，経済，環境，技術の進歩を反映したものとなるよう見直しが行われ，2018年5月に新たに採択された。
3．公的利益のための団体（groupement d'intérêt public：GIP）は，ある公的・非営利の目的のために国，公的及び民間の法人が連携して組織する団体。
4．以前は経済・経営，労働・社会，産業科学技術，及び情報科学技術の4つの柱から構成されていた。
5．2016年財政法により，従業員数が従来の10人から11人に引き上げられた。
6．EU（欧州連合）は2006年12月18日付欧州議会及び理事会の勧告において，8つの主要な知識・技能を示したが，その4つ目にデジタル技能が定められている。

《主要参考文献》

Réponse à l'enquête destinée à préparer la 6ème conférence internationale sur l'éducation des adultes FRANCE, 16 juillet 2008.

Philippe Champy, Christiane Etévé, Jean-Claude Forquin, André D. Robert, Dictionnaire encyclopédique de l'éducation et de la formation, 3e édition, Retz, 2005.

政府・各省ウェブサイト，公表資料。

各種機関・施設ウェブサイト，公表資料。

文部科学省編『諸外国の教育改革の動向』ぎょうせい，2010年。

文部科学省『フランスの教育基本法』国立印刷局，2007年。

ジュヌヴィエーヴ・プジョル，ジャン＝マリー・ミニヨン著（岩橋恵子監訳）『アニマトゥールーフランスの社会教育・生涯学習の担い手たちー』明石書店，2007年。

藤井佐知子「第12章　教育の場としての企業」147項，山田達雄編『生涯学習・日本と世界 全二巻 下巻 世界の生涯学習』エムティ出版，1995年。

ドイツ

1 ドイツの生涯学習 122

2 関係法令・基本計画 124

3 成人による学習活動 130

4 地域・家庭教育の支援 145

5 生涯学習支援施設・人材 147

1 ┃ ドイツの生涯学習

1.1 「生涯学習」概念の発展と普及

　1990年代，欧州では，東西ドイツの統一をはじめ，ソ連や東欧諸国の共産主義体制の崩壊をきっかけとする厳しい経済状態が続き，若年層を中心とした失業率の増加や社会的経済的格差の拡大といった問題が深刻化していた。そうした中，「生涯学習」の理念が，欧州統合・拡大のプロセスにおいて，国際化社会や情報化社会の急速な変化に対応可能な人材の育成を表す包括的な概念として注目された。すなわち，「社会的統合（social cohesion）の実現，活動的市民性の育成，個人の自己実現や，就業能力（employability）の習得などを目標とする」[注1]，人生のあらゆる年齢段階の教育あるいは学習を包括する概念として，「生涯学習」は欧州において発展・普及していった。そうした姿勢は，EU（欧州連合）がその政策目標として2000年に打ち出した「リスボン戦略」に集約されている。経済的に世界で最も高い競争力と発展力を有する知識基盤型社会の構築を目指すリスボン戦略では，その方途として生涯学習の普及による人材開発と就労支援が重視され，そのための投資の拡充が強調されている。

　このようなEUの「生涯学習」概念は，ドイツでは，東西の格差，移民問題，若年層を中心とした高い失業率など，累積する社会的経済的な諸問題を解決に導くための主導理念として1990年代半ばから受容され，特に，社会的経済的弱者をいかに引き上げていくかといった文脈において多く用いられるようになった。そのため，その有効な手段として，学校教育や職業教育を終えた者を対象とした職業継続教育が「生涯学習」の枠組みにおいて語られる傾向が強いが，例えば，学校種間や州間の移動，学校教育と職業教育の接続や職業教育と高等教育の接続の改善，教育提供機関のネットワーク化といった政策レベルのことや，個々人の学習意欲をどのように覚醒・鼓舞していくかといった個人レベルのことも，市民の教育機会を向上せしめ，豊かな生活へと誘う重要な問題であるとして「生涯学習」の範疇で扱われている。

1.2 障害者の生涯学習に対する支援

　国連の「障害者の権利に関する条約」（2006年12月13日採択）の第24条「教育」の第1項には，「障害者の権利を差別なく，かつ機会均等を基礎として実現するために，障害者を包括した全段階の教育及び生涯学習を確保すること」が，また第3項では，「障害者が地域社会の構成

員として教育に完全，かつ平等に参加することを容易にするため，障害者が生活するための技能や，社会的に向上するための技能を習得できるようにすること」が，締約国の努力目標として規定されている。

　ドイツでは，障害のある子供の教育は，伝統的に促進学校での分離指導を基本に提供されてきたが，2009年に同条約に批准したことを大きな契機として，障害のある子供が健常の子供と一緒に学ぶインクルーシブ教育の全面的な普及に向け，各州で改革が進められている。このようなインクルージョンを重視した改革の波は，継続教育や成人教育の分野にも及んでおり，障害者が健常者と共に教育や訓練を受け，かつ自立的に社会生活を送る権利を保障するため，連邦政府も州政府も障害者のハンディキャップを相殺する視点から法令や体制の整備を進めている。職業訓練のマッチングや斡旋は勿論，例えば通常3年の職業継続教育訓練を障害者に提供する場合には，ハンディキャップが相殺されるように教育訓練の期間や規模を柔軟に設定したり，ハンディキャップの部分をフォローするサポーターやツールを無償で提供したりしている。

　2017年7月，連邦参加法（Bundesteilhabegesetz）の一部が発効した。これは，障害者が個人のニーズに応じて社会生活に参加できるように保障するもので，2017～2023年に4段階にわたって発効することとなっている。同法により，具体的には，障害者に対する給付が社会福祉システムから切り離され，インクルージョン支援のための給付として改めて規定されることになるほか，より多くの障害者が自立的に労働生活を送れるよう，必要な支援が全体的かつ人員中心に改善される。こうした流れの中で，障害者の職業継続教育を中心とする生涯学習における支援についても，更なる充実化が図られるとみられる。

1.3　社会教育の在り方

　ドイツの「社会教育（Sozialpädagogik）」は，日本で意味するところの「社会教育」に合致する概念ではなく，青少年や成人を対象としている点では共通するものの，どちらかと言えば青少年に，そして社会福祉に重きを置いた活動一般に対する学問的アプローチを指し，ドイツ社会ではソーシャルワーク（Sozialarbeit）の部分領域として理解されている。そのため，社会教育の領域に専門的に従事する人材の養成は，ソーシャルワーカーとして養成されている（「5.2.4　社会教育士／ソーシャルワーカー」参照）。

　日本の社会教育が対象領域とする，学校外での子供・青少年を対象とした活動は，ドイツでは，彼らの心身のケアやサポートを目的に，主に地域の子供・青少年援助施設やスポーツクラブによって担われている。また，成人を対象とした活動は，継続教育，趣味・教養の学習を含め，フォルクスホッホシューレ（「3.1.1　フォルクスホッホシューレ（市民大学，民衆大学）」参照）を中心とする地域の成人教育機関で行われている。なお，フォルクスホッホ

シューレをはじめ，地域の子供・青少年援助施設やスポーツクラブ，さらには図書館や博物館も地域住民のインフォーマルな学習の場としての機能も持っているが，「社会教育施設」のような，これらの機関を一括りに表現する概念はない。

2 | 関係法令・基本計画

2.1　連邦と州の権限関係

　連邦制を敷くドイツでは，連邦と州の両サイドから市民が生涯にわたって学び続けられる環境や前提が保障されている。学校教育や高等教育はもとより，学校における職業教育や継続教育及び成人教育などは，概して州が教育関連の法令によって規定しているが，連邦も主に労働・社会関連の法令によって，企業などの学校外の職業訓練や職業継続教育を規定しているほか，各州が共同で，継続教育のあらゆる分野における研究及びモデル開発を所管している。

2.2　関係法令

　ドイツには，生涯学習の振興を直接規定する法令はないが，生涯学習の振興は多様な分野の様々な法令によって支えられている。学校教育，高等教育，職業教育，継続教育，成人教育を規定する法令は勿論，個人ないし集団の学習の権利を保障し，その活動を支援する労働・福祉関係の法令もまた生涯学習の振興を支えている。ただし，継続教育や成人教育の分野については，その原則を定めたり制度や振興策について規定したりする上で，国（州）の関与は学校教育や高等教育などの分野に比べてかなり限定的である。それは，継続教育や成人教育が参加者の任意性を主導原理としているがゆえにそうした分野に対する要求も多様であり，それに最善のかたちで応えるには継続教育や成人教育を提供する側にも多様性を持たせる必要があるからである。したがって，継続教育及び成人教育関係の法令は，それらを最善のかたちで発展させるための枠条件を据えることを目的としている。

2.2.1　連邦の関係法令
2.2.1.1　職業教育法（BBiG）
　職業教育法（BBiG）は，企業での職業訓練及び研修の機会，内容，質などを保障するもので，

職業教育訓練（デュアルシステム），職業訓練準備教育（Berufsausbildungsvorbereitung），職業訓練生と職業訓練を引き受ける企業との職業訓練契約といった，最初（initial）の職業教育訓練における企業の部分を主として規定しているほか，職業上の適応のための研修（berufliche Anpassungsfortbildung），キャリアアップのための研修（Aufstiegsfortbildung），転換教育（Umschulung）についても規定している。

「職業上の適応のための研修」とは，人事異動等による職場内の変化に際して，職務を遂行するのに新たな知識やスキルを身に付ける必要が生じた場合に行われる措置である。「キャリアアップのための研修」は，職場内外で地位を上げることを目的とした，上級の職業資格の取得につながる取組である。「転換教育」は，失業や健康上の理由などにより，最初の職業教育訓練で得たものとは異なる職業スキルを身に付けるために行われる取組である。当該職種を所管する連邦の省庁と連邦教育研究省は双方の合意の下，同法に則って職業訓練規定ないし研修規定を職種ごとに定め，各企業において標準的な内容と質をもって職業訓練や研修が行われるよう保障している。なお，手工業関連の職種については，職業教育法ではなく，手工業法に則って職業訓練規定ないし研修規定が策定される。

2.2.1.2　職業継続教育助成法（AFBG）

1996年1月1日に発効した職業継続教育助成法（Aufstiegsfortbildungsförderungsgesetz）は，マイスター奨学金の根拠法であり，最初の職業継続教育を終えた者を対象とするあらゆる職業継続教育の助成を規定している。

2.2.1.3　手工業法（HwO）

1957年に制定された手工業法（最近時改正2017年6月30日）は，手工業の執行を規定する法律であり，営業権においては営業法とともに重要な法律とされている。また，手工業を営む条件であるマイスターになるためのマイスター試験や，手工業における職業訓練に関する規定も含まれており，職業継続教育においても重要な法律の1つとなっている。

2.2.1.4　社会法典第Ⅲ編：雇用促進（SGB Ⅲ）

社会法典第Ⅲ編は，外国人従業員に対する労働許可，雇用の斡旋許可，不法就労の除去から労働市場や職業の研究に至るまで，雇用にかかわる事柄を広く規定している。教育関連では，職業上の適応のための研修（berufliche Anpassungsfortbildung），キャリアアップのための研修（Aufstiegsfortbildung），転換教育（Umschulung）といった職業継続教育の分野における連邦雇用庁の助成（費用負担）の根拠法となっている。同法に則った助成としては，特に，▽職業教育を修了している又はそれに相当する職業経験を有する成人を対象とした，職業上の知識と技能の確認，維持，拡大，適応に関する措置や，▽主に職業資格を持たない

失業者を対象とした，認定訓練職の修了資格の取得につながる職業上の転換教育に対するものがある。

2.2.1.5　遠隔授業保護法（FernUSG）

　1970年1月1日に施行した（最近時改正2017年3月29日）遠隔授業保護法は，遠隔授業の参加者の保護を目的に，参加者及び提供者の権利と義務を規定した法律であり，同法に基づき，私立の機関が提供する遠隔教育課程は公的な認可を受けることとなっている。遠隔教育課程の認可に関する決定は遠隔授業センター（ZFU）が行っており，認可手続の枠内で，教育課程の目標に鑑みながら教材の物理的な質や教授法上の質や，教育課程の履修生と遠隔教育機関との間で締結される遠隔授業契約の形式と内容を検証している。ZFUは1978年2月16日の遠隔授業制度に関する州間協定によって創設された公的機関であり，遠隔授業保護法に則った参加者の保護を任務としている。同機関では，遠隔教育課程の認可についての決定のほか，認可を必要としてない趣味関連の遠隔授業を提供するコースの登録も行っている。

2.2.1.6　経営体規則法（BetrVG）

　経営体規則法（1972年施行）は，事業組織体の中から選ばれた従業員の代表機関である経営協議体について詳細に規定した法律で，第92～98条には企業の職業訓練における雇用者及び経営体の権利と義務が規定されている。

　同法により，雇用者と経営体は職業訓練を促進することとなっており，経営協議体の要請により，雇用者は職業訓練の需要を確認し，経営協議体と協議しなければならない。また，職業訓練のための企業の施設の創設，職業訓練プログラムの導入等についても，雇用者は経営協議体と協議することとされている。さらに，企業の職業訓練の実施に当たって経営協議体は，雇用者との共同決定権を認められている。

2.2.2　州レベルの関係法令

2.2.2.1　継続教育・成人教育関係法

　学校教育や高等教育と同様に，継続教育や成人教育も州の専管事項とするドイツでは，継続教育や成人教育に関連する法は各州がそれぞれ制定している。継続教育・成人教育関係法は，それらの推進やファンディングの条件及び原則を規定しているほか，提供機関の多様性を保証し，提供機関に対する州の認可手続を示している。また，継続教育関係法を補完するかたちで，各州の学校法には，学校制度における継続教育の任務についての規定（例えば，学校修了資格の取得）が盛り込まれていたり，また高等教育法には学術的な継続教育の発展が法的に規定されていたりする。

2.2.2.2　教育休暇法

　ドイツでは，全16州中，バイエルン州とザクセン州を除く14州が教育休暇法（法律の名称は州により異なる）を制定し，職業従事者に対し，教育的催事への参加を目的に所定の期間有給で休暇を取ることを保障している。

　有給教育休暇は，国際労働機関（ILO）の1974年の条約（第140号）において，教育を目的として所定の期間，労働者に与えられる有給休暇とされ，▽あらゆる段階での訓練，▽普通教育，社会教育及び市民教育，▽労働組合教育，の3種に限定されている。また，条約批准国には，政府，労使団体，教育訓練機関の参画の下，こうした有給教育休暇の取得を促進するための政策を策定，実施し，それを保障するための財源も十分かつ永続的であることが求められる。

　ドイツが同条約に1976年11月30日に批准して以来，各州は教育休暇法を制定し，有給による教育休暇を保障することで，市民の継続教育への参加を振興してきた。例えば，ベルリン市（州と同格）では，同市の教育休暇法（1990年10月24日制定）に基づき，職業従事者は承認された教育的催事への参加を目的に，所定期間の有給休暇を取ることができ（25歳までの者は1年で10日間，26歳以上の者は2年で10日間），フォルクスホッホシューレ（「3.1.1　フォルクスホッホシューレ（市民大学，民衆大学）」参照）が提供する各講座への参加についても基本的に教育休暇の取得が認められている。

2.3　基本計画

2.3.1　万人のための生涯伴う学習

　欧州連合（EU）の行政執行機関である欧州委員会の2000年10月30日付け「生涯学習に関するメモランダム」に呼応するかたちで，2001年1月，連邦政府は生涯学習の総合行動プログラム「万人のための生涯伴う学習（Lebensbegleitendes Lernen für alle）」を打ち出した。これは，生涯学習の振興にかかわる，各教育分野での研究，開発，検証に向けた連邦の取組を束ねるプログラムで，「学習する社会」の実現に向けて教育制度を更に発展させていくことを目的としている。それには個々人が，▽生涯学習に対する心構えを成長させ，▽生涯伴う学習に必要な能力を獲得し，▽日常生活や仕事において制度化された新たな学習機会を求め，かつ利用するための基盤がもたらされなければならないとする。そこで，同プログラムでは，▽学習者の自己責任と自己制御の強化，▽機会不均等の是正，▽教育の提供者と利用者の協力，▽全教育分野の連携強化，を主導理念として**表1**のとおり課題が据えられ，その達成に向けて様々な具体のプログラムが全国各地で推進された。

表1：「万人のための生涯伴う学習」の課題

○様々な教育分野を，地方レベルや地方を超えたレベルで包括的にネットワーク化すること。
○透明性のある方法や比較可能な方法で質を保証すること。
○インフォーマルな学習プロセスにおいて獲得された，仕事に活用できる資格や能力を証明し，また承認すること。
○サービスの透明性を高め，情報，助言，動機付けをよりよいものにすること。
○新しい教育文化及び学習文化（例えば，インフォーマルな自己制御型の学習）を促進すること。
○新しいメディアを利用すること。
○特殊な学習状況や職場にある人々に対して教育への心構えを促すこと（例えば，失業者に資格を持たせるための戦略づくり）。
○交流や国際協力を強化し，国際的な資格を推進すること。

2.3.1.1 「学習する地域－ネットワークの推進」プログラム

　具体的なプログラムのうち，「学習する地域－ネットワークの推進」プログラムは連邦が関与する生涯学習関連プログラムの中で最大のもので，生涯学習を可能にし，かつ様々な教育分野を包括するネットワーク（教育を提供する側と教育を求める側とが協力しあえるネットワーク）をつくることを目標に，2000年10月に連邦教育研究省（BMBF）によって公示された。同プログラムでは，ネットワークの構築と拡張のために2001～2007年の7年間で総額約1億1,800万ユーロが投じられ，連邦全体で70以上の「学習する地域」が助成された。そのうち48のネットワークが2006年まで，22のネットワークが2007年末まで引き続き助成された。

2.3.1.2 BLK「生涯学習」モデルプログラム

　「学習する地域－ネットワークの推進」プログラムに並んで，生涯学習の推進に大きく寄与したものに，連邦・各州教育計画・研究助成委員会（BLK）の「生涯学習」モデルプログラムがある。これも「万人のための生涯伴う学習」プログラムの1つであり，生涯学習を可能にし，かつ様々な教育分野を包括するネットワーク（学習の機会を提供する側と求める側とが協力しあえるネットワーク）の構築を目標として，2000年4月から2005年3月までの5年間で23の個別プロジェクトに総額1,250万ユーロの助成が連邦と各州によってなされた。

　23の個別プロジェクトのうち，とりわけ成果があったのが「継続教育における学習者主義の質の検証（LQW）」と，インフォーマルに獲得された能力を証明する「ProfilPASS」（「3.4.3　ProfilPASS」参照）である。

　「ProfilPASS」は，学習者に固有の能力やインフォーマルに獲得された能力を目に見えるかたちで示す，生涯学習の成果に関するポートフォリオであり，職業生活，生涯設計，職業以外の社会参加において人々をサポートすることを目的としている。

　他方の「継続教育における学習者の質の検証（LQW）」は，学習者を中心に置いた質の向上と検証のための取組で，教育機関を対象としたドイツで初めての質検証モデルとして開発，

検証された。LQW モデル自体は，継続教育を対象とした外部評価による質の検証システムであるが，同モデルから，就学前教育施設，学校，社会的サービスの提供者など，その他の教育・社会分野を対象とした専用モデルも開発されている。複数の州で，フォルクスホッホシューレの活動の質を保証するための専門的な方法として，LQW が適用されている。

2.3.2　生涯学習戦略

　2002年6月，「連邦・各州教育計画・研究助成委員会（BLK）」は，生涯学習が万人の教育歴において自明のこととなるように，各教育段階（学校教育，職業教育，高等教育，継続教育）に必要な改革を示す必要があるとし，生涯学習に関する戦略文書の作成を決定した。その際，BLK の議論において重視されたのが，インフォーマルな学習及びノンフォーマルな学習の利用と認知を推進することと，生涯学習関連事業を財政的に支援する上でワーキンググループの結果を考慮に含めることであった。そこで，BLK が求める「生涯学習戦略文書」を起草するため，2002年9月，ワーキンググループが組織された。その後，ワーキンググループの成果は2004年7月に BLK によって「ドイツ連邦共和国における生涯学習戦略報告書」として承認され，「いかにして全ての市民が，全ての人生の段階，全ての生活領域において，様々な学習環境や様々な学習形態において鼓舞され支援されうるのかを示すこと」が同戦略の目標として掲げられた。同戦略では，連邦と州それぞれの権限を調和させるべく，州内部や連邦－各州間においてコンセンサスを持てるような観点などが明確にされているほか，▽インフォーマルな学習の参加，▽自己制御，▽能力の開発，▽ネットワーク化，▽モジュール化，▽学習アドバイス，▽新たな学習文化／学習の普及，▽機会公正なアクセス，が推進すべき重点として示されている。

2.3.3　ドイツのための資質向上策

　2008年10月，連邦と各州首相による教育サミットにおいて，「教育による向上」をスローガンとする，就学前教育から職業継続教育に至るまでの全生涯にわたる教育の振興及び支援に関する行動計画「ドイツのための資質向上策」が，数値目標を盛り込むかたちで決定された。これは，ニーズが差し迫る若手の高度人材の確保や，就学前教育から職業継続教育に至るまでの教育機会の改善等を目的に，2007年12月にシャヴァーン連邦教育研究大臣によって提案され，2008年1月に連邦政府において閣議決定されたもので，既存の取組も包含した総合的かつ包括的な内容となっている。

　同計画では，▽教育の質の向上，▽教育及び研究への重点的投資，▽就学前の子供の保育・教育の充実，▽学校中途退学者の抑制，▽高等教育機会の拡大，▽数学，情報科学，自然科学，工学分野（MINT）の人材確保，▽継続教育機会の拡大，が課題として掲げられており，例えば，次のような数値目標が盛り込まれている。

○連邦と各州は，2015年までに教育・研究に対する公私の総支出をGDPの10％まで増やす（2007年：8.4％，2015年：9.1％）[注2]。

○連邦，各州，市町村は，2013年までに段階的に3歳未満の子供の35％が，家庭のニーズに応じた質の高い保育を受けられるようにすべく，2013年まで約120億ユーロを措置するととともに（うち40億ユーロについては連邦が負担），8万人の保育機関の職員の質の向上に努める（2006年：13.6％，2015年：32.9％）[注3]。

○連邦と各州は，2015年までに何の学校修了資格も持たない者を8％（2006年）から4％に（2013年：5.7％）[注4]，また職業資格を持たない若者を17％（2006年）から8.5％に半減させるよう努める（2013年：13.8％）[注5]。

○連邦と各州は，年間の大学入学者の割合を全国平均40％にするとともに（2015年：46％），州は大学卒業者数を大幅に増やす[注6]。

○連邦と各州は，43％（2006年）となっている継続教育への参加率を2015年までに50％に引き上げるよう努める（2014年：51％）[注7]。

3 ┃ 成人による学習活動

3.1　学習機会の提供者

3.1.1　フォルクスホッホシューレ（市民大学，民衆大学）

　市民大学，民衆大学とも訳されるフォルクスホッホシューレは，ヴァイマール期の1919年に初めて創設されて以来，その数を増やし，現在では地域の継続教育センターとして，職業資格の取得を目的とした講座のほか，中等教育修了資格の取得を目的とした講座や，個人の趣味・関心に応じた講座など，様々な目的に沿った講座を提供するなど，市民の継続教育の場として重要な役割を果たしている。また，フォルクスホッホシューレの上部組織として各州に連盟（Landesverbände）があり，そこが上位の事柄を規定し，州レベルや連邦レベルで交渉を行ったり，地域の各フォルクスホッホシューレの緊密な連携を組織したりしている。

　2016年現在，フォルクスホッホシューレは全国に899校設置されており，このほかに同機関の講座を提供する支部が2,990か所ある[注8]。その多くは，市町村や郡といった地方自治体，登録された公益目的の団体，非営利の有限会社，目的団体であり，いずれも利益を追求しないことを前提としているため，総じて，民間企業が提供する継続教育プログラムに比して受講料がかなり安く，受講料無料の講座が開設されていることもある。例えば，ベルリン市で

は，一般の者を対象としたビジネス英語のコース（45分×40回）が総額144.2ユーロと，1回当たり500円足らずの受講料で提供されている。また，社会福祉法による支援を受ける者や学生・職業訓練生に対して受講料を割引く措置が取られているほか，難民に対しては，移民や難民を対象としたドイツ語のコースが無料で提供されている（2018年7月現在）(注9)。

フォルクスホッホシューレは，通常，次の4つを収入源としている。すなわち，▽州の補助金，市町村の補助金，郡の補助金，▽参加者の受講料による収入，▽寄附金，▽第三者資金（例えば，連邦や労働庁の助成金，欧州社会基金（ESF）あるいは地区の行政機関からのプロジェクト補助金等々）である。ベルリン市のフォルクスホッホシューレの場合，財政の4割弱が市政府からの補助金で，約3割が受講料で賄われている。

フォルクスホッホシューレが提供する講座には，大別して，「政治・社会・環境」分野，「文化・造形」分野，「健康」分野，「言語」分野，「労働・職業」分野，「基礎教育・修了資格取得」分野のものがあり，一般に，満15歳から受講が認められている。**表2**に示すように，「健康」分野と「言語」分野の人気が高く，後者に関しては，移民や外国人労働者が多く，同機関の提供講座がかなり廉価であることが背景にある。

表2：講座開設数及び登録者数の分野別割合（2016年）

分　　野	講　　座		登　録　者	
	数（コース）	割合（%）	数（人）	割合（%）
全分野	594,330	100.0	6,605,241	100.0
政治・社会・環境	36,748	6.2	516,926	7.8
文化・造形	89,245	15.0	870,251	13.2
健康	197,394	33.2	2,336,793	35.4
言語	202,140	34.0	2,303,676	34.9
労働・職業	51,237	8.6	427,007	6.5
基礎教育・修了資格取得	17,566	3.0	150,588	2.3

（出典）Tabelle 9: Kurse, Unterrichtsstunden und Belegungen nach Ländern und Programmbereichen 2016, In: Deutsches Institut für Erwachsenenbildung: Volkshochschul-Statistik 2016, 2017（https://www.die-bonn.de/doks/2017-volkshochschule-01.pdf）.

フォルクスホッホシューレが提供する講座は基本的に教育休暇（「2.2.2.2　教育休暇法」参照）の適応対象であり，スキルアップを目指す職業従事者は，所定の期間，有給休暇を取得してフォルクスホッホシューレの講座を受講することが法的に認められている。また，その際に発生する受講料は基本的に受講者が負担することになっているが，連邦政府の教育奨励金制度（Bildungsprämie，「3.2.2.1　個人に対する支援——教育奨励金」参照）に則って，一定の収入以下の受講者については，年間1コースにつき費用の半分（最大500ユーロ）を，バウチャーのかたちで国から給付を受けることができる。

なお，講座は一般にフォルクスホッホシューレの施設内で提供されているが，各州連盟の
ネットワークであるドイツ・フォルクスホッホシューレ連合会が運営するインターネットの
ポータルサイト「ich-will-lernen.de」を通して，利用者は無料で，また匿名で，チューターの
アドバイスを受けながら学ぶこともできるようになっている。

　職員には，専任職員のほかに非常勤職員も多くおり，ギムナジウム等の学校教師が非常勤
職員として講座を受け持っていることも多い。

3.1.2　宗教系の成人教育機関──カトリック成人教育連邦学習共同体（KEB）

　成人教育機関には宗教団体が運営するものも多く存在する。中でも広く普及しているのが
カトリック系とプロテスタント系の成人教育機関である。いずれもドイツの代表的な成人教
育機関として，歴史的には民衆教育を普及・発展させ，今日では地域の生涯学習を支える重
要な柱の1つになっている。

　カトリック成人教育連邦学習共同体（KEB）は，1957年に創設された，カトリック教会に
おける成人教育の主催者たちの連合であり，現在，56の支部とおよそ600の施設を有してい
る。普通成人教育を提供している機関としては，ドイツで2番目に大きく，宗教，文化，個
人に関連した継続教育を提供する非自治体組織としては最大の機関である。KEBの下には，
メディア，従業員の継続教育，神学的な教育活動，高齢者教育のための委員会が置かれ，連
邦レベルのプロジェクトや専門会議を主催し，特定の目標集団とともに，新しい学習文化や
教育活動に取り組んでいる。

　KBEにとって成人教育は，個人的，職業的，社会的，政治的な生活における自主的な判
断や自己責任を可能にする，全体的で，価値主導型の，そして統合的な教育と解されており，
生活世界や人々のニーズに沿ったプログラムが提供されている。KEBが提供するプログラ
ムは布教活動を目的としているわけではないため，その参加に際しては，特に宗教や宗派に
よる制限はなく，2015年現在，プログラム参加者は約370万人，開催行事は約16万8,000件
となっている[注10]。

　財政面については，主として同機関が置かれるボン市からの助成金のほか，ノルトライン・
ヴェストファーレン州政府や教会からの助成金，また参加者の授業料を運営資金とし，教育
スタッフは非常勤もしくはボランティアで構成されている。

3.1.3　遠隔教育機関──ハーゲン通信制大学

　1970年代に問題となっていた学生増を背景に，各高等教育機関の負担軽減を図るべく，
また生涯伴う学習や働きながらの継続教育に対する当時の社会的な関心やニーズから，1974
年，ドイツで初めての，そして唯一の公立の通信制総合大学としてハーゲン通信制大学が，
ノルトライン・ヴェストファーレン州学術担当大臣のイニシアチブの下，創設された。

経済学と数学の2分野に1,300人の学生をもってスタートしたハーゲン通信制大学は，現在では，文化・社会学部，数学・情報学部，経済学部，法学部の4つの各学部に，一般の学士課程と修士課程のほか，高度な職業資格を持ちつつも大学入学資格（アビトゥア）を持たない者を対象としたアカデミー学修や，特定の職業集団を対象とした継続教育のコースなどが設けられている。また，課程制はとっていないが，博士号の取得に向けた学生の指導及び博士号の授与も行っている。

在学者は約7万6,000人に上り，うち39％が文化・社会学部，15％が数学・情報学部，32％が経済学部，12％が法学部に所属している（2017年度冬学期）。学生の主な年齢層は29～35歳で，全体の約80％が職業に従事しているパートタイム学生である。学生は仕事の傍らで，インターネットなどを利用した通信指導を受けながら，またドイツ各地のみならず，オーストリア，スイス，ハンガリーといった近隣諸国にも設置されている学修センターで個別指導を受けながら，印刷された学修教材のほか，オンライン上の学修教材やその他のデジタル・メディアなどを利用して学修を行っている（外国人学生は8％程度在籍）[注11]。

大学の納付金については，一般の大学のように無償ではなく，登録した課程やコースの種類や授業時間数に応じて登録料を納める方式が採られており，例えば，学士課程で総額1,600～2,400ユーロ程度，修士課程で総額1,000～1,200ユーロ程度である。

3.1.4　高齢者大学──高齢者に対する高等教育の提供

高齢化社会が進行する中，高等教育に対する高齢者のニーズの高まりを受け，高齢者を対象とした学修課程を提供する高等教育機関が増えている。2001年度冬学期の段階で，高等教育機関の3分の1がそうした学修課程を設けており，高齢者の興味や生活状況に合わせた特別なサービスを提供する「高齢者学修」課程への60歳以上の登録者（その多くが「特別聴講生」として登録）も，連邦統計局の調査によると，10年で倍増し，およそ2001年度冬学期の時点で4万人を超えたという[注12]。2017年度冬学期は，聴講生として登録されている者のうち，54％が60歳以上で占められている。

ドイツで高齢者に対する高等教育の開放に関する議論が起きたのは1980年前後のことである。1979年にはオールデンブルクで，1981年と1984年にはドルトムントでそのための議論が行われ，1980年代初頭にドルトムント大学が実施したモデル実験「元気を与える人（Animateuren）と情報を集めて人々に伝える人（Multiplikatoren）の養成に向けた高齢者のための学修課程の開発と検証」が，高齢者を対象とした（西）ドイツ最初の学修課程となった。その後1980年代にオールデンブルク大学，マンハイム大学，フランクフルト大学，ビーレフェルド大学，ミュンスター大学，マールブルク大学にも高齢者を対象とした学修課程が設置され，以降，「高齢者学修」が可能な大学は継続的に増加していった。

3.1.5　二元式学修課程

　近年，「二元式学修課程（duale Studiengänge）」と呼ばれる，いわゆる高等教育段階にお
けるデュアルシステムが専門大学を中心に急増している。二元式学修課程は，学生が高等教
育機関で学修を行う一方で企業と職業訓練契約を結び，当該企業の職業訓練生として，給与
の支払いを受けながら職業訓練に参加する形式の学修課程である。そこでは，学生は，高等
教育機関での学修と企業での職業訓練を一定期間交互に受け，通常3.5年（210単位）で学士
に加え，相応の職業資格も取得することができる。

　こうした形式の学修課程は，既に1960年代から高等職業教育機関である職業アカデミー[注13]
を中心に提供されてきたが，近年は，特に専門大学において急速に数を増やしていっている。
その背景には，慢性的な経済不況による大学生の就職難や労働市場における高等教育機関の
人材育成に対する不満の高まりいった問題がある。二元式学修課程は学生にとって，▽給与
の支払いや授業料の肩代わりなど，企業から資金面での協力・支援がある，▽修了時に学位
とともに職業資格が取得できる，▽修了後は職業訓練協力企業から迎え入れられる可能性が
高いといったメリットがある。また，企業には，▽授業内容に企業のニーズが反映されてい
る，すなわち企業が望む人材養成がなされやすい，▽当該業務にすでに熟練している人材を
早期に確保できるといったメリットが，さらに高等教育機関には，▽実務指向型の学修が提
供されることにより入学志願者の層が広がるなどのメリットがあるとされる[注14]。こうし
た点から，二元式学修課程は，今後ますます普及していくとみられる。

3.2　学習機会へのアクセスの保障

3.2.1　外部試験制度──学校修了資格の後からの取得

　いずれの州においても，デュアルシステムにおける職業訓練養成への受入れには，ハウプ
トシューレ修了資格が最低要件，また上級専門学校及び職業専門学校などへの進学には，中
等教育修了資格（実科学校修了資格）が最低要件とされている中，連邦教育研究省によると，
ドイツでは年間およそ6万人の若者がハウプトシューレの修了資格さえ持たずに学校を後に
しており，そうした若者が就職はもとより，企業等と職業訓練契約を結ぶのは非常に難しい
と言われる。

　このような資格社会にあって，いずれの州でも非就学者を対象とした，ハウプトシューレ
及び実科学校の修了程度を認定するための「外部試験」が実施されている。また，非就学者
を対象としたアビトゥア取得試験も一部の州で実施されている。一般に，フォルクスホッホ
シューレなどの継続教育機関が学校修了資格の取得コースを提供している。

ドイツ

3.2.2 継続教育に対する支援制度

3.2.2.1 個人に対する支援──教育奨励金

　学習者自身に対する支援としては，連邦政府が創設した教育奨励金（Bildungsprämie）がある。これは，個人的な継続教育及び職業継続教育に対し，年間1コースにつき費用の半分（最大500ユーロ）までを連邦政府とEUの欧州社会基金（ESF）がバウチャーのかたちで個人に給付するもので，2008年12月に始まった。

　受給を受ける者は，継続教育にかかる費用の半分を負担する必要がある。税引き後の年間所得が，独身者の場合には2万ユーロ以下，配偶者がある場合には4万ユーロ以下であることが，受給条件となっている。職種にかかる受給条件はないが，▽失業給付金，休職者等生活支援金の受給者，▽マイスター奨学金の受給権のある者，▽ドイツ国内での労働許可を得ていない者，▽児童・生徒，職業訓練生，大学生，年金生活者は対象とならない。

3.2.2.2 高度な継続教育に対する支援──マイスター奨学金

　マイスター奨学金は，マイスターやそれに相当する，専門士（Fachwirt）や技術専門士（Technisches Fachwirt）などの高度な職業資格の取得を目指す者を対象とする，職業教育訓練のための一部給与・一部貸与型の奨学金制度である（2009年からは，教育職や高齢者介護職の継続教育も対象）。資金の78％を連邦が，22％を各州が負担している。

　ドイツでは，既に一定の職に就いている者が職業上のキャリアアップを目指す場合，相応の職業継続教育を受け，上位の資格を取得する必要がある。しかし，職業継続教育にかかる費用を含め，当該資格の取得に要する経費については，取得を目指す資格の種類やレベル等により，企業が100％補う場合もあれば，逆に個人が100％負担しなければならない場合もある。特に，既職者の職業上のキャリアアップは個人的な事柄とみなされることから，個人負担となる場合が多い。にもかかわらず，一般の大学生等を対象とする連邦奨学金（BAföG）では，従来，既に就職していて継続教育・訓練を受ける者は支給対象外となっている。そこで，普通教育と職業教育との同等性の確立に向けた一歩を踏み出すことを目標に，マイスター奨学金が1996年，職業継続教育助成法（AFBG）の施行により創設された。

　マイスター奨学金では，連邦奨学金（BAföG）と同様に，収入や資産により支給額が算定されるが，受給資格に年齢制限はなく，継続教育を受けるための費用として最大15,000ユーロ（給与分40％），教材費として最大2,000ユーロ（給与分40％）支給される。また，フルタイムで継続教育を受ける場合には，収入等に関係なく，生活費として本人に毎月最大768ユーロ（給与分最大222ユーロ）が支給され，配偶者がいる場合には毎月最大235ユーロ（給与分最大50％）が加算，さらに子供がいる場合には子供1人当たり毎月最大235ユーロ（給与分最大55％）が加算される。10歳未満の子供あるいは障害のある子供を独りで養育している場合には，毎月130ユーロの養育手当（給与分100％）が支払われる。

135

3.2.3 職業と高等教育の接続の改善

3.2.3.1 職業資格保持者に対する高等教育機関入学条件の統一的基準

　ドイツでは，高等教育機関への入学には，通常，大学入学資格（アビトゥア）又は専門大学入学資格の取得が条件とされているが，従来，これらの入学資格を持たない職業資格保持者に対しても，一定の条件の下，高等教育機関への入学を認めてきた。しかし，入学資格を持たない職業資格保持者に対する入学条件が州により異なることが，国内の教育上の移動の阻害要因となっているとして，連邦全体の教育制度の調整を図る各州文部大臣会議（KMK）は，2009年，職業資格保持者の高等教育機関入学許可の条件に，次のような統一的な基準を設定した。すなわち，▽手工業マイスターや専門士（Fachwirte）などの高度な職業資格を有する者には，一般の大学入学資格があることとすること，また▽職業資格を有していなくても，2年以上の職業訓練及び3年以上の職業経験を証明し得る者については，高等教育機関又は公的な機関が実施する適性検査において優秀な結果を収めれば，職業訓練の分野に応じた専門に限定したかたちで，高等教育機関への入学資格を与えること，というものである。同基準に従って，各州はこれまでそれぞれの法の整備を進め，2014年1月にブランデンブルク州の同州高等教育法が改正されたことで，職業資格保持者の高等教育機関入学許可の条件は全州に共通することとなった。

　こうした改革により，1997年には0.6％に過ぎなかった全入学者に対する大学入学資格を持たない入学者の割合は，2010年には2.1％と大きく伸び，以降少しずつ増え続け，2016年は2.6％となっている。高等教育機関別にみると，音楽大学・芸術大学が8.7％と最も多く，次いで専門大学が3.8％，総合大学が1.6％となっている[注15]。

3.2.3.2 キャリアアップ奨学金

　キャリアアップ奨学金は，高等教育の機会を更に拡大し，かつ才能のある熟練技術者の職能向上の機会を改善するため，連邦教育研究省の英才助成プログラムの1つとして2008年に創設された奨学金制度で，これまでにおよそ7,000人が受給している。

　同制度では，職業訓練において優秀な成績を収めた者及び2年以上の職業経験を有する者を対象に，総合大学や専門大学などの高等教育機関で学修する場合，フルタイムであれば月735ユーロの奨学金のほか，月80ユーロの書籍代が支給される。また，10歳未満の子供がいる場合には，これらに加えて子供1人当たり月130ユーロの保育手当が与えられる。また，仕事に従事して収入を得ているパートタイム学修者であれば，所得に関係なく月200ユーロが支給される。受給資格に年齢制限はなく，返還の義務もない。

ドイツ

3.3 資格の種類

3.3.1 基礎的な職業資格

　ドイツで職に就くには，職業教育訓練を受け，その成果として職業的な知識・技能のレベルを証明する資格を取得していることが極めて重要な条件となる。

　一般に，前期中等教育段階を修了後，進学せずに就職する者は，職業学校就学義務が課せられている18歳又は19歳未満までは，327種類（2016年10月現在）の認定訓練職のいずれかを提供する企業と訓練契約を結び，職業訓練を受ける傍らで週に1～2日，定時制の職業教育学校に通うという，いわゆるデュアルシステムの中で職業教育訓練を受け，最初の職業資格を取得する。

　認定訓練職とは，同一の職種について同質・同水準の職業訓練を受けられるよう連邦全体で保障するために訓練内容等を定めた職業訓練規定を有する職種である。職種やその職業訓練規定は，技術的，経済的，社会的な変化に合わせてその都度見直され，必要があれば新たな職種について職業訓練規定が策定される。

　認定訓練職の教育訓練期間は，職種により通常2年か3年で，3年が一般的である。企業での職業訓練は，地域の手工業会議所や商工会議所といった職能団体による修了試験（手工業の場合，職人試験と呼ばれる）をもって終了し，合格者には相応の職業資格が与えられる。職業教育学校からは，十分な成績を収めていれば，中等教育修了資格の意味を持つ職業教育学校の修了資格が与えられる。

　なお，デュアルシステムにおいて与えられる認定訓練職の職業資格のほかに，州が試験して付与する職業資格もある。これは，例えば職業専門学校のような，職業教育と職業訓練の両方を提供する全日制の職業教育学校で2年又は3年の課程を修めることで与えられる。

3.3.2 高度な職業資格
3.3.2.1 マイスター

　マイスターは特定の分野で優れた技能・技術を有していることを証明する職業資格である。マイスターには主に，伝統的な手工業の分野において職人として優れた技能を有していることを証明する手工業マイスターと，優れた熟練技術者であることを証明する工業マイスターの2種類がある。

　手工業マイスターの資格保持者には，41の職種については開業する権利が与えられるとともに[注16]，職業訓練生を受け入れることが認められる。すなわち，手工業マイスターは，その分野で技能・技術が優れていることのみならず，独立した経営者，教育者としても適切であることを証明する職業資格である。手工業マイスターを取得するためには，通常，次の

ような段階を経る。まず，義務教育修了後，企業で3年間（通常15〜18歳）見習い訓練生として職業訓練を受けながら，週に1〜2日，職業学校で職業理論的な教育と普通教育（企業と職業学校における二元制の職業教育・訓練）を受け，訓練修了時に行われる試験に合格し，職人の資格を得る。次に，更に数年間職場などで職業訓練経験を積み，手工業会議所などが行うマイスター試験に合格し，手工業マイスターの資格を得る。職人資格取得後の職場での職業訓練は，かつてはマイスター試験を受けるための前提とされていたが，現在では職業経験は不問となっている（ただし，職業訓練を経ずしてマイスター試験に合格することは，現実的にかなり難しい）。マイスター試験では，専門について理論と実技の両面から能力のみならず，経営者，教育者としての資質も測られる。

　一方，工業マイスターは，専門分野についての優れた知識や技能を有していることに加え，経営能力や指導力といった，企業における中間管理職としての能力を備えていることを前提とする。すなわち，手工業マイスターでは，その資格の取得をもって開業・訓練生の受入れの権利が付与されるのに対して，工業マイスターでは，その取得をもって企業において中間管理職として経営にかかわったり，部下の指導に当たったりする能力があることが証明される。その養成コース（フルタイムで10か月，パートタイムで2.5年程度）は商工会議所によって提供されており，試験も同所が実施している。

　これらの資格の取得に伴う職業訓練の経費については，企業が負担する場合もあるが，個人のキャリアアップのための資格取得と見なされることから，一般に個人負担となることが多い。そのため，マイスター及びそれと同等の職業資格の取得を目指す者を対象とした「マイスター奨学金」（給与と貸与の額は収入等に応じて決まる）がある。

3.3.2.2　専門士，経営士

　マイスターに相当する商業系（銀行，保険，商事，不動産，運輸等）の高度な職業資格として，専門士（Fachwirt），技術専門士（Technisches Fachwirt）がある。技術専門士には，商工会議所が付与するものと手工業会議所が付与するものがあり，後者は手工業マイスターと同等の資格として位置づけられている。

　更に上位の商業系職業資格としては，企業経営のレベルでより優れた管理能力を備えている者に与えられる経営士（Betriebswirt）又は技術経営士の資格がある。いずれも商業系の資格としては最高位に位置づけられる職業資格であり，資格取得試験を受けるには，専門士又はマイスターの養成を優秀な成績で修了していなければならない。

ドイツ

3.4　学習成果の評価

3.4.1　生涯学習のためのドイツ資格枠組み（DQR）

　2008年4月，EU域内の人的移動の活性化による雇用促進を目的に，EU加盟各国の資格を相互に読み替えて行くための支援ツールとして8段階の欧州資格枠組み（EQF）が発効した。EQFには，知識，技能，能力に対する労働市場のニーズに合わせた教育訓練のより適切な提供や，ノンフォーマルな学習やインフォーマルな学習の有効性の確認に役立つこと，さらには様々な国の資格，養成制度，継続教育制度の転用や利用を簡易にすることが期待されている。その実用化に当たっては，EU加盟各国はそれぞれの資格枠組み（National Qualifications Framework：NQF）を開発し，2012年からは各国の資格証明書や免許状に相応のEQF証明書を添付することが推奨されている。

　こうした流れに受けてドイツでは，2006年10月，連邦教育研究省（BMBF）と各州の教育制度の調整を図る各州文部大臣会議（KMK）が，ドイツ版全国資格枠組み（NQF），すなわち「生涯学習のためのドイツ資格枠組み（Deutscher Qualifikationsrahmen：DQR）」を共同開発していくことで合意した。2011年3月，EQFと同様に8段階から成るDQR完成版が明らかにされると（**表3**参照），既存の資格／学位をDQRのどの水準に分類するかということが，産業界や経済界，学界などの資格／学位の様々な関係者がかかわるかたちで検討されることになった。その結果，学校教育，職業教育訓練，高等教育といった，いわゆる「フォーマルな教育」のあらゆる学習成果（資格／学位）のDQRへの分類作業が完了したとして（**表4**参照），2013年5月よりDQRが導入された。だたし，その後も既存の資格のみならず新たな資格の分類作業は継続して行われており，分類作業を当面の間見送るとしていた普通教育学校の修了資格についても，2017年にようやくDQRに分類された[注17]。DQRの導入により，資格／学位を整理するための包括的な基盤が初めてドイツもたらされることになるため，学習の成果や到達度に関する情報提供が一層容易になることが期待されている。なお，分類された資格はデータベース化されており，専用のウェブサイト[注18]で水準を確認できるようになっているほか，資格の分類リストも定期的に公表されている。

3.4.2　ドイツ職業教育訓練単位制度（DECVET）

　2008年4月10日，EU（欧州連合）の行政執行機関である欧州委員会によって，欧州レベルの職業教育訓練単位制度（ECVET）の最終案が明らかにされた。これは，諸外国の職業教育訓練において習得した学習成果を単位化することにより，自国の職業教育訓練の成果に読み替え，かつ資格取得の要件の一部として当該成果を認定することを容易にするもので，いわゆる高等教育の欧州単位互換制度（ECTS）をモデルとしている。

139

表3［1/2］：生涯学習のためのドイツ資格枠組み（DQR）

水準	要求構造			
	専門的な能力		個人的な能力	
	知識	技能	社会的な能力	自主性
	深さと広さ	手段となる技能や体系的な技能，判断力	チーム/リーダーシップにかかる能力,参加能力,コミュニケーション	自律性，責任感，反省能力，学習能力
1	明確でしっかりと構造化された学習領域又は作業領域において，単純な要求を満たす能力がある。マニュアルに従って，課題を完遂することができる。			
	基本的な一般知識を持っている。ある学習領域及び作業領域に対する初歩的な認識がある。	事前に定められている規則に従って単純な課題を遂行し，その結果を評価するのに，認知的かつ実用的な技能を持っている。	他者とともに学ぶ，又は作業し，口頭及び文書で情報を伝え，交換する。	指導を受けながら，学ぶ，又は作業する。自らの行動と他者の行動を評価し，学習上の助言を受け入れる。
2	明確でしっかりと構造化された学習領域又は職業活動領域において，基本的な要求を専門的に満たす能力がある。マニュアルに従って，かなり課題を完遂することができる。			
	ある学習領域又は作業領域において基本的な知識及び基本的な専門知識を持っている。	ある学習領域及び作業領域において課題を完遂するための基本的な認知的かつ実用的な技能を持っており，その結果を既定の基準に従って評価し，関係を構築する。	集団の中で協力する。一般的な示唆や批判を受け入れ，意見を述べる。口頭及び文書でのやりとりにおいて，状況に適した行動と反応をする。	よく知られた，不変の文脈において幅広く指導を受けながら責任を持って学ぶ，又は作業する。自らの行動と他者の行動を評価する。提供された学習支援を有効に利用し，学習上の助言を求める。
3	更に明確で，部分的に見通し良く構造化された学習領域又は職業活動領域において，専門的な要求を自主的に満たす能力がある。			
	ある学習領域又は職業活動領域において一般知識又は専門知識を幅広く持っている。	ある学習領域又は職業活動領域において専門的な課題を設定し，処理するのに，多様な認知的かつ実用的な技能を持っている。幅広い既定の基準に従って結果を評価し，方法と結果の単純な移転を実行する。	集団の中で協力し，時折サポートを提供する。学習又は作業の環境を共に構築し，プロセスを形成し，結果を受け手に合わせて表現する。	あまりよく知られていない文脈においても，自主的に責任を持って学ぶ，又は作業する。自らの行動と他者の行動を評価する。学習上の助言を求め，複数の学習支援を選ぶ。
4	可変的で幅広い学習分野又は職業上の活動領域において，専門的な課題を自主的に設定し，処理する能力がある。			
	ある学習領域又は職業活動領域において，深い一般知識又は専門理論的な知識を持っている。	代わりのやり方や隣接する領域との相互作用を考慮しつつ，自主的に課題を処理し，問題を解決し，作業の結果やプロセスを評価することができる，多様な認知的かつ実用的な技能を持っている。方法と解決策の移転を実行する。	集団での作業と学習環境又は作業環境をともに構築し，持続的なサポートを提供する。プロセスと結果を根拠づける。事実や状況についてコミュニケーションをとる。	自らの学習及び作業の目標を設定し，それらを省察し，実現するとともに，それらの責任をとる。
5	複雑かつ専門的で，可変的な学習分野又は職業上の活動領域において，専門的で幅広い課題を自主的に設定し，処理する能力がある。			
	ある学習領域においてまとまった専門知識を持っている。又はある活動領域においてまとまった職業関連知識を持っている。学習領域又は職業活動領域の規模と境界を知っている。	極めて多様な認知的かつ実用的な特殊技能を持っている。作業プロセスを率先して企画し，代わりのやり方や隣接する領域との相互作用を考慮に含めながら評価する。	異集団においても，作業プロセスを協力的に企画，形成し，他者を指導し，根拠のある学習上の助言によってサポートする。さらに，専門領域を横断するかたちで複雑な事実や状況を構造化し，目標に向け，受け手に合わせて表現する。受け手の興味やニーズを先見的に顧慮する。	自ら及び他者が設定した学習及び作業の目標について省察し，評価し，自ら制御しながら追求し，責任を負うとともに，チームにおける作業プロセスの責任をとる。

ドイツ

表3 [2/2]：生涯学習のためのドイツ資格枠組み（DQR）

6	ある学術分野の部分領域又は職業上の活動領域において，専門的で幅広い課題や問題設定を企画，処理，評価し，責任を持ってそのプロセスを制御する能力がある。			
	学術的な根拠，ある学術分野の実践に基づく評価，並びに重要な理論と方法に対する批判的な理解を含む，まとまった知識を幅広く持っている（学士レベル相当）。又はアクチュアルな専門的発展を含む，まとまった職業上の知識を幅広く持っている。ある学術分野又は職業上の活動領域を更に発展させるための知識を持っている。他の領域とのインターフェースに関連する知識を持っている。	ある学術分野やその他の学習領域又は職業活動領域において複雑な問題を処理するのに，極めて多様な方法を持っている（学士レベル相当）。しばしば変化する要求においても，新しい解決法を身に付け，様々な基準を顧慮しながら評価する。	専門家集団の中で責任を持って作業する，又は集団や組織を責任を持って導く。他者の専門的な発展を導き，先を見越してチーム内の問題を扱う。専門に関連した複雑な問題及びその解決法を，専門家に対して論拠を持って主張し，彼らとともに更に発展させる。	学習及び作業のプロセスの目標を明確に規定し，省察，評価するとともに，学習及び作業のプロセスを自主的かつ継続的に形成していく。
7	ある学術分野又は戦略に基づいた職業活動領域において，新しい複雑な課題及び問題設定を処理し，責任を持ってプロセスを制御する能力がある。この要求構造は，予測不可能で変化が頻繁に起こることを特徴とする。			
	ある学術分野において最新の認識を備えつつ，詳細かつ特殊な知識を幅広く持っている（修士レベル相当）。又は戦略型の職業活動領域において職業上の知識を幅広く持っている。隣接する領域において広い知識を持っている。	ある学術分野又は職業活動領域における戦略的な問題をも解決する特殊専門的な技能，又は概念的な技能を持っている（修士レベル相当）。また，情報が不完全である場合，その代替について慎重に検討する。新しいアイディア又はやり方を発展させ，応用し，様々な基準を顧慮しながら評価する。	複雑な課題設定において，責任を持って集団又は組織を導き，それらの作業の成果を代表する。他者の専門的な発展を望ましいかたちで促進する。分野に特化した，また分野を横断する議論を導く。	新しい応用型又は研究型の課題のために，考え得る社会的，経済的，文化的な影響を省察しながら目標を明確に規定し，適切な手段を投入し，そのために知識を自主的に開拓する。
8	ある学術分野において研究に関する知識を獲得する能力，又はある職業活動領域において技術革新的な解決法ややり方を発展させる能力がある。この要求構造は，新種で不明瞭な問題状況を特徴とする。			
	ある研究分野において特殊化された体系的な知識を幅広く持ち，専門領域の知識拡大に貢献している（博士レベル相当）。又はある戦略的・技術革新的な職業活動領域において職業上の知識を幅広く持っている。隣接する領域とのインターフェースに相応する知識を持っている。	ある特殊化された学術分野又は職業活動領域において研究，開発，技術革新での新種の問題設定を確認し，解決する発展的な技能を幅広く持っている（博士レベル相当）。技術革新的なプロセスを活動領域を超えて構想し，実行し，制御し，省察し，評価する。新しいアイディア又はやり方を評価する。	集団又は組織を複雑かつ学際的な課題設定でもって導くとともに，それら可能性を促進する。他者の専門的な発展を継続的に望ましいかたちで促進する。国際的な文脈においても，分野を横断する議論を導き，分野に特化した議論において技術革新的な貢献をもたらす。	新しい複雑な応用型又は研究型の課題のために，考え得る社会的，経済的，文化的な影響を省察しながら目標を明確に規定し，適切な手段を選択し，新しいアイディアやプロセスを発展させる。

（出典）Arbeitskreis Deutscher Qualifikationsrahmen: Deutscher Qualifikationsrahmen für lebenslanges Lernen, 22. März 2011 (https://www.dqr.de/media/content/Der_Deutsche_Qualifikationsrahmen_fue_lebenslanges_Lernen.pdf).

表4 [1/2]：DQRにおける主な資格及び学位の位置付け（2013年当時）

Lv.	資格 ／ 学位
1	○**職業教育訓練の準備** ・労働局の教育事業：基礎段階に配置された参加者を対象に，4か月以上の参加 ・職業準備年：学習障害のための特別支援教育学校の修了証と同等であることを記した覚書付きの修了証書
2	○**職業教育訓練の準備** ・労働局の教育事業： 　— 最初にレベル1の段階に配置されたが，そこで移行訓練に入って6か月以上の訓練 　— 移行訓練に直接入って6か月以上の訓練 　— 労働局においてハウプトシューレ又はそれに相当する学校修了資格を後から取得 　— 労働局において420時間の授業で1つ以上の資格の基礎となるもの又は職業教育訓練の基礎となるものを習得 ・職業準備年：ハウプトシューレと同等であることを記した覚書付きの修了証書 ・企業の新人向けの訓練：職業上の行為能力を取得するための基礎を教え，深化させるのに役立つ6〜12か月の訓練 ○**職業専門学校（職業基礎教育）** 　— 職業基礎教育が可能な職業学校の教育課程 　— ハウプトシューレの修了資格を含む修了証 　— 職業基礎教育が可能で，修了すれば認定訓練職の職業教育訓練期間に算入されるような職業学校の教育課程
3	○**二元式の職業教育訓練（2年の教育訓練）** 　— 例えば，服のリフォーム，配送・速達・郵便，皮革加工，飲食・旅館業，左官，クッション・装飾品の縫製，道路工事などの業務に専門的に従事する者など ○**職業専門学校（中等教育修了資格）** 　— 職業基礎教育が可能で，修了すれば認定訓練職の職業教育訓練期間に算入されるような職業学校の教育課程 　— 1年の課程の場合は専門に関連した学習領域について26時間以上の授業を提供，2年以上の課程の場合は専門に関連した学習領域について30時間以上の授業を提供 　— 専門に関連した2つの分野のほか，ドイツ語と外国語の試験（中等教育修了程度の水準）に合格した場合は，修了証に中等教育修了資格も付与
4	○**二元式の職業教育訓練（3〜3.5年の教育訓練）** 　— 例えば，銀行員，パン焼き職人，コンクリートブロック建設員，陶磁器職人，電子装置の組立て人，市場・社会調査の専門員，食肉販売業者，理髪師，庭師，ガラス・陶磁器絵師，木製玩具職人，不動産経営者，調理師，製菓業者など 　— 例えば，州認定保育士，州が認定したモード・デザインアシスタント，州が認定した建築工学アシスタント，州が認定した家政アシスタント，州が認定した体育指導員，州が認定した医療アシスタントなど ○**職業専門学校（アシスタント的職業）** 　— 州法に則った訓練・試験の規定がある職業のための職業専門学校の教育課程 ○**職業専門学校（職業教育法及び手工業法によるフルの職業教育訓練）** 　— 認定訓練職の修了に至る職業専門学校の教育課程 　— 例えば，ガラス職人，金細工師，産業機械工，ITシステム電子工学技師，ガラス加工師，指物師など
5	○**（サーティフィケイトを与えられた）ITスペシャリスト** 　— 例えば，ソフトウェア・デベロッパー ○**（認定された）サービス技術士** 　— 例えば，認定された原動機付き車両サービス技術士など
6	○**学士** 　— 例えば，文学士，理学士，工学士，法学士，ディプローム（FH），国家試験など ○**（認定された）専門商業経営士** 　— 例えば，認定された国際経済専門商業経営士など

ドイツ

表4 [2/2]：DQRにおける主な資格及び学位の位置付け（2013年当時）

	○専門学校（州が認定した…） — 例えば，州が認定した農場管理士（1,200時間以上），州が認定した技術士（2,400時間以上），州が認定した経営士（2,400時間以上），州が認定した教育士（2,400時間＋1,200実習時間）など ○（認定された）専門士 — 例えば，認定された財政相談専門士，認定された保険・社会専門士，認定されたデジタル・メディア専門士，認定された技術専門士など ○（認定された）マイスター — 例えば，眼鏡マイスター，パン焼きマイスター，屋根葺きマイスター，バイオリン製作マイスター，左官マイスター，ろうそく製造マイスター，認定された機械関係産業マイスター，認定された薬学関係産業マイスターなど ○（認定された）IT熟練専門職（Operativer Professional） — 例えば，認定されたITアドバイザー，認定されたIT開発士など
7	○修士 — 例えば，文学修士，理学修士，工学修士，法学修士，ディプローム，マギスター，国家試験など ○（認定された）IT戦略専門職（Strategischer Professional） — 認定された情報科学士，認定された経済情報科学士
8	○博士

表注1： レベル1及び2の職業教育訓練の準備では，職業にかかる行動能力の基盤をもたらすことで，認定訓練職の職業教育訓練へと手引きすることが目標とされている。

表注2： 労働局が提供する職業準備的な教育事業は，若者が職業訓練市場や労働市場へのアクセスを可能にするための資格認定ツールとなっている。

表注3： 職業学校の職業準備年は，職業教育訓練ないし労働関係に入るための準備をさせることを目的とした1年の課程で，ここでは，ハウプトシューレの修了資格と同価値の教育修了資格を後から取得できる。自らの生活状況や学習障害，あるいは行動の特異性を理由に，特別な支援を必要とする若者である。

表注4： 「原動機付き車両サービス技術士」は，原動機付き車両の点検，保守，修理といった措置やアクセサリの交換などについて顧客にアドバイスを行う専門家の資格。

表注5： 学位及び国家試験は，「ドイツ高等教育修了資格枠組み」の分類に従ってレベル6～8に分類されている。

表注6： 「ディプローム（FH）」は，高等専門学校の伝統的な修了資格で，総合大学で取得可能な伝統的な学位「ディプローム」（レベル7）よりも取得に必要な年限が短いため，レベル6に分類されている。

表注7： 国家試験は，教員資格，医師資格，法関連資格などの取得に必要とされるもので，通常は第一次国家試験と第二次国家試験の2段階で構成されている。国家資格を経る資格の各年限は，▽基礎学校の教員：3～3.5年，▽前期中等教育の教員：3.5～4.5年，ギムナジウム及び職業学校（後期中等教育レベル）の教員：4.5年，特別支援教育の教員：4～4.5年，法関連資格：4.5年，医師：6.5年，歯科医師：5.5年，獣医師：5.5年，薬剤師：4～4.5年，食品化学関連資格：4～4.5年，となっている。

表注8： 「国際経済専門商業経営士」は，運送会社などで輸出入業の開拓と実現に従事する専門家の資格。

表注9： 専門学校は，様々な分野の州認定の職業資格を取得することができる中等後職業継続教育機関。

表注10：「専門士」は，マイスターに相当する商業系（銀行，保険，商事，不動産，運輸等）の高度な職業資格。

表注11：「熟練専門職（Operative Professional）」は，マイスターレベルの教育訓練であるキャリアアップのための継続教育を経て取得できる，公法上認定されたIT関連の高度な職業資格である。

表注12：「資格を与えられたIT戦略専門職」は，ある企業のITビジネス部門を持続的に戦略的に市場で位置づけたり展開したり，また戦略的同盟やパートナーシップを結んだり戦略的な決定を行ったりするための高度な職業資格である。

（出典）Bund-Länder-Koordinierungsstelle DQR: Handbuch zum Deutschen Qualifikationsrahmen Struktur – Zuordnungen – Verfahren – Zuständigkeiten, August 2013.（https://www.dqr.de/media/content/DQR_Handbuch_01_08_2013.pdf）

ECVET（The European Credit system for Vocational Education and Training）の開発は，職業教育訓練のための単位互換制度の必要性が強調された，2002年のコペンハーゲン・プロセス[注19]を契機としている。その背景には，欧州の教育制度が職業教育や継続教育を含めて非常に多様かつ複雑で，少数国間においてですら特定の制度又は学習領域で習得された知識や技能を別の制度へと読み替えることが困難になっているという問題がある。ECVETは，各国の職業教育訓練及び資格制度をより比較しやすいものにし，より互換性を持たせるようにすることを目的としており，①協定関係のある他国の職業教育訓練において習得された成果を一定数の単位（ECVET単位）に置き換え（1年間のフルタイムの職業教育訓練で習得した成果は60単位に相当），②自国の職業教育訓練における単位に読み替え，さらに③自国の資格取得要件として，あるいはその一部として認定することを容易にするものである。その導入については，EU加盟各国の任意としながらも，2012年までに行うことが目指された。また，EU加盟各国は，国又は地方当局が発行した，対象となる全ての資格や当該の「ユーロパス」[注20]の文書に，ECVETの利用に関する情報を適切に載せるよう整備していくことになった。

　こうしたEUの動きを受け，ドイツ連邦政府は2007年11月にパイロット計画「DECVET——職業教育訓練単位制度の開発」を始動させ，国内の職業教育訓練を単位化し，ある職業教育訓練で獲得した学習成果や能力を別の職業訓練の学習成果として読み替えるためのモデルの検証作業に入った。同計画では，▽職業教育訓練準備と二元式の職業教育訓練との結合部，▽一定の職業分野における二元式の職業教育訓練間の結合部，▽二元式の職業教育訓練とフルタイム就学の職業教育訓練との結合部，▽二元式の職業教育訓練と職業研修との結合部のそれぞれにおいて，職業訓練を提供している企業等と連携を図りながら，学習成果や能力の単位化とその読み替えのモデルの検証が2013年まで行われ，成果がまとめられた。

3.4.3　ProfilPASS

　「ProfilPASS」は，インフォーマルに獲得された諸能力を目に見えるかたちで示す生涯学習の成果に関するポートフォリオであり，職業生活，生涯設計，職業以外の社会参加において人々をサポートすることを目的としている。連邦と各州によって2004年から5年にわたって共同支援された生涯学習モデルプロジェクトの1つで，全ての連邦州で市場導入に向けて紹介された。プロジェクトが終了した現在も，ドイツの生涯学習振興のツールとしてその普及が図られており，趣味を通じて，あるいは友人や家族とのかかわりや学校で得られた知識やスキルを見える化するための，13〜18歳用の「若者のためのProfilPASS」も開発されている。

4 | 地域・家庭教育の支援

4.1 家庭教育センター（Familienbildungsstätte）

家庭教育センターは，家庭における生活や教育の支援を行う成人教育施設で，しばしば略して「エフ・ビー・エス（FBS）」「ファビ（Fabi）」といった略称や，「家庭の家（Haus der Familie）」「家庭フォーラム（Familienforum）」「親学校（Elternschule）」といった別称で呼ばれている。同センターでは，伝統的に，誕生準備コースや家庭準備コース，親子プログラム，創作プログラム，余暇プログラム，健康コース，栄養コースといった家庭，親，子供を対象としたプログラムを中心に，女性の資質向上プログラム，芸術・社会系プログラム，従業員ガイダンス，異文化教育，郷土教育プログラムなど，非常に多様なプログラムが提供されている。

通常，家庭教育センターには，プログラムを提供するための独自の部屋が設置されているが，家庭教育関連のプログラムについては，フォルクスホッホシューレや教会系の施設，就学前施設，青少年福祉関連の施設で共同実施されることが多い。

家庭教育センターの多くが教会や公益団体によって設置されたもので（稀に市町村が設置者となっている場合もある），社会法典第Ⅷ編第16条に基づき，市町村から補助金を受けている。所管は，州により，女性，家庭，社会の担当部局の場合もあれば，文化，教育，学術の担当部局の場合もある。

4.2 子供・青少年余暇施設

子供や青少年の健全育成にかかわる機関として，開放型の子供・青少年余暇施設がある。こうした施設は，「青少年の家（Jugendhaus）」「青少年センター（Jugendzentrum）」「青少年カフェ（Jugendcafé）」「青少年集いの場（Jugendtreff）」「青少年クラブ（Jugendklub）」「青少年余暇所（Jugendfreizeitstätte）」「青少年余暇の家（Jugendfreizeitheim）」「子供余暇の家（Kinderfreizeitheim）」などと呼ばれ，子供・青少年援助法（KJHG）の第11〜15条（青少年事業と青少年福祉事業）を根拠法として，子供や青少年たちに敷居の低い，すなわち「誰でもウェルカム」なサービスやプログラムを提供している。主な事業としては，学校休暇プログラムや文化プログラムの提供，就職，両親，薬物，愛，性など子供や青少年特有の問題への個別的な対応（助言や支援）などが挙げられる。これらは一般に，あらゆる子供・青少年

に向けられたものであるが，特に，社会的に不利な状況に置かれている若者，すなわち移民を背景に持つ青少年，ハウプトシューレの生徒，特別支援教育学校の児童・生徒，行動障害のある青少年や暴力的な青少年，犯罪を犯した青少年などを対象としている。

　青少年余暇施設の設置者は，通常，地方自治体（市町村）か教会，あるいはその他の私的な青少年援助の実施体である。専門的な監督は，その土地の青少年局ないし市町村の青少年福祉事業体が行っているのが一般的である。また，スタッフについては，本務職員として通常，社会教育士，社会福祉士，青少年カウンセラー，ホームカウンセラー，教育士などが配置されているほか，ボランティア要員などが投入されていることも多い。

4.3　全日制学校プログラム

　「全日制学校（Ganztagsschule）」は，従来昼過ぎに終了していた授業時間を午後にも延長して補習や課外活動などの教育プログラムそのもの，あるいはそうしたプログラムを提供する学校を指す。

　2001年に公表されたOECD「生徒の学習到達度調査（PISA）」の不振な結果（PISAショック）を受けて以来，学力低下の主な原因として，子供の社会的出自による学習環境の相違，とりわけ移民家庭の不適切な学習環境が指摘されてきた。そこで，従来の「半日制」では子供が家庭で過ごす時間が長くなり，その分，子供に対する家庭の影響も大きくなるとして（特に移民家庭では，その子女への母語の干渉が望ましくないとして），連邦政府がイニシアティブを執るかたちで「全日制学校」の普及策が各州で展開されていった。こうした，連邦政府及び州政府による積極的な支援により，「全日制学校」は2016年現在，全ての初等中等教育機関の67.5％に相当する2万743校に上り，全児童・生徒の43％が全日制教育プログラムに参加している（連邦政府の支援を特に受けていない学校も含む）(注21)。

　「全日制学校」には大別して，▽在校する児童・生徒に参加を義務付ける「義務型の全日制学校」，▽午後の教育プログラムに児童・生徒が任意で参加する「開放型の全日制学校」，▽一部の学級又は学年に参加を義務付ける，あるいは教育プログラムへの参加を部分的に義務としたり任意としたりする「混合型の全日制学校」の3種類がある。原則として，義務型は無償，開放型は有償となっており，開放型の「全日制学校」が最も多く存在する。例えば，ベルリン市の場合，100％に近い数の基礎学校及び統合型中等学校が「全日制学校」を導入しており，基礎学校については，「全日制学校」を導入している415校のうち8割以上が開放型の「全日制学校」，残る56校が義務型，19校が混合型の「全日制学校」となっている（2016年度)(注22)。

　「全日制学校」で提供される全日制教育プログラムは，決まった曜日の午後に提供されることが多いが，義務型の全日制学校であれば，教科の授業の間に提供されることもある。そ

ドイツ

の内容は，ドイツ語やそれ以外の教科の補習をはじめ，ダンスや絵画，瞑想，スポーといった課外活動等々，学校により極めて多様で，学童保育（Hort）の機能・役割やクラブ活動（Arbeitsgemeinschaft）の概念と融合・連結させて教育プログラムを提供している学校も多くみられる。そのため，個々の教育プログラムは校長の監督と責任の下で編成されているものの，その運営に当たっては，教員，教育士[注23]，社会教育士／ソーシャルワーカー[注24]，語学や楽器演奏やダンスや絵画などを指導できる専門家といった人材が動員されているほか，多くのところで，児童・生徒の保護者，地域の青少年福祉及び文化教育の担い手，スポーツクラブといった学校外の様々なパートナーが，早朝から夕方まで有償又は無償で協力している。

5 ┃ 生涯学習支援施設・人材

5.1　生涯学習支援施設

5.1.1　図書館

　ドイツの図書館は，一般市民を対象とした幅広いテーマの文献や書籍を所蔵している公共図書館と，専門的な学修や研究に関する文献を所蔵している学術図書館の2種類に類別される。

　地域における生涯学習の支援施設として重要な役割を担っているのが，公共図書館である。公共図書館は，元々は民衆教育の高まりから19世紀末にアメリカの公共図書館をモデルにもたらされたもので，フォルクスホッホシューレの建設に並行して発展し，部分的にはフォルクスホッホシューレと共同管理されていた。その後，これらは区別され，フォルクスホッホシューレが教育機関として位置づけられたのに対し，図書館は文化機関として理解されるようになっていった。そこに教育的な機能が求められるようになったのは，生涯学習の理念が趨勢になった1990年代半ばのことである。他の欧州諸国のようなラーニングセンターを持たないドイツでは，図書館の領域で生涯学習のコンセプトがますます注目されるようになったことで，「学習の場としての図書館」に関する議論が始まった。2001年には，連邦教育研究省の「小規模図書館におけるメディア能力センター」プロジェクトの枠内で，1,217件の公共図書館にメディアコーナーやインターネットが設備されたことをきっかけに，広域的に図書館のインフラ整備が進められ，それが学習サービスをデザインするための重要な前提をもたらすことになった。以降，各地の公共図書館において，生涯学習のコンセプトの下，

147

読解力，メディアや情報に関する専門知識の習得に重点を置いた学習サービスが提供されている。

連邦統計局によると[注25]，2015年現在，公共図書館は全国に7,623件設置されており，その設置者の54％が連邦，州，地方自治体などの公的機関及び公法上の団体で，45％がカトリック教会やプロテスタント教会などである。公共図書館の任務や財政を規定する図書館法を設けているのは，全16州中5州だけであるが（2015年）[注26]，公共図書館では，一般的に，図書の入手や管理の業務以外に，教育的催事，インターネットアクセス，読書推進，社会文化的な活動など，専ら市民に向けたサービスが提供されている。また，継続教育機関のような個人の学習をデザインする権限や機能がないため，多くの公共図書館がフォルクスホッホシューレやその他の継続教育機関と連携を図りながら，方法論や教授法に則った学習サービスを提供している。

他方，学術図書館は，国立図書館，州立図書館，地域図書館，大学図書館をはじめ，議会や官公庁，裁判所の図書館などがあり，連邦統計局によると，2015年現在，全国に254件の学術図書館が存在する。公共図書館と同様に，図書の入手，管理等を主要な任務としつつも，研究者や学生の需要に重点を置いて任務を遂行している。また，利用者が自身の著作物を出版する際のサポート（大抵は大学出版局として）や，蔵書を直接用いた研究，公文書や史料などの保存といった，専門的な任務も行われている。

5.1.2　博物館

ドイツの博物館は，統一的に概念規定されておらず，その任務や課題も法律で規定されているわけではないが，一般に，人類の文化遺産や自然遺産を収集，保存，研究，展示，伝達することを任務としている[注27]。多くの場合，博物館は過去の時代の物を特定のテーマの下，専門的かつ持続的に保存し，展示して来場者に見せることを目的としている。すなわち，来場者が自主的に知識や理解を深める「インフォーマルな学習」の場として機能することを目的としている。また，ディスカッションや意見交換の場としても役立てられている。

連邦統計局の統計によると[注28]，2015年現在，全国に6,710件の博物館が存在し，その設置者の52％が州，市町村等の地方自治体，公法上の団体といった公的部門で，45％が社団法人，同業者組合，私法上の財団等の私的部門となっている。

博物館研究所の分類では，ドイツの博物館は，▽郷土研究系博物館，▽芸術系博物館，▽城塞系博物館，▽博物学系（動物学，植物学，獣医学，自然史，古生物学など）博物館，▽自然科学・技術系博物館，▽歴史・考古学系博物館，▽テーマが複合的な収集博物館，▽文化史（宗教・教会史，文化人類学，子供，おもちゃ，音楽史，文学史など）に関する専門博物館，▽それぞれにテーマを有する複数の博物館を1つにまとめた複合型博物館，に分けられ，郷土研究系博物館が全体の44％を占めている。次いで，文化史に関する専門博物館が15％，

自然科学・技術系博物館が12%となっている[注29]。

5.1.3　スポーツクラブ（Sportverein）

　伝統的にドイツの学校には，日本の学校にみられるような，いわゆる部活動やクラブ活動といったものはなかった。その代わりに，子供たちは地域のスポーツクラブに所属し，放課後の時間を利用して各種スポーツに興じていた。2000年代に入って全日制学校プログラムが普及するようになると，教科外の教育プログラムとしてスポーツ，音楽，料理，園芸などの活動が学校内に組織された各プロジェクトグループ（Arbeitsgemeinschaft）おいて行われるようになったが，地域におけるスポーツクラブの需要はなおも高い。スポーツはクラブは種目別に地域レベルで設けられており，子供のみならず成人や高齢者も対象としている。例えば，ベルリン市では，約2,000機関のスポーツクラブにおよそ58万人の市民が会員登録し，6万人のボランティア指導員が子供から成人までの有意義で健康的な余暇活動の形成をサポートしている。先のプロジェクトグループにおいて何らかのスポーツが行われる際には，こうした指導員が学校へ赴いて，子供たちの指導に当たることもある。

　スポーツクラブの上部には州のスポーツ連盟（Landessportbund）が組織されており，ベルリン市のスポーツ連盟の場合，学校や大学のスポーツやスポーツ科学界と緊密に連携を図りながら，特に余暇スポーツ，趣味としてのスポーツ，競技スポーツにおける活動全体の調整を行っている。また，▽スポーツを行う場所の建設助成，▽青少年福祉事業，▽地域の行政機関，議会，市政府，世間一般に対するスポーツ陳情，▽スポーツをする人を対象とした保険保護の斡旋，▽スポーツ分野における社会施設や文化施設の支援，も任務としている。さらに，同市スポーツ連盟は，付設のスポーツスクールにおいて同市のあらゆるスポーツ組織を対象とした継続教育を提供している。スポーツスクールでは，スポーツトレーナーの基礎養成のほか，体育教師の養成も行われており，例えば3年間の体育教師養成コース（受講資格：中等教育（実科学校）修了資格と青少年水泳証明書を有する者）を修了し，かつベルリン市の修了試験に合格した者は，「ベルリン市の試験を受けた体育教師」という公式の職業名をもって，教育機関や企業やクリニックなど様々な分野で活動する機会を得ることができる。ここでは，本務職員のほか，学校，大学，クラブ，経済界や行政機関などに籍を置くインストラクターも従事している。

　財政については，全州のスポーツクラブの平均収入の内訳をみると，約6割を会員からの会費に頼っている。そのほか，コース参加費（0.6%），寄付（10.8%），州や市町村などのスポーツ振興補助金（それぞれ1.1%，2.9%）などにも頼っている[注30]。

5.2　生涯学習支援人材

　生涯学習を支援する施設が多様に存在するように，そうした施設で市民の生涯学習をサポートするスタッフも極めて多様に存在する。学校教師や大学教員をはじめ，教育関連の事柄に従事する者については，一般に，州法が求められる資格について定めているが，1970年の各州文部大臣会議（KMK）の決定により，成人教育機関の責任者及び教育スタッフは高等教育修了資格を有していることとなっている。また，彼らをサポートする教育アシスタントについては，総合大学，専門大学，あるいは数年間の職業経験を伴う職業訓練を修了していることが雇用条件とされている。加えて，1981年のKMK及びドイツ都市連絡協議会（Der Deutsche Städtetag）の勧告により，成人教育機関は原則として本務の教育スタッフを持つこととされている。

5.2.1　学校教師・大学教員

　学校教師や大学教員は，学校及び高等教育機関のみならず，フォルクスホッホシューレをはじめ，様々な生涯学習支援施設で，兼務の教育スタッフとして学習講座を担当している。

5.2.2　図書館司書

　図書館司書は，図書館の管理のほか，図書館の蔵書やインターネットの領域を専門的に開拓し，館内の図書のみならず，インターネット上のデータバンクやウェブサイトにある資料等についても，利用者に情報を提供することを任務としている。また，必要に応じて論評の執筆，朗読会の開催，読書推進のサポートにも対応している。

　図書館司書の資格／学位には，▽メディアと情報業務のための専門職員（以前の図書アシスタント）の資格，▽図書館司書のディプローム（FH）[注31]，学士，修士，▽学術図書館司書（高級職）の資格／学位，の3種がある。メディアと情報業務のための専門職員の資格は，3年の職業訓練で取得することができる。図書館司書の学位を取得するための学修は，主に専門大学で行われる。学術図書館司書は，図書館司書として追加的な養成を受けた高等教育の修了者であり，その養成は州により様々である。教師の養成と同様に，伝統的に大半の州で，図書館試補という「撤回可能」な公務員として追加的な養成が実施されている。

5.2.3　学芸員

　学芸員（Kurator）は，博物館や文化財等を扱う機関などで，芸術品や展示品の手入れや維持のほか，機関誌の編集，博物館教育，コレクションの学術的な検証，展覧会や文化旅行などのプログラムの企画・提供を任務としている。また，他の博物館や芸術品の貸与者，民間

のスポンサーとのコンタクト，寄附やスポンサーの資金獲得といったことも，学芸員の重要な任務である。

公立の博物館等であれば，学芸員は通常，公務員（高級職）又は雇員としてこれらの任務に従事している。学芸員の採用に当たっては，志願者には芸術史等について博士号を取得していることが要件として求められるほか，採用後も2年程度の見習い期間が設定されることが多い。

5.2.4　社会教育士／ソーシャルワーカー

社会教育士（Sozialpädagoge）あるいはソーシャルワーカー（Sozialarbeiter）は，学校や就学前保育・教育施設をはじめ，子供・青少年援助施設，障害者や高齢者のケア施設，病院，刑務所など，様々な領域で人々の生活を支援し，また生涯学習の文脈で言えば，社会的に不利な状況にある人々の学習活動をサポートしている。活動領域の多様さに比例して雇用形態や雇用主も様々である。学校あるいは学校関連のことに専門的に従事するスクール・ソーシャルワーカー（Schulsozialarbeiter）の場合，州の公務員あるいは民法上の雇用契約に基づく学校設置者の職員として雇用される例もあるが，大多数は，公的あるいは私的な青少年福祉関連機関の設置者と民法上の雇用契約を結んだ職員である。

基本的に，社会教育士とソーシャルワーカーに違いはない。社会教育士は，伝統的にドイツの高等教育機関で授与されてきた学位（ディプローム）であるのに対し，ソーシャルワーカーは，ボローニャ・プロセスにおける高等教育機関の国際化・欧州共通化の流れの中で授与されるようになった学位（学士・修士）である。それぞれの学位取得課程は当初分けられていたが，現在では，社会教育がソーシャルワークに吸収されるかたちで統合されている場合が多い。学修期間は，伝統的な社会教育ディプロームでは，専門大学で3.5〜4年，総合大学で4.5〜5年を要したが（専門大学で取得されたディプロームは，総合大学のそれとは区別され，学位の後に「(FH)」と付される），新しい学位であるソーシャルワーク学士では3〜3.5年，ソーシャルワーク修士では1.5〜2年となっている。

5.2.5　教育士（Erzieher）

教育士は，就学前保育・教育機関，学童保育機関，障害者支援施設，青少年福祉機関，余暇センターのほか，近年では全日制学校などを活動領域とし，その仕事内容は，子供や青少年の監督（Aufsicht），教育（Erziehung und Bildung），保育や介護，余暇活動の組織や実施など，活動領域により非常に多様だが，教育士の多くは就学前保育・教育施設など，子供の保育・教育に関係する機関に従事している。ただし，近年の全日制教育プログラムの普及を背景に，学校で提供される学童保育や教科外の教育プログラムなどに保育要員（Betreuer/Betreuungskräfte）として従事する教育士へのニーズが高まっている。また，教育士は単独

で授業を行うことはできないが，授業における教育的な補助に従事することもある。公立の機関に従事する教育士は，一般に，州又は学校協会や学校支援協会と民法上の雇用契約を結んだ職員であり，公務員として任用されることはない。

　教育士の養成は，主に専門学校又は専門大学で行われる。2004年以降は，一部の高等教育機関が，学士号の取得にもつながる教育士養成課程を提供している。養成期間は，就学前保育・教育施設での実習を含めて通常5年で，中等教育修了資格とともに2年以上の職業訓練経験を有していることが，養成課程への受入れ要件となっている。修了者には，全国的に通用する「州認定教育士」の資格が与えられる。

5.2.6　スポーツトレーナー

　スポーツトレーナーは，ドイツでは一般に文脈に応じて「Trainer」「Übungsleiter」「Ausbilder」「Betreuer」と呼ばれ，競技スポーツにおいてスポーツ選手やチームを戦略，技術，コンディションの面で指導したり，また大衆スポーツにおいて市民のスポーツ活動をサポートしたりしている。トレーナーの多くはスポーツクラブでボランティアで活動しており，常勤が一般的なのは，プロスポーツやトップクラスのスポーツの分野に従事するトレーナーとフィットネススタジオで働くトレーナーに限られる。

　トレーナーになるには，通常，養成を終えた後にスポーツ連盟（Sportverbände）から与えられるトレーナーライセンスが必要とされる。トレーナーライセンスには，▽各競技の競技スポーツトレーナー（ライセンスレベルA，B，C，ディプロームレベル），▽各競技の大衆スポーツトレーナー（ライセンスレベルA, B, C），▽大衆スポーツ／競技スポーツのトレーナーアシスタントのほか，▽スポーツ全般を扱う大衆スポーツのトレーナー（Übungsleiter）といったものがある。

5.2.7　ボランティア

　ドイツでは，地域のボランティア活動とともに，連邦政府が法令で定めたボランティア制度の枠内でのボランティア活動も積極的に行われている。

5.2.7.1　「社会活動年」と「環境活動年」

　連邦の社会活動年助成法に基づく「社会活動年（Freiwilliges Soziales Jahr）」は，福祉作業所，子供デイケアセンター，保育所，幼稚園，学校，老人ホーム，介護施設，病院，社会福祉施設などの福祉現場で，看護，教育，家事の補助に従事することを通じて，若者が専門的な知識やスキルを身に付けるとともに，そうした経験を自己形成に生かすことを狙いとしたボランティア制度である。また，連邦の環境活動年助成法に基づく「環境活動年（Freiwilliges Ökologisches Jahr）」は，若者が自然環境に触れ，環境に対する意識を高め，

実用的な行動によって知識を深めることを目的としたボランティア制度である。いずれも16〜27歳の若者を対象とし，期間は通常12か月（最長18か月まで延長可能），従事者には，宿泊所，食事，少額の小遣い，社会保険料等が支給される。

5.2.7.2 「連邦志願ボランティア」

　兵役があった頃，ドイツでは，兵役従事者を上回る数の兵役忌避者が，その代替役務として病院，救急隊，青少年余暇施設，老人ホーム，障害者施設など，様々な社会福祉の現場で，専任のスタッフをサポートするかたちで主に人々の世話や雑用等に従事していた。しかし，2011年7月1日をもって兵役が停止されたことに伴い，上記の非軍事役務も終了したことから，この代替役務の需要を補うため，同日，新制度「連邦志願ボランティア（Bundesfreiwilligendienst）」が始まった。

　同制度は，1年程度の社会奉仕活動に年齢や性別に関係なく誰でも応募できるというもので，採用された者は，宿泊所，食事，少額の小遣い，社会保険料等を支給されながら，従来の非軍事役務従事者の任務を補うこととなっている。

【注】

1. 澤野由紀子「15章 欧州におけるキャリア教育の同校」国立教育政策研究所編『キャリア教育への招待』東洋館出版社，2007年。
2. Bundesministerium für Bildung und Forschung: Bildung und Forschung in Zahlen 2017, Mai 2017 (https://www.bmbf.de/pub/Bildung_und_Forschung_in_Zahlen_2017.pdf), S. 8.
3. Sekretariat der Ständigen Konferenz der Kultusminister der Länder in der Bundesrepublik Deutschland (KMK) u. Gemeinsame Wissenschaftskonferenz (GWK): Aufstieg durch Bildung - Die Qualifizierungsinitiative für Deutschland: Bericht zur Umsetzung 2015 (https://www.bmbf.de/files/Bericht_Qualifizierungsinitiative_in_Deu tschland_2015_ (2) .pdf), S. 3.
4. dto.
5. dto., S. 20.
6. Bundesministerium für Bildung und Forschung: Bildung und Forschung in Zahlen 2017, Mai 2017 (https://www.bmbf.de/pub/Bildung_und_Forschung_in_Zahlen_2017.pdf), S. 55.
7. dto., S. 72.
8. Deutsches Institut für Erwachsenenbildung: Volkshochschul-Statistik, 55. Folge, Arbeitsjahr 2016, 2017 (http://www.die-bonn.de/id/ 35737), S. 31.
9. Die Berliner Volkshochschulen (https://www.berlin.de/vhs/).
10. Deutsches Institut für Erwachsenenbildung: Statistik 2015, Katholische Erwachsenenbildung in Deutschland, Mai 2017 (https://keb-deutschland.de/wp-content/uploads/2017/07/KEB-Standard-2015.pdf), S. 22.
11. Fernuniversität in Hagen: Studierendenstatistik Wintersemester 2017/18 (http://www.fernuni-hagen.de/arbeiten/statistik/semesterzuordnung/studstat/ws-17-18/index.shtml).
12. Bundesministerium für Bildung und Forschung: Studienführer für Senioren, 2001, S. 13-15.
13. 職業アカデミーは，1960〜70年代に高等教育人口の増加による人材養成不足に対する懸念から創設された高等教育レベルの職業教育機関で，半数以上の州に設置されている。同機関では一般に，デュアルシステムが採用され，専門大学の二元式学修課程と同様に，学生は企業と3年間の訓練契約を結び，約3か月周期で在学期間の

半分を機関内での学修（座学）に，残り半分を企業での職業訓練に費やすこととなっている。ただし，専門大学では修了時に学位（akademischer Grad）としての学士が授与されるのに対し，学位授与権を持たない職業アカデミーでは，学位としてではなく，国家修了証（staatliche Abschlussbezeichnung）として「学士」が授与される。ドイツでは一般に，学位の授与は，総合大学，専門大学，芸術大学といった高等教育機関にのみ認められているものであり，職業アカデミーのような高等教育レベルの職業教育機関には，国家修了証の授与のみが認められている。

14. Bundesinstitut für Beruflsbildung: AusbildungPlus in Zahlen: Trends und Analysen 2013, Januar 2014.

15. Studieren ohne Abitur - Der Online-Studienführer für alle beruflich Qualifizierten（http://www.studieren-ohne-abitur.de/web/information/daten-monitoring/quantitative-entwicklung-nach-hochschultypen-und-traegerschaft-table au/）.

16. 手工業法において手工業として94種の職業が定められており，そのうち41種が開業及び職業訓練生の受入れに際してマイスターの資格を求められる。かつては全職種について，マイスターの保有が開業・職業訓練生の受入れの前提とされていたが，国際競争に対する意識が高まる中，労働市場の自由競争を促し，雇用を促進するため，2003年，手工業法の改正により，マイスターの保有を開業・職業訓練生の受入れの前提とする職種は94種から41種（技術の取得が困難である，あるいは第三者の健康や生命に危険を及ぼす可能性がある職種）に削減された。

17. 大学入学資格兼ギムナジウム修了資格であるアビトゥアを含め，普通教育学校の修了資格のDQRへの分類については，アビトゥア等の大学入学資格と相応の職業資格を共にレベル5に分類しようとする各州文部大臣会議（KMK）に産業界が強く反発していたことから，普通教育学校の分類は当面の間，見送られることになった。しかし，2017年，ハウプトシューレ修了資格をレベル2，中等教育（実科学校）修了資格をレベル3，アビトゥア等の大学入学資格をレベル4に分類することで決着がついた。

18. "Der Deutsche Qualifikationsrahmen für lebenslanges Lernen"（https://www.dqr.de/index.php）.

19. EU（欧州連合），EFA（欧州自由連合），EFTA（欧州自由貿易連合）加盟各国の教育担当大臣等は，職業教育における欧州レベルの協力を強化するとの目標において，2002年11月30日に採択されたコペンハーゲン宣言によって，具体的なテーマ領域や実施項目を設定した。2004年12月14日にマーストリヒトで開催された，32か国の教育担当大臣及び欧州委員会などによる事後点検会合では，それまでのコペンハーゲン・プロセス（コペンハーゲン宣言に基づいた諸改革）の達成状況が報告され，今後の優先課題が次のとおり設定された：▽欧州レベルでの職業教育の充実，▽各国内の制度や職業資格証明に関する透明性の向上，▽職業教育において質を保証するための共同ツールの開発，▽インフォーマルあるいはノンフォーマルな資格及び能力を証明するための諸原則の開発，▽経済界の各セクターにおける国際協力の強化。

20. ユーロパスは，生涯学習の観点から欧州域内の移動を促進すべく，個人の技術，能力，経験の証明を欧州レベルで標準化し，その信頼性を高めるために2005年より運用されているツールであり，①ユーロパス履歴書（Europass CV），②ユーロパス留学歴書（Europass Mobility），③ユーロパス学位添付証書（Europass Diploma Supplement），④ユーロパス職業教育訓練資格添付証書（Europass Certificate Supplement），⑤ユーロパス言語能力証明書（Europass Language Portfolio）の5つの文書で構成されている。いずれの文書もEUの公用言語で提供可能となっている。

21. Sekretariat der Ständigen Konferenz der Kultusminister der Länder in der Bundesrepublik Deutschland: Allgemeinbildende Schulen in Ganztagsform in den Ländern in der Bundesrepublik Deutschland -- Statistik 2012-2016（https://www.kmk.org/fileadmin/Dateien/pdf/Statistik/Dokumentationen/GTS_2016_Bericht.pdf），S. 9 u. S. 12.

22. dto., S. 23.

23. 教育士（Erzieher）は，就学前保育・教育施設，学童保育施設，障害者支援施設，青少年福祉施設，余暇センターのほか，近年では全日制学校などで，子供や青少年の監督，保育や介護，余暇活動の組織や実施等を任務としており，多くは就学前保育・教育施設に従事している。

24. 社会教育士（Sozialpädagoge）あるいはソーシャルワーカー（Sozialarbeiter）は，学校や就学前保育・教育施設をはじめ，子供・青少年援助施設，障害者や高齢者のケア施設，病院，刑務所など，様々な領域で人々の生活を支援することを任務としている。

25. Statistisches Bundesamt: Bildung und Kultur - Spartenbericht Museen, Bibliotheken und Archive, 2017 (https://www.destatis.de/DE/Publikationen/Thematisch/BildungForschungKultur/Kultur/Spartenbericht Museen 5 216205179004.pdf?__blob=publicationFile), S. 45.
26. 2015年現在，図書館法を定めているのは，チューリンゲン州（2008年），ザクセン・アンハルト州（2010年），ヘッセン州（2010年／2016年），ラインラント・プファルツ州（2014年），シュレスヴィヒ・ホルシュタイン州（2016年）の5州である（Deutscher Bibliotheksverband e.V.: Bericht zur Lage der Bibliotheken 2017／2018（https://www.bibliotheksverband.de/fileadmin/user_upload/DBV/publikationen/dbv_ Bericht_2017_Web.pdf），S. 10）。
27. Statistisches Bundesamt: Bildung und Kultur - Spartenbericht Museen, Bibliotheken und Archive, 2017 (https://www.destatis.de/DE/Publikationen/Thematisch/BildungForschungKultur/Kultur/Spartenbericht Museen 5 216205179004.pdf?__blob=publicationFile), S. 18.
28. dto., S. 23.
29. Institut für Museumsforschung: Heft 63, Statistische Gesamterhebung an den Museen der Bundesrepublik Deutschland für das Jahr 2008.
30. Bundesinstitut für Sportwissenschaft: Finanzierung von Sportvereinen, Sportentwicklungsbericht 2005／2006, Analyse zur Situation des Sports in Deutschland.
31. ディプローム（FH）は，専門大学が授与する学位である。総合大学が授与するディプロームに比べて取得までの年限が短いことから，総合大学のディプロームと区別して「（FH）」を付すこととされている。

《主要参考文献》

Bundesministerium für Bildung und Forschung：プレスリリース及び各関連資料。

Deutsches Institut für Erwachsenenbildung: Bibliotheken und Lebenslanges Lernen, 2005.

Ekkehard Nuissl/Klaus Pehl: Porträt Weiterbildung Deutschland, W. Bertelsmann Verlag 2000.

Expertenkommission Finanzierung Lebenslangen Lernens (Hrsg.) : Finanzierung Lebenslangen Lernens--der Weg in die Zukunft, Schlussbericht, W. Bertelsmann Verlag 2004.

Hochschulbibliothekszentrum des Landes Nordrhein-Westfalen (hbz): DBS--Deutsche Bibliotheksstatistik (http://www.hbz-nrw.de/angebote/dbs/) .

Krug/Nuissl (Hrsg.) : Praxishandbuch Weiterbildungsrecht, Luchterhand.

Peter Faulstich/Expertenkommission Finanzierung Lebenslangen Lernens (Hrsg.) : Ressourcen der allgemeinen Weiterbildung in Deutschland, W. Bertelsmann Verlag 2004.

Sekretariat der Ständigen Konferenz der Kultusminister der Länder: Das Bildungswesen in der Bundesrepublik Deutschland 2014, 2017. (https://www.kmk.org/fileadmin/Dateien/pdf/Eurydice/Bildungswesen-dt-pdfs/dossier_de_ebook.pdf)

Statistisches Bundeamt: Statistisches Jahrbuch 2017 für die Bundesrepublik Deutschland.

澤野由紀子「15章 欧州におけるキャリア教育の動向」国立教育政策研究所編『キャリア教育への招待』東洋館出版社，2007年。

澤野由紀子「EUの生涯学習政策とガイドライン」『日本生涯教育学会年報』第31号，2010年11月。

三輪建二『ドイツの生涯学習』東海大学出版会，2002年。

その他生涯学習関連機関プレスリリース及び公表資料。

中　国

1　中国の生涯学習 158
2　関係法令・基本計画 164
3　成人による学習活動 173
4　地域・家庭教育の支援 190
5　生涯学習支援施設・人材 199

1 | 中国の生涯学習

　中国の生涯学習は，現代の急激に変化する社会・経済に対応する人材育成を目的として，あらゆる年齢層に対して実施されている。中国社会は，2001年の世界貿易機関（WTO）加盟以後の社会のグローバル化や知識基盤社会への対応，情報化による急速な技術革新の進展とそれに対応した人材育成，市場経済の進展による社会の流動化等の複合的な課題に直面した。それまでは，1978年にはじまる改革・開放政策の導入以降，文化大革命による教育の立ち遅れやそれに伴う人材の空洞化から回復を図るため，政府は教育の普及と成人教育・職業教育による人材の育成を推進してきたが，社会の変化に伴い，社会全体の人的資源の質向上と農村労働力の都市型労働力への転換に注意が向けられるようになった。そのため，中国の生涯学習は，一人ひとりが社会・経済の変化に対応しつつ雇用や生業を維持し，文化・教養に関する知識を深めて，経済的・文化的に満足のいく生活を送ることができるように，生涯にわたって自発的に人材育成を行う活動である。現在，中国政府は，生涯学習を人的資源の観点から社会の持続可能な発展を支える重要な手段として認識し，その社会基盤としての学習社会形成に向けた各種取組を展開している。

　しかし，生涯学習推進の政策が実施されるようになるまでには，次の3つの期間を経ている。

①文化大革命終了後の1970年代半ばから1980年代後半までの学校教育を補完するための「成人教育」の普及期
②1990年代の経済発展に伴う職業教育・継続教育の展開と生涯教育概念の普及期
③2000年以降の社会のグローバル化や知識基盤社会に対応するための学習社会構築期

　これら期間は，中国社会の経済・社会の体制が大きく変化し，各期間の変化に適合する人材の育成が必要とされた時期であるため，中国の生涯学習概念は，経済・社会の変化と人々が必要とする教育の相互関係の中で生まれており，成人教育や職業教育等の実践的要素が強い。

　現在，生涯学習の概念は，1995年に提起された「科学技術と教育による国家振興（科教興国）」及び2002年の中国共産党の最も重要な事項を決定する会議である中国共産党全国代表大会（第16回）において提起された「人材強国」の2つの戦略を実現する手段としてだけでなく，「調和のとれた社会」（「和諧社会」）や「いくらかゆとりのある社会」（「小康社会」）等の政策目標の実現のため，持続可能な発展を支える社会基盤を強化する手段として応用されており，教育政策の枠を超えて，雇用や高齢化社会への対応，都市化や流動化した社会の中で新たに形成されたコミュニティの開発等の社会保障や福祉の実現を包含する，より広範な社会運動と

なっている。その方向性は2002年と2007年に開催された中国共産党全国代表大会（第16,17回）において「全ての人が学習に参加し，生涯学習できる学習社会を建設する」（原語：建設全民学習，終身学習的学習型社会）と明確に打ち出されている。

また，2010年7月に公布された2020年までの10年間の教育に関する包括的中長期計画である「国家中長期教育改革・発展計画綱要（2010〜2020年）」では，生涯学習を扱った単独の項目は設けられておらず，代わりに第8章の「継続教育」の項目で，継続教育を「生涯学習体系の重要な構成要素である」とし，学習社会形成のために継続教育の発展を加速させることを謳っている。

2012年に開催された第18回中国共産党全国代表大会では，教育の優先的な発展とともに，教育を社会福祉事業や公共サービスの一部と位置づけ，社会を構築するための手段として「人々が満足する教育」の提供として「生涯学習体系の完全化，学習社会の構築を実施」が方針として打ち出された。2017年に開催された第19回中国共産党全国代表大会は，第18回大会の傾向を引き継ぎ，社会生活の改善という観点からの生涯学習の推進や継続教育の拡充及び学習社会の構築による全国民の資質向上といった方針が示され，社会構築と生涯学習の結び付きが一層強まった。

なお，中国では生涯学習に関連した取組の中で，生涯学習（原語：終身学習），生涯教育（原語：終身教育），継続教育（原語：継続教育）の3つの用語が併用されている。「生涯教育」は，人間の一生にわたる学習が可能な学習社会を構築するための提供者としての政府による政策的な取組や教育サービスを意味しており，「生涯学習」は人々が生涯にわたって，自発的に知識・技術を学び，その成果を自己の生活や社会生活に役立てることを意味する。また，「継続教育」は，生涯学習体系のうち，特に学校教育を経た社会成員である成人に対する教育を指し，職業訓練や学歴取得のための教育等，幅広い範囲を含んでいる。

1.1 「成人教育」

成人を対象とする教育は，原語で「成人教育」と呼ばれ，識字教育，職業訓練，コミュニティ教育，遠隔教育等，成人に必要とされる教育の全てを包括している。「成人教育」は，成人が現代社会で経済活動を行う上で必要な能力を獲得することを目指しており，社会状況の変化とともに重要視される分野が異なっているため，それらは次の3段階に分けられる。

①1970年代後半から80年代にかけて，文化大革命により満足な教育を受けられず，卒業資格を得られないまま卒業した者に対して実施された学校教育を補完する教育や識字教育
②社会が安定し，改革・開放政策が進展した80年代以降の新しい経済社会体制の中で導入された技術や管理方法を運用できる人材育成や職業訓練等の教育

③社会の国際化や知識基盤社会への対応が必要とされた2000年以降の新たな経済状況に適した職業資格の取得のための教育や，身に付けた資格・技術の刷新のための高等教育修了者への継続教育

これら変遷は，教育の普及状況，文化大革命による教育発展の遅れ，改革・開放政策の導入といった歴史的状況を反映しているが，1987年に国家教育委員会が発表した「成人教育の改革と発展に関する決定」は，改革・開放政策における経済社会発展と「成人教育」の重要性を結び付け，次の5つの役割を提示し，成人教育の範囲を規定している。

○在職者に対する職務訓練
○初等中等教育を受けていない者への基礎教育
○現職の要求水準に達していない者に対する中等・高等専門教育
○高等教育修了者への継続教育
○人々の精神的要求に応える社会文化生活教育

これらの役割のうち，高等教育進学者数が増加し，社会の安定的発展が進展した90年代には，継続教育と社会文化生活教育に焦点が当てられ，これ以降，「成人教育」は青年から高齢者までを対象とする生涯教育的な取組として発展していった。

近年では，知識基盤社会やグローバル化，社会の流動化や競争原理に基づく経済体制等を背景に，一人ひとりが生涯にわたって学習し，職業技術や技能を身に付ける教育として「成人教育」が推進されており，▽高等教育機関が設置した継続教育機関やインターネットを利用した遠隔教育による職業技術の刷新や新たな知識の提供，▽農村部から都市部に流入した者に対して都市型労働力へ転換するための職業訓練，▽コミュニティ内の人材育成と就職支援のための成人高等教育，▽農村部における成人教育機関による新しい農業技術の提供などが行われている。

1.2 職業教育

職業教育は，成人教育と関連した枠組みであるため，その政策・実施機関は重なるところが多く，改革・開放政策の導入当初は，文化大革命期に満足な教育を受けられなかった人材への職業訓練として，成人に対して行われていた。90年代以降は，社会の安定化と経済の発展に伴い，その適用範囲を拡大させ，学校教育体系における職業教育と成人に対する職業教育を同時に推進した。そのため，現在の職業教育は，中等及び高等教育段階の職業教育機関で提供されるほか，就職前の段階で技能を身に付けるための訓練，既に就職している成人

の職業訓練や就農者の訓練，都市流入労働者に対する訓練等，幅広い年齢層の多様な人材に対しても，実施されている。中等教育段階の職業教育機関は，中等専門学校，職業中学，技術労働者学校の3種であり，高等教育段階の職業教育機関は，主に短期課程（2～3年）を提供する専科学校及び高等職業技術学院である。就職前の段階で行う職業訓練は，職業学校や職業訓練センターで行われ，在職者に対しては，民間の職業訓練機関や企業内の訓練センターで訓練が行われている。農村地域では，農業技術の教育・訓練や都市部の職業に転職したいと考える者に対する職業教育が農村成人文化技術学校等で行われている。また，高等教育機関が設置する継続教育学院やインターネット大学等も成人の職業教育機関として大いに利用されている。コミュニティ内の人々に高等教育段階の教育を提供するコミュニティカレッジ（社区学院）は中等教育段階を修了した若者や地域の人々に職業教育を提供している。職業教育は，社会や産業が必要とする人材を育成するため，社会の変化とともに刷新と拡大を継続させており，対象者や実施機関が増加している。

1.2.1 キャリア教育

キャリア教育は，中国では「職業生涯教育」と表記され，目的や計画を持ち，組織的に個人の職業キャリアの意識と総合的な職業能力を高めることや，キャリアプランニングの進行や実行を主体とする総合的な教育活動として認識されている。しかし，中国では，長年，教育機関卒業者を計画的に職場配置する政策を採用していたため，1980年代までキャリア教育は考慮されなかった。キャリア教育が重視されるようになったのは，改革開放政策が開始され，市場主義経済に社会体制が移行し始めた後の1985年に中国共産党中央委員会が発表した「教育体制改革に関する決定」からである。その後，ユネスコが1989年に北京市で行った「21世紀に向けた教育国際検討会議」などで提起された起業家教育（Enterprise Education）の概念を受けて，起業家を育成するための「創業教育」の実験が90年代初頭から実施されていた。1996年には，職業教育法が制定され，「職業指導」によって教育を受ける者の資質を全面的に高めることや職業上のキャリアを指導することの重要性が示された。しかし，1990年代末に始まる高等教育の規模拡大と2001年のWTO（世界貿易機関）加盟による産業構造の転換は，労働市場に大きな影響を及ぼし，2003年以降，大学卒業者が大量に就職できない状況が発生してしまったことから，キャリア教育の重要性が再度認識され，2006年には教育部のキャリア教育プロジェクトチームが研究会を開き，現状と各地の実践に関して情報交換するなど，2000年代にキャリア教育の推進に関心が集まった。しかし，初等中等教育から始まる系統的なキャリア教育は実施されず，主に高等教育段階から開始され，その実施が法制化されていないなど実施体制の不備が指摘されている。ただ，経済発展が進んだ東部沿海地域の直轄市である上海市では，2010年に発表された2020年まで教育中長期計画で，職業キャリア指導とそのサービスを構築し，大学卒業者の就職と起業の能力を

向上させる目標を記すなど，キャリア教育に力を入れている。そのため，2012年には，第12次5か年計画（2011～2015年）期間中の職業キャリア教育を発展させるための行動計画を発表するとともに，上海師範大学内に上海児童・生徒・学生職業キャリア発展研究所を設立し，キャリア教育の基礎研究や課程開発，人材育成等を行っている。また，2014年4月には，児童・生徒を対象とする「職業体験日」を開催し，市内各所の職業教育機関で農業体験や調理実習，3Dプリンター体験や無人工場体験などが児童・生徒に対して行われた。

1.3 趣味・教養に関する教育

　趣味・教養に関する教育は，政府が提唱する「いくらかゆとりのある社会」（「小康社会」）の実現のための重要な要素として推進されている。近年では，博物館，図書館，公民館，美術館等の社会教育施設の整備及びネットワーク化による公共文化サービス体系を構築することで，より質の高い教育サービスを無料で提供し，市民が自ら学習することのできる学習都市や「学習するコミュニティ」作りを目指している。また，1950年代から存在する都市部の労働者文化宮や青少年宮のような複合型施設も趣味・教養に関する教育を市民や児童・生徒に提供している。コミュニティレベルでは，コミュニティ内に設置された教育施設において高齢者や子供を対象とした趣味・教養に関する教育が行われているとともに，民間団体が組織した高齢者対象の教育機関である高齢者大学が存在する。

1.4 障害者の生涯学習に対する支援

　「中華人民共和国憲法」第2章第45条では，国と社会は障害のある者の教育を支援しなければならないと規定しており，職業教育や成人教育等の面で障害者の生涯学習に対する支援が行われている。「障害者保護法」（2008年改正）では第21条において「障害者は教育を平等に受ける権利を有する」と規定しており，後期中等教育段階以上の特別支援教育機関や障害者職業教育機関等が趣味・教養のための教育や職業教育を展開することや，政府の関連部門や障害者の所属する事業単位等が識字教育や職業訓練，起業のための研修などを行うことを求めている。2017年に改正された「障害者教育条例」では，第5章34条において「普通教育を行う高級中学，高等教育機関，継続教育機関は，その障害を理由に障害者の受験・入学を拒むことはできない」として，障害者の継続教育機関への入学を保障するとともに，第36条において，政府及び学校は，情報技術を用いた成人高等教育や高等教育独学試験の学習を支援すること，第39条において「国及び社会は，障害者が自ら学んで能力を身に付けることを奨励し，助ける」ことを規定している。

1.5 社会教育

社会教育は，広義には意識的に人を育成し，人の心身の発達に有益な各種社会活動といえ，狭義には，学校や家庭外の社会文化施設や社会団体・組織による教育と位置付けられている。したがって，学ぼうという意識のある人によって，生涯にわたってあらゆる場所で実行される包括的な概念である。社会教育を実施する施設としては，後述する文化館（文化ステーション），少年宮，図書館，博物館，記念館，ラジオ局・テレビ局などがある。社会教育活動は，それら社会教育施設が学校教育で不足している部分を補うために行うものと，学校が，通信学習や識字教育，職業訓練，講座の実施等によって一般の人や当該学校の所在するコミュニティの成員に対して行うものがある。

社会教育について記した法令には「中華人民共和国教育法」（1995年制定，2015年改正）があり，その第6章「社会と教育」において「あらゆる社会組織及び個人による学習のための社会環境の整備」（第46条）や「社会教育施設の活動」（第51条），「国による社会教育の振興」（第52，53条）等を規定している。

社会教育を所管する中央政府の行政機関は教育部であり，教育部内の職業教育・成人教育局の中に，都市農村・社会教育処が置かれている。同処は，生涯学習に関する各種活動や生涯学習都市，農村における職業教育，コミュニティにおける教育等を所管している。

表1：「中華人民共和国教育法」にみる社会教育関連条項

「中華人民共和国教育法」（1995年3月18日，2015年12月27日改正）
第46条 国家機関，軍隊，企業，非営利事業体，社会団体及びその他の社会組織，個人は法により児童，少年，青年学生の心身の健全な成長のために良好な社会環境をつくらなければならない。
第47条 国家は企業，非営利事業体，社会団体及びその他の社会組織が高等教育機関，中等職業学校と教育，科学研究，技術開発及び普及の面で多様な形態の提携を推進するよう奨励する。 企業，非営利事業体，社会団体，及びその他の社会組織，個人は適切な方法を通じ，学校の整備を支持し，学校の管理に参加することができる。
第49条 学校及びその他の教育機関は，正常な教育活動に影響を与えないという前提の下で，当該地域の社会公益活動に積極的に参加しなくてはならない。
第51条 図書館，博物館，科学技術館，文化館，美術館，体育館，運動場等の社会公共の文化体育施設，及び歴史文化遺跡，革命記念館（地）は，教員，児童・生徒・学生を優待し，教育を受ける者の教育のために便宜を与えなければならない。 ラジオ及びテレビ局は教育番組を開設し，教育を受ける者の思想，品性徳性，文化及び科学技術の資質を高めなければならない。
第52条 国家，社会は未成年者のために学校外教育施設を設置し，発展させなければならない。 学校及びその他の教育機関は，末端の大衆的自治組織，企業，非営利事業体，社会団体と相互に協力し，未成年者に対する学校外教育を強化する。
第53条 国家は，社会団体，社会文化機関及びその他の社会組織，個人が教育を受ける者の心身の健康に有益な社会，文化，教育活動を展開することを奨励する。

2 関係法令・基本計画

2.1 関係法令・基本計画の概要

　教育部は2005年より生涯学習を直接扱った法律について，制定作業を行っているが，2018年8月現在いまだ発表していない。しかし，憲法や関連する法律を生涯学習実施の根拠とし，各種政策文書によって具体的施策を進めている。また，国（中央政府）が生涯学習に関連する法律を立法する以前に，地方政府が先んじて立法を行い，地域内で施策を実施している状況がある。

2.1.1 基本法

　2018年7月現在，生涯学習に直接関わる基本法は存在しないが，「中華人民共和国憲法」（以下「憲法」という。）の第46条及び「中華人民共和国教育法」（以下「教育法」という。）の第9条にある，「中華人民共和国公民は教育を受ける権利と義務を有する」という規定が，生涯学習を実施する根拠となっている。また，「憲法」の第19条及び「教育法」の第19条では，政府は識字教育及び成人教育を実施することを規定し，「教育法」の第42条では，生涯教育の実施を規定している。また，2016年12月には，図書館，博物館等の社会教育の施設やサービスを整備する法律として「中華人民共和国公共文化サービス保障法」が制定された。

表2：「中華人民共和国憲法」及び「教育法」にみる生涯学習関連条項

「中華人民共和国憲法」（1982年12月4日）

第19条	国家は各種教育施設を発展させ，非識字者をなくし，工場労働者，農民，国家公務員，その他労働者が，政治，文化，技術，義務の教育に進み，自学し，才能を伸ばすことを奨励する。
第22条	国家は，図書館，博物館，文化館及びその他の文化事業を発展させる。
第46条	中華人民共和国公民は教育を受ける権利と義務を有する。

「中華人民共和国教育法」（1995年3月18日，2015年12月27日改正）

第9条	中華人民共和国公民は教育を受ける権利と義務を有する。公民は，民族，種族，性別，職業，財産状況，宗教信仰等で分かれることなく，法に則り平等に教育を受ける機会を有する。
第11条	生涯教育体系を構築し，完全にする。
第19条	国家は職業教育制度と成人教育制度を実行する。各レベルの人民政府，関係する行政部門及び企業，事業組織は，必要な措置を執り，公民が職業学習教育を受け，各種形式の職業訓練を受けることを発展させ，保障しなければならない。国家は多種形式の成人教育を奨励し，発展させ，公民に適切な形式の政治，経済，文化，科学，技術，業務に関する教育と生涯教育を受けさせる。
第42条	国家は学校とその他の教育機関を鼓舞し，社会組織は必要な措置を執り，人々が生涯教育を受けるための条件を整える。

（出典）中国教育科学文化機関全国委員会＆中国成人教育協会，2008『中国成人教育発展報告』，6-7頁。

中　国

表3：「中華人民共和国公共文化サービス保障法」にみる生涯学習関連条項

第10条	国家は，公共文化サービスが社会教育の機能を十分に発揮させるようにする。
第14条	公共文化施設とは，主に，図書館，博物館，文化館（文化ステーション），美術館，科学技術館，記念館，運動場・体育館，労働者文化宮，青少年宮，女性子供活動センター，高齢者活動センター，郷鎮（街道）及び村（コミュニティ）基層総合文化サービスセンター，農業従事者（職員・労働者）図書室，公共新聞掲示板，ラジオ・テレビ放映設備，公共デジタル文化サービス所等である。
第27条	各レベルの人民政府は，公共文化施設を十分に利用して，全国民が読書をして，法律を理解し，健康で，科学的知識と芸術の知識を持ち，優秀な伝統文化の継承活動をすることをサポートする
第37条	国家は国民が自発的に公共文化サービスに参加し，自主的に健康で文化的な文化体育活動を行うことを奨励する。地方各レベルの人民政府は必要な指導とサポートを与える。住民委員会や村民委員会は住民の需要に基づいて文化体育活動を展開する。公的機関，社会組織，企業等は自身の特徴や必要に基づいて文化体育活動を展開して，職員や労働者の文化的生活を豊かにする。

(出典) 人民日報「中華人民共和国公共文化サービス保障法」2017年2月3日。

2.1.2　地方政府による立法の実践

　地方政府は，地域内の生涯学習振興を図るため，立法作業を精力的に進めている。福建省は2005年7月に，中国国内で初めて生涯学習に直接関連した条例である「福建省生涯教育促進条例」を制定し，雇用者や職場は，被雇用者の生涯学習を積極的に推進することなどを示した。上海市は早期から生涯学習に取り組み，2008年から「上海市生涯教育促進条例」の制定作業を進め，2011年5月に正式に施行された。同条例は，高齢者に対する教育，公開大学，単位銀行制，社会教育施設の活用，生涯教育に携わる人員の身分保障等，多岐にわたって規定しており，約2,000万人（2009年当時）いる上海市民全員の生涯教育を推進する内容となっている。山東省の省都，済南市では，2004年から制定作業を開始していた「済南市コミュニティ教育暫定条例」が2010年4月に発表され，コミュニティ教育は成人教育を主とし，コミュニティ内の全ての人々の社会生活にかかわる教育訓練活動であると定めている。その他，2012年に山西省太原市が，2014年に河北省及び浙江省寧波市等が「生涯教育促進条例」を公表し，生涯教育の管理体制や予算，学習成果の認定や互換制度，学習支援等に関して規定した。また，継続教育に関連した地方政府の法制化も行われており，重慶市では2004年に「専門技術人員継続教育条例」を制定し，企業や雇用者は専門技術人員に継続教育を受ける権利を保障することを取り決めている。

2.1.2.1　「上海市生涯教育促進条例」の施行

　上海市では，1995年の「中華人民共和国教育法」における「生涯教育体系を構築し，完全にする」との方針を基に，早期から生涯教育事業に取り組んでおり，1999年に開催された21世紀に向けた教育事業を検討する会議では，学習都市建設に向けての議論を開始していた。2006年には，「学習社会構築を推進することに関する指導意見」を提出し，2010年までに「全員がいつでもどこでも学ぶことのできる」学習社会の体系を形成する目標を示すと同時に，生涯教育を促進するための法的整備が必要であるとし，2008年より「生涯教育促進条例」の

165

立法作業を開始した。2010年には，同市教育委員会による起草及び関係機関や専門家からの意見聴取の後，草案が上海市人民代表大会（日本の県議会に相当）に提出され，同草案は2011年1月に同人民代表大会常務委員会で承認され，同年5月1日より施行されることが決定した。

同条例は，35条からなり，上海市政府が所管する生涯教育事業の全般を規定している。同条例の概要は以下のとおりである。

○上海市の各行政機関の生涯教育における所管の明確化（第6条，12〜16条）
　　教育委員会が卒業資格取得のための成人教育を所管し，人的資源・社会保障局が失業者や都市部に流入した農村出身の労働者の職業教育を所管する等。
○生涯教育を担う人材の資格の明確化と民間団体の活動の奨励（第7条，19〜21条）
○企業における職業教育の推進とその費用負担についての規定（第9条）
○生涯教育における単位蓄積・互換システムの導入（第11条）
○コミュニティにおける教育機関である社区学院や社区学校の教育事業の展開（第18条）
○公開大学や教育資源のデータベース化による公開型生涯教育の推進（第22条）
○社会教育施設の活用（第24条）
○生涯教育を実施する営利・非営利の教育訓練機関の設置・運営条件等（第26〜29条，34条）

表4：上海市における2006年以降の生涯教育の取組

年	上海市の取組
2007	上海市教育委員会に生涯教育課を設置。
2008	成人継続教育における単位の互換制度に関する実験を開始。
2009	「上海生涯学習ネット」の開設。
2010	上海公開大学の成立。学習社会形成・生涯教育促進委員会[1]の設立。
2012	単位銀行制の導入。

表注1：　学習社会形成・生涯教育促進委員会は，上海市の生涯教育推進及び学習社会形成の政策を統一的に実施するために2010年に設立された委員会。
（出典）　上海市人民代表大会ネット　2011年1月25日『『上海市生涯教育促進条例（草案）』についての説明」（http://www.spcsc.sh.cn/）。

2.1.3　その他の関係法令

生涯学習の関連法令として，その他，高齢者の教育に関する法令として「高齢者権益保護法」（1996年），「高齢者教育事業に関する通知」（2001年），「天津市高齢者教育条例」（2002年）等が挙げられる。さらに，▽「社区サービス指南第3部分：文化，教育，体育サービス」（国家標準化管理委員会　2006年12月公布）におけるコミュニティでの教育に関する各種規定，▽「全国教育事業第10次5か年計画」（教育部2002年6月6日）における遠隔教育に関する規定，▽「障

害者保障法」（原語：残疾人保障法）にみられる特別支援教育に関する法令，▽成人に対する識字教育を包括的に推進するために制定された「識字工作条例」(1988年，1993年修正)，▽社会教育施設に対する「博物館条例」(2015年)，「公共図書館法」(2017年) 等が挙げられる。

2.2　基本計画

　現在の生涯学習を推進する基礎となった政策文書は，1987年6月に国家教育委員会（教育部の前身）が発表した「成人教育の改革と発展に関する決定」である。本決定は，成人教育が，社会・経済の発展のために重要であると明確にし，成人教育を大いに発展させる方針を示した。これ以降，政府は，成人教育や職業教育，継続教育の推進に関する政策を次々と公表し，社会・経済発展を持続させる人材育成を加速させた。教育制度や社会経済発展の方向性が整ってきた90年代後半には，政府は「21世紀に向けた教育振興行動計画」を公表し，「2010年までに生涯学習体系の基礎を構築する」と表明し，生涯学習による人材の能力更新の必要性を示した。2000年代に入ると，生涯学習を人材育成を推進する手段とするだけでなく，社会経済発展を実現するための概念として政府は用いるようになり，2002年に公表された「2002〜2005年全国人材建設計画綱要」において「『学習する組織』『学習コミュニティ』『学習都市』の活動を創設，展開し，学習社会の形成を促進する」方針を示した。以降，生涯学習は国の「全面的に少しゆとりのある社会（小康社会）を建設する」戦略の重要な概念の1つとなり，2000年代半ば以降に開催された国の5か年計画や中国共産党全国代表大会の報告に「学習社会の構築」が内容として盛り込まれるようになった。

　2010年7月に公布された2020年までの10年間の包括的教育中長期計画である「国家中長期教育改革・発展計画綱要（2010〜2020年）」では，戦略目標に「2020年までに，教育の現代化を基本的に実現し，学習社会を基本的に形成し，人的資源強国の仲間入りをする」「生涯教育の体系を整え，全ての人民が学習するに当たり教える人がいて，成果を身に付けることができ，活用する機会があるようにする」の2点を示し，第8章の「継続教育」にて，「都市・農村・コミュニティにおける教育を広範に展開し，各種の『学習する組織』の構築を加速し，全ての人が学び，生涯にわたって学習する学習社会を基本的に形成する」との方向性を示した。

　2016年3月に採択された「第13次国民経済及び社会発展5か年計画要綱」(2016〜2020年) では，さらに踏み込んで，全ての人が生涯にわたって学習する学習社会の構築を目標に掲げており，▽継続教育の発展と生涯教育，訓練体系の構築，▽公開大学の運営及びe-ラーニング・遠隔教育の発展等によるデジタル教育データの人々への提供，▽単位銀行制度や全国資格枠組みの構築，などが提示されている。また，2012年11月に開催された中国共産党第18回全国代表大会では，教育を社会福祉事業や公共サービスの一部と位置づけ，「人々の満足

表5：中国の主要な生涯学習政策

年　月	政策名(内容)
1987年6月	国家教育委員会「成人教育の改革と発展に関する決定」(「成人教育は我が国の教育の重要な構成要素である」)
1993年2月	「中国の教育の改革及び発展についての要綱」(「成人教育は伝統的学校教育が生涯教育の発展に向かう上での一種の新式の教育制度である」)
1994年7月	「国務院『中国の教育の改革及び発展についての要綱』実施に関する意見」(「識字教育, 職場訓練及び継続教育を成人教育の重点とし, 大いに発展させる」)
1998年12月	「21世紀に向けた教育振興行動計画」(「2010年までに, 生涯学習体系の基礎を構築し, 国家の知識の革新的体系及び現代化の形成のために十分な人的サポートと知識による貢献を提供する」)
1999年6月	江沢民氏の全国第3回教育工作会議での講話:「生涯学習は, 現在の社会発展には必須である。1回限りの学校教育では, 人々が絶えず知識を更新していく欲求に応えることはできない。」
2002年5月	中国共産党中央弁公庁・国務院弁公庁:「2002～2005年全国人材建設計画綱要」(「生涯教育体系の構築」「生涯教育の計画と強調を強化する」「『学習する組織』[1]『学習するコミュニティ』『学習都市』の活動を創設, 展開し, 学習社会の形成を促進する」)
2002年11月	中国共産党中央第16回全国大会報告:「生涯教育の体系を構築する」「全人民が学習し, 生涯学習する学習社会を形成し, 人々の全面的発展を促進させる」
2003年10月	中国共産党第16期中央委員会第3回全体会議:「中国共産党中央社会主義市場経済体制を完全にする若干の問題に関する決定」(「生涯教育体系を構築し, 学習社会を建設し, 人口圧力を転換し, 人的資源となるように努力する」)
2003年12月	中国共産党中央・国務院「人材育成事業をさらに強化することに関する決定」(「生涯教育体系を更に早く構築し, 学習社会形成を促進させる」), 中国共産党第16期中央委員会第4回全体会議:「全人民が学習し, 生涯学習する濃厚な雰囲気を作り出し, 学習社会の形成を促進する」
2004年2月	「2003～2007年教育振興行動計画」(「多様化した成人教育と継続教育を大いに発展させる」)
2005年10月	「第11次国民経済及び社会発展5か年計画綱要」(2006～2010年)(「全面的に少しゆとりのある社会(小康社会)を建設する」「全人民の学習, 生涯学習を実施する学習型社会を形成し, 人の全面的発展を促進する」)
2007年10月	中国共産党中央第17回全国大会報告:「全人民が学習し, 生涯学習する学習社会を形成する」
2010年7月	教育部:「国家中長期教育改革・発展計画綱要(2010～2020年)」(「2020年までに, 学習社会を基本的に形成し, 人的資源強国の仲間入りをする」「都市・農村・コミュニティにおける教育を広範に展開し, 各種の『学習する組織』の構築を加速し, 全ての人が学び, 生涯にわたって学習する学習社会を基本的に形成する」
2011年3月	「第12次国民経済及び社会発展5か年計画要綱」(2011～2015年)(「継続教育をさらに発展させ, 全人民の学習, 生涯学習のある学習型社会を建設する」)
2012年11月	中国共産党第18回全国代表大会報告:「人々の満足する教育の提供」「生涯学習の概念に則った中国の特色ある社会主義現代教育体系の構築」
2016年3月	「第13次国民経済及び社会発展5か年計画要綱」(2016～2020年)(「全ての人が生涯にわたって学習する学習社会の構築」「継続教育の発展と生涯教育, 訓練体系の構築」「公開大学の運営及びe--ラーニング・遠隔教育の発展等によるデジタル教育データの人々への提供」「単位銀行制度や全国資格枠組みの構築」
2017年10月	中国共産党第19回全国代表大会報告:「社会生活の改善という観点からの生涯学習の推進や継続教育の拡充」「学習社会の構築による全国民の資質向上」

表注1：原語は「学習型組織」であり, 1990年代中ごろにマサチューセッツ工科大学の学者Peter M. Sengeの出版した*The Fifth Discipline：The Art and Practice of the Learning Organization*(邦名：『最強組織の法則—新時代のチームワークとは何か—』)が中国語に翻訳され, 広まった概念である。2002年5月に公布された「2002～2005年全国人材建設計画綱要」における「学習する組織」建設展開に関する記述, さらに同年11月の江沢民前国家主席の中国共産党中央第16回全国大会報告によって学習社会の形成に関する記述が共産党の正式文書に記されたことにより, 「学習する組織」を形成する活動が一気に展開した。

(出典)　管西亮, 張文格, 2010,「我国終身教育(学習)立法実践探索」『中国終身教育藍皮書』, pp.134-135。全国創争活動指導協調小組弁公室, 2009,『中国学習型社会建設発展報告』北京, 研究出版社。

する教育」を提供する重要性が示され，それを実践する1つの方針として生涯学習の概念に則った中国の特色ある社会主義現代教育体系の構築が挙げられた。2017年10月に開催された中国共産党第19回全国代表大会では，第18回党大会の方針を引き継ぎ，社会生活の改善という観点からの生涯学習の推進や継続教育の拡充及び学習社会の構築による全国民の資質向上などの教育事業の目標が示された。

2.2.1 職業教育の観点から見た基本計画

　1991年，国務院は「職業技術教育を大いに発展させることに関する決定」を発表し，1990年代末までの大幅な職業教育の拡充を謳った。また，1996年には，「中華人民共和国職業教育法」が施行され，職業教育の制度及び実施が法的に定められた。21世紀に入り，中国は世界貿易機関（WTO）に加盟をすると，国際的経済状況に合わせた人材育成が急務となり，2002年に国務院は「職業教育改革と発展を大いに推進することに関する決定」を発表し，新しい経済状況に対応した政策を示した。これに合わせ，教育部等は「職業教育を実施する学校が職業資格証書制度を実施することをさらに推進する意見」「産業界，企業が職業教育と職業訓練における影響をさらに発揮することに関する意見」を発表し，資格制度の強化と職業教育への企業等への参入を推進した。2005年には，「職業教育を大いに発展させることに関する決定」及び「就職，再就職事業をさらに強化することに関する通達」が発表され，全ての労働者に対する職業技能訓練体系を構築し，多様な訓練活動を実施することを示した。

表6：成人に対する職業訓練の実施計画

○「教育部農村労働力転換訓練計画」（2004年）　「教育部門はサービスを主目的とし，都市部での就職を方向性とし，改革刷新を動力とし，十分に職業教育と成人教育の資源を利用し，農村労働力の都市型労働力への転換訓練事業を全力で推進し，転移した農村労働力の就職能力と起業能力を努力して向上させる。計画は，毎年，農村の労働力3,500万人以上に都市労働者となるための訓練を行い，そのうち，1,100万人以上に技能訓練を行う。」
○「職業教育を大いに発展させることに関する決定」（2005年10月）　「サービス型社会主義現代化建設を主目的とし，億人の高資質労働者を訓練し，千万人の高度技能専門人材を訓練する。国家は技能を主体とする人材育成プロジェクトを実施し，農村労働力が訓練プロジェクトに参加し，農村での実用的人材育成プロジェクト，成人継続教育，再就職訓練プロジェクトを実施する。」
○「農村労働力技能就職計画」（2005年）　「2006〜2010年の5年間で，4,000万人の農村労働者は非農業的産業に従事するための訓練を行い，毎年平均800万人に対して訓練を行う。」
○「都市部技能再就職計画及び創業能力訓練計画」（2005年）　「2006〜2010年の5年間で2,000万人（毎年400万人）のレイオフによる失業者に職業技能訓練を実施し，訓練合格率を90％とし，再就職率を60％とする。同時に，全国300の都市で訓練に対応した規則を設け，再就職訓練と技能検定の密接なつながりを実現し，技能を必要とする職場と訓練サービスの成果が連結することを拡大させる。」

（出典）中国教育科学文化機関全国委員会＆中国成人教育協会，2008『中国成人教育発展報告』，32-33頁。

　2012年には上海市で12年に一度UNESCOが開催する職業技術訓練教育に関する世界的大会である「技術教育及び訓練並びに職業教育及び訓練に関する国際会議」の第3回会議が開

催され，世界各国の職業教育の状況の共有や職業教育に関する新しい傾向について理解が進み，世界レベルの職業教育の構築に関して関心が深まったことから，2014年6月に国務院（内閣）は「現代社会に対応した職業教育を速やかに発展させることに関する決定」を公表し，職業教育体系の改善や産業のグローバル化を見据えた職業教育の推進等の方針が示された。また，同決定の内容をより詳細に記した2020年までの職業教育推進計画である「現代職業教育体系構築計画（2014～2020年）」が教育部から発表された。

2.2.2　学習社会の形成──生涯学習環境の構築に向けて

　生涯学習の提供，及びアクセスの改善に向けて，2000年代に多様な取組が行われており，それらは中国共産党及び政府による計画の発表と各地での具体的実施に見ることができる。

　2001年5月に開催されたAPECサミットにおいて江沢民前国家主席は学習社会形成の方向性を示した。2002年11月，中国共産党中央第16回全国代表大会報告では「生涯教育の体系を構築する」「全人民が学習し，生涯学習する学習社会を形成し，人々の全面的発展を促進させる」の2つの学習社会建設に向けての方向性を示し，続く中国共産党中央第16回中央委員会の第3，5，6回の全体会議で「現代的国家の教育システムと生涯教育システムを建設し，学習社会を建設する」「教育構造の改革を進め，あらゆる段階のあらゆるタイプの教育と協調し，バランスのとれた発達を推進し，学習社会を築く」「継続教育を積極的に発達させ，学習社会の形成に努力する」という方針を示した。2007年に開催された中国共産党中央第17回全国大会では，「全国民の生涯学習を行う学習社会を建設するため遠隔教育と継続教育を発達させる」ことを示している。

　これらの政策に従い，現在，各地で社会規模に応じた学習都市，学習する農村，学習する組織，学習する企業，学習するコミュニティ，学習する学校，学習する政党等の建設が進んでいる。

　学習都市建設に関しては，中国で急速に進行する都市化の影響と学習社会建設による新たな社会発展を目指し，中国共産党中央及び国務院は「2002～2005年全国人材建設計画綱要」を2002年5月に発表し，学習社会建設を促進するための学習都市建設のキャンペーンを展開した。これに先立つ1999年には，上海市は学習都市建設に向けての取組を開始し，2007年には教育委員会の下に生涯教育課（原語：終身教育処）を設立している。上海市に続き大連市や北京市，常州市（2001年），南京市（2002年），広州市（2003年）などが学習都市建設の方針を明らかにし，その他，青島市，成都市，蘇州市，済南市，長沙市，西安市などが同方針を表明するなど，生涯学習都市建設の目標の提示や実践を行った都市は，2014年までに100近くに上った。

　生涯学習都市の国内での発展を受けて，2014年8月には教育部を含む7つの部・委員会が共同で「生涯学習都市の建設推進に関する意見」を発表し，▽2020年までに経済発展の遅れ

た中西部地域における地区級以上の都市の70〜90％で生涯学習都市建設のための事業を実施，▽都市と農村が一体となって生涯学習都市を建設などの目標を示した。また，都市の経済発展や産業構造の転換，公共サービスの向上，人々の生涯学習の需要を満たすため，教育部は生涯学習体系の構築を，人的資源・社会保障部は継続教育の展開を，文化部（文化観光部の前身）は公共文化サービス体系の構築を，それぞれが連携して行う方針が示された。

　学習都市建設の発展に伴って海外の学習都市との経験の共有や海外への情報発信を目的として，ユネスコが推進する国際的な学習都市ネットワークである「ユネスコ学習都市」に積極的に参加している。北京市は，2013年10月にユネスコ学習都市の第1回国際会議を開催するとともに，2015年には学習都市として顕著な進展のあった都市に贈られるユネスコ学習都市賞を獲得している。2018年4月現在，ユネスコ学習都市に参加している都市は世界48か国・地域の204都市に上るが，そのうち中国からの参加都市は，北京，成都，常州，杭州，深圳，太原，武漢の7都市であり，そのうち北京市と杭州市（2017年受賞）がユネスコ学習都市賞を獲得している。

　末端の行政組織である「街道」の下部にある自治組織で形成される「社区」レベルで構築される学習するコミュニティに関しては，2003年12月に中国共産党中央及び国務院が「人材育成事業をさらに強化することに関する決定」を発表し，「人々が多様な形式と方法により生涯学習に参加し，学習する組織と学習するコミュニティの建設を積極的に推進する」ことを発表した。学習するコミュニティの形成は，省レベルの行政区画で直轄市である北京市及び上海市や江蘇省，山東省等で学習都市建設の影響の下で行われている。現在，コミュニティにおいて学習を行う主体は高齢者であるが，今後コミュニティ全ての人々，特に社会的立場の弱い人々に学習機会を提供する環境を作り出す計画である。

　学習する農村の建設に関しては，中国共産党中央委員会の新農村建設計画に基づいて，学習する郷鎮や学習する農村の建設が進んでいる。例えば，北京市は「学習する新農村，先進農村を建設する評価指標体系」を発表し，北京市郊外の学習する農村建設を展開している。

2.2.3　その他の基本計画──高齢者教育発展計画（2016〜2020年）

　2016年10月に国務院（内閣）は，高齢者教育の体制を全国に基本的に普及させ，高齢者人口のうち20％以上が恒常的に学習活動に参加している社会を構築するため「高齢者教育発展計画（2016〜2020年）を発表した。同計画では，公民館等のコミュニティにおける既存の社会教育施設の活用，高等教育機関や職業教育機関において高齢者を対象とした教育の提供，高齢者を対象としたラジオ・テレビ大学や公開大学の開設，企業・産業界による高齢者大学の運営参加，高齢者の人的資源の開発等を目標としている。また，2020年までの目標として▽県レベル以上の市に少なくとも1校の高齢者大学を，郷・鎮（街道）の50％で高齢者学校を，村（居民委員会）の30％で高齢者学習センターを設置，▽省・自治区・直轄市に高齢

者教育データベースを構築，▽全国の50％の県・市で遠隔教育による高齢者教育を展開，▽高齢者大学による高齢者ボランティアの育成，を掲げている。

2.3 所管省庁

1990年代後半から学習社会形成の議論が始まり，第16～19回中国共産党全国代表大会において，学習社会建設の方針が明確に示されたことから，政府全体の取組として学習社会の形成が行われている。このうち，教育部，人的資源・社会保障部，文化観光部の3機関が特に生涯学習関連政策を実施している。

2.3.1 教育部

教育部は，生涯学習を推進する政府の主要機関であり，特に職業教育・成人教育局が具体的な政策の実施を担っている。同局は，職業教育，成人継続教育，コミュニティ教育の分野での政策立案・実施を行っている。また，基礎教育局は子供の学校外での教育を担当している。

2.3.2 人的資源・社会保障部

人的資源・社会保障部は，人的資源の形成・活用や社会保障を担当する政府機関である。部内の職業能力開発局は，技術労働者学校や職業訓練機関の発展・管理及び職業技能資格制度の完備等の施策を行っている。

2.3.3 文化観光部

2018年3月の省庁再編により，文化部と国家観光局が合併して誕生した文化観光部は全国の文化事業を管理する国務院（内閣）の組織で，中国共産党中央宣伝部の指導の下，文化政策と関連法規の制定及びその執行の監督，芸術活動，図書館事業，文物事業などの指導と管理を行っている。また，主として文化財の保護を行う最高行政機関として全国の文化財保護行政及び博物館の管理運営等を行う国家文物局を管理している。文化観光部の社会文化局は，図書館や公民館（文化館・文化ステーション）の事業，人々の文化活動や農村文化活動室及びコミュニティ文化活動センターの建設事業を所管し，芸術局は，美術館事業を所管している。国家文物局内の博物館・社会文物局は博物館事業等を所管している。

中 国

3 | 成人による学習活動

3.1 学習機会の提供者・アクセス

学習機会の提供者は，都市部と農村部における職業教育を提供する機関，継続教育を提供する教育機関，成人高等教育機関，遠隔教育を提供する機関等，多様な発展を見せているが，広大な国土と多数の人口を反映して，インターネットを利用した遠隔教育の普及が進められている。また，教育の民営化が進んだこともあり，民間企業が運営する教育訓練サービスを提供する教育機関が急速に増えている。その他，識字教育は，農村地域の初等中等学校や学習センター等において提供されている。

3.1.1 職業訓練を実施する機関

職業訓練機関は主に，職業教育を提供する学校や農村成人文化技術学校，技術労働者学校，職業訓練センター（公共の実習訓練基地を含む），企業訓練機関，民間の訓練学校及び海外との合弁で開かれた職業訓練機関等で行われる。

表7：2006年職業訓練機関数と訓練を受けた人数

教育機関種類名	訓練機関数（1,000か所）	訓練人数（万人／年）
技術労働者学校	2.86	270
職業訓練センター	3.21	130
私立の訓練機関	21.00	1,905
企業訓練センター	22.00	1,095
合計	49.07	3,400

（出典）中国教育科学文化機関全国委員会＆中国成人教育協会，2008『中国成人教育発展報告』，34頁。

○**職業学校と農村成人文化技術学校**

教育部によると，2007年には約16万5,000校の職業学校や農村成人文化技術学校が農村労働力を都市型労働力に転換する職業教育を行っており，約3,816万人が訓練を受けた。そのうち，引率型訓練（農村出身者に対して都市生活で必要な法律に関する知識や生活常識を教える訓練）を受けた人数は1,744万人，技能型訓練は1,371万人であり，訓練により都市に移住し農民工となった人材は699万人である。

○**技術労働者学校**

専門の技術を学ぶ技術労働者学校は，主に後期中等教育段階の生徒を対象とするもの

173

と，中級レベルの職業資格を持つ人材や中等職業専門学校を卒業した人を対象とした高級技術労働者学校に分けられる。技師学院は高級レベルの職業資格を持つ人材等を対象としている。2005年までに全国には2,855か所の技術労働者学校が存在し，そのうち，高級技術労働者学校は248か所，技師学院は152か所，在学者数は275万人である。

○職業訓練センター

　　訓練対象は就職を希望している青年やレイオフもしくは失業している者で，彼らに職業と転職の訓練を行い，実用技術と職場での適応力を身に付けさせる。

○私立の訓練機関

　　企業が組織し，社会団体及び社会組織と個人が独自の財源を用いて，運営する訓練機関である。職業技能訓練を主とし，職業資格訓練，技術等級訓練，労働就職職業訓練を行う。2006年までに，全国には，就職訓練センターが3,212か所存在し，民間の職業訓練機関は2万1,462か所存在している。

○企業訓練センター

　　産業界と企業が自ら運営する訓練機関であり，訓練対象は在職の職員及び労働者を主とするが，一般の学習者にも開放している。重要な訓練基地となっており，ここ数年で急速な発展を見せている。2006年までに企業訓練センターは2万2,000か所，1年間に訓練される人材は1,095万人である。

3.1.2　農村での成人学習機会の提供

　改革・開放政策導入以降の新しい経済体制の中で，都市部に出稼ぎに来る農村出身者が，都市型労働力として必要とされる技能と生活態度を身に付けることを目的とした職業教育が行われている。2004年に教育部は，農業部，労働社会保障部（人的資源・社会保障部の前身），財政部等と協力し，農村労働者に対して就職前の短期の職業訓練と都市で生活する上で必要となる法律知識や基本常識，職探しのための知識を学ばせるプロジェクト（原語：「陽光工程」）を開始し，2006年10月までに，約720万人を都市部に送り出した。また，教育部は，職業学校や成人文化技術学校等の教育機関が農村労働者を都市型労働に対応させる訓練を実施するため，2004年に「農村労働力転換訓練計画」を発表した。2006年3月に，国務院は「農民工問題を解決するための若干の意見」を提出し，その中で，▽農村から都市への労働力の転換プロジェクトの継続実施や，訓練に参加した農村出身者への手当の支給，訓練参加のためのバウチャーの提供等を行うこと，▽各種訓練機関や職業団体，青年団体を通じての多様な訓練の実施，▽将来の労働力となる農村の初級・高級中学生に対する職業教育の実施，の3点を示している。

　一方，専業農家を対象に，新しい農業技術や方法を伝達する教育訓練が行われている。例えば，畑作や果樹栽培では農業技術資格証（原語で緑色証書）を取得するための教育訓練が

実施され，畜産・養鶏・養殖では，農業技術員を養成するための教育訓練が行われている。こうした教育・訓練は農民小学，農民中学，農村成人文化技術学校，農民大学等の農民成人学校で行われている。2006年時点で，全国に5万4,417校の農民小学があり，約165万人に対し，識字教育や初等教育段階の教育を提供した。農村成人文化技術学校は，15万900校存在し，そのうち，県営が1,426校，郷鎮による運営のものが2万2,100校，村営のものが12万4,000校で，約4,521万人に訓練を施している。

3.1.3　継続教育機関

　中国において継続教育は，成人高級中学及び高等教育以後に実施される各種形式の教育を指し，特に高等教育機関において在職者や社会人を対象とした夜間・通信課程や職能訓練課程等の様々な課程が開設されている。こうした課程は1950年代から主に学部レベルで開設されていたが，1987年に国務院（内閣）が通達した「国家教育委員会：成人教育の改革と発展に関する決定」により大学後の継続教育が奨励されるようになり，大学院レベルの課程も提供されるようになった。また，1999年から一部の大学では，インターネットによるオンライン課程も提供されている。近年では，継続教育は多様化し，①全日制高等教育機関，成人高等教育機関，公開大学等が展開する通信制，夜間，職場を離れて受ける教育等の成人本科・専科課程，②インターネット大学や公開大学が提供する本科・専科課程等を含んだ遠隔教育，③高等教育独学試験，④卒業資格に結び付かない教育・職業訓練の4つが行われている。

　教育部が報告する2010年の状況によると，全国で約1,500の高等教育機関が成人本科・専科課程を実施し，在学者は約536万人である。大学から独立して設置された成人高等教育機関は365校あり，在学者は約47万人である。インターネット大学等の遠隔教育実験を実施している高等教育機関は69校あり，在学者は約453万人となっている。

　また，教育部は遠隔教育を活用した継続教育の直轄プロジェクトとして，次の4つを推進している。

○1999年より中央テレビ・ラジオ大学を含む69の高等教育機関で実施され，農村地域の人々や遠隔地にいる軍の士官の教育に成果を上げた「現代遠隔教育プロジェクト」。
○継続教育の資源をデジタルデータとして共有化するための「インターネット教育デジタル化学習資源センター建設」等のプロジェクト。
○インターネット教育を受ける本科レベルの学生に対して2005年より基礎科目の全国統一試験制度を実施し，遠隔教育における高等教育の質を維持する制度を構築する「インターネット教育統一試験システムと問題データベース構築」プロジェクトや，継続教育に関する情報提供を行うための「中国遠隔・継続教育ネット」（http://www.cdce.cn/）の構築。

○ハイレベルの専門的人材を養成するため，高等教育機関及び人的資源・社会保障部や，産業界及び企業と連携して実施した「専門技術人材知識更新プロジェクト」。

　また，1985年に全国で初めて継続教育学院を設けた清華大学や，インターネットによる継続教育を実施していた北京大学などは，2011年に全国のモデルとなる継続教育を実施する機関に選ばれ，広東省や寧夏回族自治区等の他地域に継続教育を提供するなどの実験的な取組を行っている。なお，北京大学では，2013年に成人教育学院，ネット教育学院及び研修センターの3つの機関を基礎にして継続教育学院を設立している。

3.1.3.1　政府による継続教育プログラムの管理

　2016年11月，教育部は，高等教育機関における卒業資格に結び付く継続教育プログラムの提供を管理する規則を公表した。2000年代以降，地方・高等教育機関における専門分野の設置に関する自主権が拡大したことから，多様な継続教育機関が発生し，高等教育機関による成人教育推進のための重要な方法となったが，内容が古く質の低い課程やほとんど学生がおらず名称が不明確な課程などが設置される問題が生じたため，継続教育プログラム及び高等教育独学試験の専門分野の内容を規制する必要が生まれていた。そのため，教育部は，継続教育プログラムの管理強化を目指して，継続教育における専門分野の設置に関する基準を制定し，卒業資格に結び付く継続教育の本・専科の専門分野は「高等教育機関本科専門分野目録」「高等教育機関職業高等教育専科分野目録」「高等教育機関学歴継続教育補充専門分野目録」に基づくことが必須となった。同規則に基づき，2018年から各高等教育機関は，教育部の提供する同目録に従った分野においてのみ学生募集を行うこととなった。

3.1.3.2　成人高等教育機関・継続教育学院・全日制独学試験補助学習クラス

　成人高等教育機関には，ラジオ・テレビ大学，職員・労働者大学，農民大学，幹部管理学院，夜間・通信大学などがある。これらは，既に就職した成人を主たる対象とし，多くはパートタイムの形態をとって教育課程を提供している。成人高等教育機関は，各レベルの政府機関のほか，企業や社会団体，コミュニティなど多様な組織・機関により設置されており，2008年の機関数は400校，在学者が169万人である。在学者のうち，本科在学者は68万人，専科在学者が約101万人である。在学者の約半数はパートタイムの課程に属している。

　1988年に国家教育委員会（教育部の前身）が成人高等教育機関の設置基準を定めたことで，成人高等教育機関の卒業者は，本科，専科いずれの課程についても全日制高等教育機関と同等の卒業資格を取得できるようになった。

　また，全日制の本科の高等教育機関に設置される継続教育学院や高等教育独学試験補助学習クラスでは，独学試験に対応した教育を施し，試験に合格させることで高等教育機関と同

等の卒業資格を取得できる教育を提供している。

なお，国家教育委員会は，成人高等教育機関の質の維持・向上を図るために，1986年から毎年10月に全国統一入学試験による入学者選抜を行っている。合格者は翌3月に入学する。

3.1.3.3　教員に対する継続教育機会の提供

有資格教員の教職への意識や専門知識・能力を高めることを目的とした継続教育が1990年代から提唱されており，教育部は教員が生涯を通じて学習するための機会形成を行っている。

教員に対する継続教育の内容は1999年に教育部が発表した「小学校及び初級・高級中学教員継続教育規定」によると，政治・思想教育，教員道徳の修養，専門知識の更新と拡張，現代的教育理論の把握，教育技能訓練や教育工学の把握等であり，対象は①試用期間中の新任教員，②現職の一般教員，③中堅教員の3者である。また，現職教員の中で教員資格として規定される学歴を有していない者や，さらに学歴を高めたい者に対する卒業資格・学位取得のための教育も存在する。近年では，教育改革の進展や教育のICT化に伴い，有資格者の資質向上を目指した継続教育が推進されており，教育部はそのための体制整備を実施している。2002年12月には，北京師範大学を中心に，18省の教員養成機関と連合して，全国の初等中等学校教員及び校長に対する継続教育専門のウェブサイト「全国初等中等学校教員継続教育ネットワーク」(http://www.teacher.com.cn/) が構築され，2003年9月には，北京師範大学や中央ラジオ・テレビ大学等の機関と連合して，衛星テレビやインターネット等を用いて教員の生涯にわたる学習を支援する「全国教員教育ネットワーク連合」(http://www.jswl.cn/) が形成された。これらのネットワークにより，全国の多数の教員に対して，国家レベルで編成された教員研修プロジェクトを提供することが可能となり，2010年までに累計で1,000万人以上の教員に対して研修が実施された。

また，教育部は，特に教育工学の理解と能力の向上を目指した研修計画として2005年に「全国の初等中等学校教員の教育工学能力を構築する計画」を発表した。同計画は教育工学に関する研修を行った後，その技術レベルを全国統一の試験によって認証する体制を構築しようとするもので，この計画に関連し，2005年以降，全国初等中等学校教員教育工学技能試験 (National Teacher's Skill Test of Applied Educational Technology in Secondary and Elementary School, 略称NTET) が実施されている。同試験は全国統一で行われる教員の職業資格試験として機能しており，多数の教員が研修に参加した後，受験をしている。

3.1.4　遠隔教育

遠隔教育は，文化大革命により教育機会を得られなかった人々に卒業資格を付与する教育を広範囲に提供することから始まり，現在は，学習社会に対応した取組として，様々な形式・方法による知識・技能の提供を行っている。

3.1.4.1　ラジオ・テレビ大学

　文化大革命により教育機会を得られなかった人々に対して高等教育等の卒業資格を付与する教育を広範囲に提供するため構築された制度はラジオ・テレビ大学である。ラジオ・テレビ大学は，2012年まで存在したかつての教育部直属の中央ラジオ・テレビ大学を中心に，各省・自治区・直轄市及び日本の政令指定都市に当たる「計画単列都市」に地方レベルのラジオ・テレビ大学が置かれている。2012年以降は，中央ラジオ・テレビ大学は後述するように中国公開大学に改組され，北京市，上海市，広東省，江蘇省，雲南省のラジオ・テレビ大学が公開大学となってからは，それ以外の39の地域でラジオ・テレビ大学が活動している。同ラジオ・テレビ大学は，中国公開大学の委託をうけて当該地域で公開大学の課程を提供するとともに，地域の遠隔教育の中心として学歴の取得に結び付く教育や様々な成人教育を提供している。

　ラジオ・テレビ大学が提供する遠隔教育は，コミュニティにおける教育と密接に関係しているため，各省・自治区・直轄市・「計画単列都市」に中心となるラジオ・テレビ大学が設置され，その下位行政で教育ネットワークが形成されている。このネットワークは行政地域レベルごとに分かれており，その下には，地区及び市レベルのラジオ・テレビ大学分校がある。さらにその下には，県及び政府機関，企業，社会団体などに学習センター（原語：工作站）が設置され，学習クラスを管理している。最下層には，各地域や企業などの職場単位で設置された学習クラス（原語：教学班）がある。

　1990年代後半からは，ネットワーク上での教育方法の運用や教材開発を行うとともに，遠隔教育における高等教育への入学審査の簡素化や単位制の導入を行い，学習時間や課程を学習者自身が選択できるようにする一方で，卒業要件の厳格化や最長8年の在学期間を決定するなど体制を強化した。このようにラジオ・テレビ大学は，技術的進歩とともに教育方法の拡充を図っており，ラジオ・テレビ・ネットワークによって，成人のための卒業資格に結び付く高等教育や職業高等教育，職業中等教育，「社区教育」，農業従事者のための夜間学校，高齢者教育，障がいのある人のための教育，教員研修，職場での研修，各種資格に結び付く継続教育，独学試験のための教育など，様々な教育課程を提供している。また，教育資源を蓄積し，提供するプラットフォーム的機能も果たしており，公開型の教育に関するプラットフォームや「社区教育」ネットワーク，デジタル図書館，大学が開発した優秀なインターネット課程のネットワーク，中国公開大学の学習ネットワークや同大学が開発した5〜15分で1つの学習内容を提供する「5分間課程」等を設置している。

中国

3.1.4.2　中国公開大学

　2012年6月，ラジオ，テレビ，インターネット等を利用した教育部直属の全国的な遠隔教育機関であった中央ラジオ・テレビ大学の資源を基盤に，同大学を改名し，中国公開大学（原語：国家開放大学，英語名：The Open University of China）が開学した。中国公開大学は，独自の学位授与権を有して成人に対する教育を行うとともに，単位銀行やオープンコースウェア，クラウドコンピューティング等の現代的なネットワーク技術を導入するなど，従来のラジオ・テレビ大学の機能を強化し，独立した大学として生涯学習を提供する新型の大学である。

　2010年代初頭まで遠隔教育において中心的な役割を果たしたラジオ・テレビ大学は，当初，文化大革命によって進学機会を失った若者に対し，高等教育を提供することを目的にしていた。その後，同大学は教育事業を拡大させ，成人を含む高等教育や職業教育，教員の研修，農村部での技術教育等の多様な遠隔教育を発展させた。一方で，世界各地では生涯学習概念に基づく公開大学が興隆する状況が発生し，ストレージやネットワークの技術が進展してきたことにより，従来のメディアや通信に基づくものでない新しいタイプの遠隔教育体制が必要となった。そのため，教育部は，中央政府，北京市，上海市，広東省，江蘇省，雲南省が所管するラジオ・テレビ大学を公開大学として2012年に再編し，新たな遠隔教育事業を開始した。

　中国公開大学（http://www.ouchn.edu.cn/）及び北京市等の5地域の公開大学は，ラジオ・テレビ大学の教育資源を基礎として構成されているが，ラジオ・テレビ大学が既存の全日制高等教育機関と連携して，同機関からの承認によってのみしか学士学位を学生に授与できなかったのに対し，設立当初に教育部から一部の専攻分野に対して独自の学位授与権を与えられ，独立した大学として機能している。また，公開大学は卒業資格につながる継続教育と卒業資格につながらない継続教育の双方を実施し，単位銀行制を導入するとともに，高等教育機関の良質な教育資源をオープンコースウェア等によって利用し，学習資源の共有を図っている。その他，クラウドコンピューティング等の情報技術を用いたプラットフォームを形成し，サービス等の情報化を行うデジタル図書館，5〜15分で1つの学習内容を提供する「5分間課程」等のプラットフォームも形成している。中国公開大学は，中央ラジオ・テレビ大学が構築したネットワークを利用して教育を展開しており，開発した課程を5地域の公開大学及びその他地域の39のラジオ・テレビ大学に提供し，各地域の公開大学及びラジオ・テレビ大学は同課程をその下位の地方学院や学習センターに提供している。そのため，2018年現在，地方レベルでは中国公開大学の展開する公開大学用プログラムとラジオ・テレビ大学が提供する従来の遠隔教育が併存している。また，中国公開大学は，業界団体や企業と連携して「業界・企業学院」を設立し，職業教育や企業内研修等を行っている。その他，人民解放軍の士官に対する教育訓練プログラムを提供する中国公開大学八一学院や，障害のある人

179

に遠隔教育を提供する中国公開大学障害者教育学院等がある。どちらも中国ラジオ・テレビ大学時に開設された学院が，同大学が中国公開大学になった後も継続して教育プログラムを提供している。

3.1.4.3　上海公開大学

　上海市は，学習社会形成に向けた遠隔教育推進の流れを受けて，2000年に上海テレビ大学，上海教育テレビ局，上海市視聴覚教育館及び上海テレビ中等専門学校の資源を統合し，上海市教育委員会直属の遠隔教育機関として上海遠隔教育集団を設立し，公開大学を建設するための基礎を形作った。2006年には，上海市は「学習社会建設を推進することに関する指導意見」を発表し，公開大学を含意した新しいタイプの大学を建設する構想を示していた。さらに，2010年3月には，教育部と上海市は，「国家教育総合改革実験区を共に建設する戦略的協力の合意」に署名し，その中で学習社会推進のための新しい機構として，情報化に対応した公開大学の建設を明記した。これにより，全国で初めて「公開大学」という名称を冠した上海公開大学（原語：上海開放大学）が，2010年7月に開設された。

　上海公開大学は，高等教育機関の卒業資格を授与する成人教育や職業訓練及び趣味や教養の学習等，あらゆる生涯学習に対応した学習環境を提供することを目的としている。また，同大学では，各種成人教育で取得した単位を相互認定及び互換することで単位の累積・加算をし，本科課程や大学院の卒業等につながる資格を取得することができる単位銀行制（原語：学分銀行）を採用しており，市内の職員・労働者大学と公開大学分校の多くの課程が同単位銀行と連携して，単位を蓄積できるようになっている。

　また，上海公開大学の設置に合わせて，上海市は，市民に学習資源を提供するため2009年に設置したウェブサイトである「上海生涯学習ネット」（http://www.shlll.net）に「百万市民学習資源システム」を新たに導入し，サービスの提供を開始した。同システムは，100万人の同時ログインを可能にし，インターネット，デジタルテレビ，IPテレビ，モバイル端末，衛星放送の5つの方法により生涯教育，基礎教育，職業教育及び高等教育を独学する人のための教育資源を提供するもので，数千の課程を有してる。マサチューセッツ工科大学やハーバード大学，上海交通大学等のインターネットによる授業も提供しており，上海公開大学の教育資源プラットフォームとしても機能している。上海市は，同システムの稼働開始に合わせ，40万枚のインターネット学習カードを市内の各区及び県に配布した。上海市民は，ウェブサイトにカード番号とパスワードを入力することで同ネットの教育資源を利用できる。また，カードがなくても，市民は登録を行うことで，大容量の教育資源を無料で利用できる。

　さらに，上海公開大学は，2011年3月，上海障害者連合会と合同で障害者教育学院を設立し，市内6か所の学習センターにおいて教員から直接もしくはネットワークを介して障害のある人に授業を提供する事業を開始した。

180

中 国

3.1.4.4 インターネット大学

　インターネットなどの情報通信手段を利用した遠隔高等教育は，中国では，一般に「インターネット大学」（原語：網絡教育学院，網絡学院，網上大学）と呼ばれ，既存の大学が学内組織として開設するもので，独立したインターネット大学は存在せず，教育部が開設を許可する。1999年3月に清華大学や浙江大学など4大学に試験的に設置が許可され，同年中に中央ラジオ・テレビ大学が加入したことで開始された。設立当初は，インターネット網の整備が進んでいなかったため，衛星放送による授業が主であったが，教育部が1999年に発表した「21世紀に向けた教育振興行動計画」に基づき，インターネットによる公開型高等教育の発展を積極的に推進したため，インターネット大学を付設する大学は年々増加し，2011年現在，中央ラジオ・テレビ大学を含めた68大学がインターネット大学を開設している。

　これらの機関では，高等教育機関の卒業資格に結び付く教育（学歴教育）と結び付かない教育（非学歴教育）を行っている。学歴教育では，「本科」「専科」「専科修了者に対する本科後期課程」の3種類が提供され，全日制高等教育機関と同様に国家認定の卒業資格が授与される。非学歴教育では，「大学院レベルの研修課程」「職業訓練」「資格試験向けの課程」「独学試験補助クラス」等が設置され，継続教育を実施している。インターネット大学を開設している大学には，ネット教育学院・遠隔教育学院・継続教育学院などと呼ばれる遠隔教育を専門とする教育機関が設置されており，大学ごとに特色ある教育が実施されている。この他，大学の委託を受けて，大学外でインターネット大学のサービスを代替する法人格の組織である校外学習センターが存在する。ただし，同センターには，各種証書の発行等の独立した教育活動は認められていない。

　インターネット大学は，単位制を採用しており，単位の有効期間は各大学によって決まっている。最短学習年限は，本科課程5年，専科もしくは専科修了者に対する本科課程2年半から3年と決まっているが，修業年限は弾力的である。入学に当たっては，全日制高等教育機関の入学者選抜である全国統一入学試験の受験者だけでなく，各大学が準備した試験による選抜が許されており，入学基準も各大学の規定によっている。

　2011年4月に教育部が報道発表した数値によると，インターネットを基盤とした高等教育機関在学者は約485万人（そのうち全日制高等教育機関在学者は205万人）であり，同年まで登録をした学生数は累計で1,000万人（全日制高等教育機関登録学生数は累計558万人）を超えている。卒業生は約600万人（全日制高等教育機関卒業者は283万人）に上るといわれ，約300種類の専門科目，2万4,000以上の課程，225のデータベース，857の特別教材，9,000の校外学習センターや教育地点があるとされている。

　このように急拡大したインターネット大学に対し，教育部は毎年，「現代遠隔教育を試験的に実施している高等教育機関が学歴教育の学生募集事業を良好に実施することに関する通知」を発表し，インターネット大学が適切なサービスを提供するよう指導している。

181

3.1.4.5　遠隔教育に関する情報提供サービス業とE-learning Hubの形成

　インターネット大学が増加し，それらの情報を集約・整理し，学習者に最適な大学やコースを紹介する等の情報提供が必要となる中で，遠隔教育に関する情報を集約・提供・コンサルティングを行うサービスが展開している。2003年2月に，「オープン遠隔教育センター」（以下，オープンセンターとする）が，中央ラジオ・テレビ大学と電気機器メーカーのTCL有限会社の合弁により，民間企業の管理体制や市場のメカニズムを導入した遠隔教育に関する情報提供・コンサルティングを行う会社として設立された。同センターは，教育機関ではないが，教育部から認可を受け，各地域のラジオ・テレビ大学の学習センターやインターネット大学等をネットワークで結び，遠隔教育を実施している事業者や遠隔教育の利用者へのコンサルティング等のサービスを提供している。2009年現在，オープン遠隔教育センターは，全国に15の支部を持ち，42の大学の中に拠点を構え，地域の学校等を利用した約1,500の学習センターを有しており，約30万人の学習者に対し，全国均一にサービスを提供することのできる遠隔教育の形成を促進している。

　2006年6月に，教育部は「E-Learning Hubと生涯学習社会の構築とそのモデルの建設」プロジェクトを開始し，遠隔教育のさらなる公共化を推進した。「E-learning Hub」（原語：数字化学習港）とは，学習者の所在地の近くにインターネットの端末等を備えた施設を整備し，遠隔教育の資源を利用するとともに，多くの学習センターをネットワークで結ぶことで，分散している教育資源を一括化し，スーパーマーケットのように様々なニーズに応える学習を提供する活動である。同プロジェクトに基づき，オープンセンターは2006年に地方，コミュニティ，企業等の7か所に実験的学習センターを建設し，2007年にはさらに約1,500の学習センターから20のセンターを選び出し，モデル事業を実施している。各センターには，50〜100台の端末と高速インターネットが設置されており，デジタル化された教育資源へのアクセスが容易になっている。2009年現在，オープンセンターの所有するデジタル化された教育資源の総量は20テラバイトであり，そのうち，卒業資格取得に結び付かない教育に関するデータ量は11テラバイトに達している。

　また，学習都市建設の実験として，天津市は，教育部が2006年に発表した「E-learning Hubと生涯学習社会の構築とそのモデルの建設」プロジェクトを受けて，2007年からE-learning Hubを利用した学習都市の構築を進めている。ここではコミュニティ教育や高級中学段階の生徒への教育資源の提供や農村地域での職業技能研修，都市流入労働者への研修等が実施されている。

3.1.4.6　農村部における遠隔教育

　近年，農村部における遠隔教育は，従来のテレビ放送を使う方法から，農村コミュニティの設備を考慮した衛星放送，ラジオ，映像教材等を複合的に使用する方法へと移行しつつある。こうしたプログラムは主に，中国公開大学農林医薬教育部に設置されている「中国燎原ラジオ・テレビ学校」と，農業部（農業農村部の前身）及び教育部等の関係22機関が連合で設置した「中央農業ラジオ・テレビ学校」で行われている。中国燎原ラジオ・テレビ学校は，1990年に設立され，主に衛生テレビ，ラジオ，コンピュータネットワーク，映像機材等を用いて，農業に従事している人材に，農業の実用技術や生産活動，生活における趣味・教養等の内容を提供する学校である。地域によっては，改造したバスに教材や映像機材を搭載し，村々を回る「燎原移動教室」が存在する。中央農業ラジオ・テレビ学校は，1980年に設立された農業部直属の遠隔教育訓練機関である。全国で約3,300の分校と，約2万3,000の学習クラスを持っている。同学校は，中国農村遠隔教育ネットを利用し，農村で中等専門学校に相当する教育やその他訓練を行っており，教育内容は，栽培，養殖，動物防疫等の農村開発に役立つ100以上の専門科目である。農業の技術や職業技能等の資格取得に関連した訓練や中等専門学校修了後の継続教育も実施している。

3.1.4.7　遠隔教育を推進するための教育の情報化

　情報通信技術の進歩とともに，遠隔教育はラジオ・テレビ等のメディアを使用したものから，インターネットやクラウドコンピュータ，ビッグデータ，人工知能等を利用するものへと変化している。これら技術の変化に対応するため，政府は教育の情報化を2010年代以降急速に進めている。2012年に教育部は「教育情報化10年発展計画（2011〜2020年）」を発表し，ブロードバンドやクラウドコンピューティング等のインフラ整備やそれに関連した人材育成を実施する方針を示すとともに，▽農村部における職業学校デジタルキャンパスの建設，▽優良オープンコースウェアの提供や図書・文献の共有，▽ネットワーク上の疑似コミュニティでの学習活動の推進，▽インターネット大学の発展や高等教育独学試験の情報化，▽公開大学用のプラットフォームの構築，▽単位銀行制度の整備，▽校務の電子化や全国の教職員及び児童・生徒・学生のプロファイルの電子化等の方針を示し，教育の情報化を整備している。また，2018年4月には，教育部は「教育情報化2.0行動計画」を公表し，ブロードバンドやプラットフォームの構築などのインフラ整備からビッグデータや人工知能等を使用した教育の応用に政策の重点を移し，2022年までに，人工知能を用いた教師サポートシステムの構築や人工知能等を用いたスマート教育の導入，国レベルでの単位銀行及びデジタル化された生涯にわたる学習プロファイル制度の構築などを行うとしている。

3.1.5　テレビ局等が提供する学習機会

　中央テレビ局や地方のテレビ局等のメディアが提供するサービス及びコンテンツは生涯学習体系の一部と考えられている。特に教育部直属の中国教育テレビ局（CETV）は，衛星放送を用いて，教育に関する報道，児童とコミュニティの教育に関する報道，中央ラジオ・テレビ大学等が提供する遠隔教育課程等のテレビ放送を提供するとともに，2003年には独自のウェブサイトを設立し，生涯学習に対応するプラットフォームを形成してきた。さらに，国内全ての人々にインターネットを通じた生涯学習サービスを提供するため，「学習スーパーマーケット」（原語：学習超市）を設置した。学習スーパーマーケットは，あらゆる教育機関に基礎教育から高齢者教育，職業教育や資格取得のための訓練等のあらゆる教育資源を，インターネットテレビや携帯電話テレビ等を通して提供している。

3.1.6　教育訓練サービス業

　中国において，近年通常の学校体系の外にある補助的教育サービスである教育訓練サービス業が急速に拡大している。教育訓練サービスとは，主に職業教育や外国語教育を提供するサービス業である。高等教育機関が1950年代から実施してきた在学者や社会人を対象とする夜間・通信課程や職能訓練課程を起源とし，1980年代の都市部における労働力不足の解消，90年代のIT分野やマネージメント分野の人材需要への対応などを背景として発展してきた。教育訓練サービス業の提供先機関は，高等教育機関が設置した学校や私立の学校が主であり，中には外国資本を導入した学校も存在する。成功例としては，1993年に英語教育機関として出発し，職業教育訓練部門，児童・生徒を対象とする教育部門，通信教育部門，科学技術産業部門，コンサルタントサービス部門等を持つ総合的教育訓練サービス企業へと発展した「新東方教育科技集団」が挙げられる。

3.1.7　識字教育

　1949年当時，国民の80％が非識字者であった中国では，識字教育は重要な教育課題となってきたが，文化大革命の影響もあり，1982年でも12歳以上の非識字者は全人口の23％を占めていた。国務院は，1988年に包括的な識字教育の方針，実施要領，識字の基準等を定めた「識字工作条例」（1993年修正）を制定し，教育部は1992年に「識字教育大綱」を，2002年に「識字教育課程と教育改革指導意見（試行）」を発表し，識字教育の課程や目標，教育資源の開発と管理，教育の評価等の規定を制定するなど，識字教育振興策を継続している。これにより，国家統計局が2011年4月に公表した第6次全国人口調査の結果で，2010年現在の中国の非識字者率は4.08％まで減少した。

　しかし，人口規模から見る非識字者は5,000万人以上に上っており，経済発展の遅れた地域や遠隔地，少数民族地区での15〜50歳を対象とした識字教育が重要課題となっている。

また，2017年に改正された「障害者教育条例」では，識字教育に学習能力を失っていない非識字及び半非識字者を含むことが規定されるなど，障害者に対する識字教育も行われている。

識字教育は主に，農村地域の初等中等学校，農民文化技術学校，学習センターにおいて農閑期等の仕事の余暇を利用して行われているとともに，マルチメディアを利用した遠隔識字教育も展開されている。識字教育に携わる人員は，農村地域の初等中等学校の教員が主体となっているが，ボランティアや初級・高級中学段階の生徒や小学校高学年の児童も教育に参加している。

識字教育に関する教材は，国家基準を基に省レベルの教育行政機関で統一的に編さんされ，地域の特徴や習俗を反映させた内容となっている。2011年4月，教育部は，「識字教育課程の設置及び教材作成に関する指導要綱」を公布し，読み，書き，算数，生活のための一般知識等のリテラシー能力向上を目指した識字教育のための課程と教材作りを目指すことを各地域に指導している。

3.2　資格・学位

成人教育を資格・学位の取得という観点から分類すると，「学歴教育」及び「非学歴教育」という制度に分けられ，その内容は，次のとおりになる。

「学歴教育」は卒業資格・学位取得に結び付く教育であり，高等教育機関，中等職業教育機関，初級・高級中学，小学校で提供される。近年は，大学院課程を提供する成人教育機関も存在する。また，特定の国家試験に合格すれば，主に高等教育段階の卒業資格が取得できる独学試験制度も「学歴教育」に分類される。

「非学歴教育」は，卒業資格・学位取得に結び付かない教育であり，成人識字学級，農村での技術トレーニング，職場訓練，職業資格に結び付く学習，専門の資格に結び付く学習，後期中等教育段階及び高等教育段階終了後の継続教育，趣味・教養の教育等があげられる。

なお，近年は，「学歴教育」で授与される卒業証書と「非学歴教育」で取得できる職業資格証書等の2つの証明書を同時に取得する「2つの証書」（原語：双証書）制度が発展している。これは，資格試験の合格が高等教育機関での単位として認められるだけでなく，高等教育独学試験において関連科目の試験が免除されるためである。資格試験の受験者は，合格により，職業資格を取得し，さらに高等教育機関の卒業資格が取得しやすくなる利点がある。

職業資格制度は，国家が制定した職業技能基準あるいは任職資格条件に基づき，政府認定の審査検定機関を通じて行われ，合格者には，国家職業資格証書を授与する制度である。人的資源・社会保障部が提供する職業資格証書は「初級技術工」「中級技術工」「高級技術工」「技師」「高級技師」の5段階に分かれており，各資格は，職務経験や職業年数を考慮した上で，検定試験を受けることによって取得される。

識字教育に関しては，識字能力を身に付けた人に，郷・鎮人民政府や区役所出張所（原語：街道弁事処）から「識字証書」が発行される。

3.3　学習成果の評価

学習成果は，「学歴教育」の場合，（成人）初等，中等，高等教育の各段階の卒業資格の取得により，「非学歴教育」の場合，試験に合格し，職業資格を取得することによって成果と見なすことができる。

その他，職業技能コンテストや技能が優秀な人材に対する表彰等の事業によって職業技能訓練の評価が行われている。

3.3.1　卒業資格に結び付く高等教育独学試験制度

高等教育独学試験制度は，学歴を問わずに誰でも受験でき，所定の課目の試験に合格すれば，省・自治区・直轄市の独学試験委員会と試験を委託された高等教育機関との連名の卒業証書が授与される制度である。1970年代後半は，文化大革命の影響により教育資源が不足していたため，高等教育機関は学生を受け入れることはできず，人材育成の障害となっていた。この状況を解決するため高等教育独学試験制度が設けられた。

全日制高等教育機関の急速な規模拡大が，財政難により困難である中，夜間大学等に通う人材の独学を支援するため，1980年9月に北京市が「高等教育独学審査制度に関する決定」を，同年12月に教育部が「高等教育独学試験試行方法」を発表し，1981年1月に国務院により正式に施行が決定した。1983年には，国家教育委員会（教育部の前身）は，全国の独学試験を指導する全国高等教育独学試験委員会を創設し，試験基準の制定や試験の全国への拡大等を決定した。

1988年3月に国務院は「高等教育独学試験暫定条例」を公布し，独学試験制度の内容，試験方法等の規定を制定し，制度としての独学試験が確立した。これにより1990年代から2000年にかけては，「高等教育独学試験私立補助校」（原語：自学民弁助学機構）等の私立の教育機関が設立される等，高級中学卒業者が独学試験の制度を利用して高等教育の卒業資格を取得しようとするブームが発生した。そのため，1999年1月施行の「高等教育法」（2015年改正）第21条においても，「国家は高等教育独学試験制度を実施し，試験に合格した者に，相応の卒業資格証書あるいはその他の学業証書を授与する」と規定した。また，2002年以降には，全国英語等級試験（PETS）の2級や3級を取得すれば独学試験の英語の試験を免除されたり，全国計算機等級試験（NCRE）に合格すれば，独学試験のコンピュータの試験が免除若しくは試験の成績が代替されるなどの職業資格に結び付く試験と独学試験の連携が行われるなどした。

中 国

　2010年末までに，全国693の高等教育機関が高等教育独学試験に参加し，1,602の教育関連機関が独学試験を補助する教育を提供している。参加者延べ人数は約2億1,700万人（重複のない実数は約5,579万人）であり，その内，高等教育の卒業証書（専科又は本科）を取得した人数は約982万人である。2010年代以降は，成人継続教育の多様化，MOOCs等の新しい高等教育手段の普及などにより，高等教育機関に属さずに高等教育の卒業資格を得るための独学試験の有効性は徐々に失われており，近年の独学試験の受験者は減少傾向にある。

3.3.2　試験に基づく職業資格の取得

　2000年以降，職業資格取得のため多様な試験が実施されるようになった。経済のグローバル化や知識基盤社会の進展とともに，高等教育卒業の学歴のみでは，就職が難しくなってきたからである。資格試験は，国家教育委員会試験センター（現在は教育部試験センター）が1994年に行った「全国計算機等級テスト」（National Computer Rank Examination：NCRE）が，その後の資格試験発展の契機となっている。

　NCREはコンピュータの基礎的知識やビジネス用アプリケーションソフトウェアの使用方法等の能力を認定する1級から，ネットワークやデータベースの技術者を試験する4級まで内容ごとに等級付けられており，全国統一の形式で筆記と実技を行うことで審査される。受験者は年齢，学歴，職業で区別されることはなく，自らの学習と経験により，適切な等級の試験をうける。合格者に与えられる証書は，全国で通用するだけでなく，英語及び中国語での記載や全国統一の証書番号が記載され，国際的に通用する証書の形式になっている。1994年から2008年までの受験者数累計は2,870万人であり，そのうち，1,073万人が資格を取得した。

　2000年には，英語力を5等級に分けて検定する「全国英語等級試験」（Public English Test System：PETS）が実施された。同試験は，教育部とイギリス国際開発省の教育交流事業として教育部試験センターとケンブリッジ大学試験機構（University of Cambridge Local Examinations Syndicate：UCLES）とが共同で研究，開発を行った。PETSは就職の際に必要とされる資格として考えられるとともに，高等教育独学試験とも連携しており，PETS2，3及び4級取得者は，独学試験の英語1もしくは2の筆記試験が免除される。2007年までに，全国で約481万人が受験し，約162万人が合格証書を受け取っている。

　NCREやPETSの発展を受けて，2002年に開催された第5回全国高等教育独学試験指導委員会第2次全体会議では，独学試験と資格試験との連携に基づく継続教育や職業教育の発展による生涯学習社会を形成する方針が示され，資格試験は更に多様な方向に拡大することとなった。例えば，2003年10月，教育部試験センターと北京外国語大学が合同で，「全国外国語翻訳証書試験」を実施し，1,719人が受験した。2004年には産業界との連携の上，「中国飲食業経営者資格試験」（原語：中国餐飲業職業経理人資格証書考試）が実施されるとともに，

労働・社会保障部（人的資源・社会保障部の前身）と連携し，「労働・社会保障関連職位資格試験」や，国家統計局と連携した「調査分析士資格試験」，中国機械工学会と連携した「機械工学技士総合資質・技能試験」，2005年には中国市場学会との連携で，「中国市場マーケティング資格試験」が実施された。

また，教育部試験センターは，中国交通運輸協会と連携し，合格することで他の2つの資格と相互認証される「中国物流職業経営資格試験」（China Professional Logistic Manager：CPLM）を作り上げた。同試験の合格者は，高等教育独学試験における物流管理専攻の本科課程もしくは専科課程相当の学歴と認定されるとともに，英国の勅任物流運輸学会（Chartered Institute of Logistics and Transport）が発行する「国際登録物流経営者証書」（Royal Logistics Certificate Institute of Logistics and Transport：ILT）を取得することができる。

表8：主要な資格試験

試験名称	試験の対象・内容等
全国計算機等級試験（NCRE）	ビジネス用アプリケーションからプログラミング，ネットワーク技術等の試験。4等級に分かれている。
全国英語等級試験（PETS）	PETS 1〜5までの5等級に分かれており，PETS 1にはPETS 1Bという附属級がついている。筆記と口述試験からなる。
全国外国語翻訳資格試験（NAETI）	日本語と英語の試験が行われており，日本語は3等級，英語は4等級に分かれている。筆記と口述の試験からなる。
全国外国語水準試験（WSK）	英語，ドイツ語，フランス語，ロシア語，日本語からなり，外国語を専門としていない人の外国語水準を検定する。主に公的派遣留学生の選抜に用いられる。
全国初等中等学校教員教育工学技能試験（NTET）	「2003〜2007年教育振興行動計画」に基づき，小中学校教員の能力や技術を向上させるため，2005年に一部地域で，2006年に全国で実施された。
ケンブリッジ児童英語試験	英語を母国語としない6〜12歳の児童を対象とした英語能力試験。2007年までの試験参加者数累計は約170万人。
中・英提携ビジネス管理・金融管理課程試験	指定の9課程の試験に合格すれば，同課程の合格証書だけでなくUCLES認定の証書が得られる。15課程の合格では，独学試験における専科課程卒業資格とUCLES認定の専門の証書が得られる。
ケンブリッジ事務管理国際資格試験	英語で，Cambridge International Diploma in Office Administration。業務マネージャー，業務管理者，補佐要員，事務員，秘書等の事務系職員全般のための国際資格試験。UCLESが設計を行い，教育部試験センターとケンブリッジ大学の試験機関が共同で実施した。
中国書画等級試験	教育部試験センターが中心となって全国の書画学習者の技能を測るために開始された。
全国計算機応用技術資格試験（NIT）	UCLESの協力により1996年から開始されているIT資格試験。昇進や就職等に利用されている。
全国計算機職業技術試験（NITpro）	IT専門の人材に対する資格試験。
全国児童計算機試験（児童NIT）	5〜16歳を対象としたコンピュータの応用能力を測定する試験。

（出典）教育部ウェブサイト「非学歴教育証書考試」2009年5月14日（http://www.moe.edu.cn/）。

3.3.3　単位銀行制

　単位銀行は，教育先進地域の上海市や公開大学などの一部地域や制度の中で実験的に実施されている。単位銀行の設立については，　2010年7月に公布された2020年までの10年間の教育に関する包括的中長期計画である「国家中長期教育改革・発展計画綱要（2010〜2020年）」の第8章「継続教育」において，「継続教育の単位累積と互換の制度を作り，異なる類型の学習成果の相互承認と連携を実現する」と記されており，2020年までに全国規模の単位銀行の構築が政府の目標とされた。この政府の目標を受けて，上海市では，2012年に単位銀行の運用を開始し，同市の高等教育機関を卒業した者は，自動的に単位銀行の口座を取得し，生涯学習の成果が記録されるようになった。2017年現在，同市の単位銀行に登録してある個人プロファイル数は232万に上り，そのうち制度を利用している学習者数は78万人に上っている。同市の単位銀行は，上海公開大学によって運営されており，同大学では職業資格等の高等教育の卒業資格に結び付かない資格についても単位として認められるなど，職業教育と普通教育の学習成果を相互に認証できるシステムを作っている。上海市等での実験的な取組を基に中央政府は，2016年に公表した「第13次国民経済及び社会発展5か年計画要綱」（2016〜2020年）の中で「単位銀行制度と全国資格枠組みの構築」を再度2020年までの目標と定め，同年，教育部は「高等教育の単位認定と互換事業を推進することに関する意見」を公表し，▽高等教育機関間での単位の認定と互換，▽高等教育独学試験制度において獲得した学習成果の単位認定と互換，▽職業資格や就業経験，職業訓練等，オンラインでの学習，ボランティアなどの教育機関の卒業資格に結び付かない学習成果の単位としての認定などを制度化し，全国規模で単位を蓄積，認定，互換できるサービスプラットフォームの構築を2020年までの目標とした。また，2016年に教育部は，「公開大学をよりよく運営することに関する意見」を公表し，全国規模で学習ネットワークを構築している公開大学が異なる類型の学習成果の互換や蓄積を担う上でのサービスを提供する方針を示した。さらに，同年6月に教育部等が公表した「社区教育」の発展に関する意見では，社区教育においても単位銀行を構築する目標が示された。同意見に基づいて，上海市では，2016年9月に社区教育及び高齢者教育の学習成果を上海市の単位銀行に蓄積させる制度を構築するための通知を公表している。

4 | 地域・家庭教育の支援

　急激な経済成長を続ける中国では，経済体制の改革とともに，社会体制の改革が重要となり，各人の政治，経済，社会活動の基盤となっていた既存の企業・機関・学校等の「単位」組織から地域の居住者によって形成されるコミュニティが人々の生活基盤として重要になってきた。新たな社会状況において，自治組織としてのコミュニティは，域内の住民に対し，人材育成・就職支援，高齢者や子供への社会保障，都市流入労働者への職業訓練等のサービスを提供し，コミュニティの持続的な発展を図ろうとしている。そのため，既存の教育施設が再編され，社区学院（コミュニティカレッジ）等の新たな教育機関とネットワークが形成されている。

　一方，社会の変化に伴い，保護者の子供に対する過保護や過重な学習の押しつけといった問題が発生したことから，子供の自立心や道徳心，協調性の育成等の家庭教育が重視されるようになり，政府は90年代以降一貫した取組を続けている。

4.1　地域教育の支援

4.1.1　社区教育

　政府は生涯学習を推進する学習社会形成の一環として社区教育を推進している。「社区」は英語の「community」の中国語訳であり，国務院に属し，社会保障，選挙，社団登記，災害救援等を所管する民政部が2000年11月に公布した「全国で都市社区の建設を推進することに関する意見」で，「一定地域の範囲内に居住する人々が構成する社会生活共同体」と定義されている。実際には，社区は末端の行政組織である街道の下部にある自治組織「居民委員会」が多数合併して形成された社区居民委員会が管轄する地域を指している（図1参照）。

　社区教育は，コミュニティ内の全ての住民に対して主に▽成人に対する職業技術訓練，▽青少年に対する学校外の教育，▽高齢者及び住民の社会文化的生活向上に向けての教育を行っている。成人に対する職業技術訓練は，各コミュニティ内及び周辺の企業の必要に適合した職業技術訓練の提供や転職・再就職に向けての訓練であり，都市流入労働者，リストラされた人員や失業者，障害のある人を対象としている。青少年に対する学校外の教育は，主に初等中等教育機関を利用し，正規の課程以外の教育を提供する活動である。高齢者及び住民に対する教育は，音楽，美術，健康・衛生等の社会文化生活を営む上で必要な知識を提供し，住民の多様化するニーズに応えていくことを目的にしている。

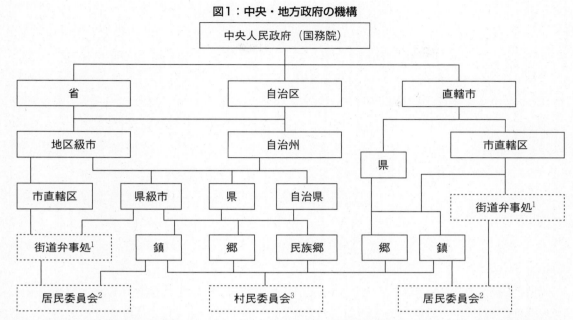

図1：中央・地方政府の機構

図注1：街道弁事処は，市人民政府（市役所）の1級下の行政機構である区人民政府の出先機関で，都市部では最末端の行政機構である。
図注2：居民委員会は，1989年12月公布の「都市居民委員会組織法」によれば，都市部における居住区住民の自己管理，自己教育，自己サービスに関する社会の末端における大衆的性格を持つ自治組織であり，100～700戸で構成されている。
図注3：村民委員会は，1998年11月公布（2010年10月改正）の「村民委員会組織法」によれば，農村部における居住区村民による自己管理，自己教育，自己サービスのための社会の末端における大衆的性格を持ち，民主的選挙，民主的管理，民主的監督を実行する自治組織である。
（出典）興梠一郎『現代中国―グローバル化のなかで―』岩波書店，2002年。

4.1.1.1 政府による社区教育の推進

　政府は，社区教育推進に係る政策を1990年代後半から開始しており，1999年1月には，国務院（内閣）は「21世紀に向けた教育振興行動計画」を公表し，「社区教育の実験事業を展開する」ことを提示した。これに基づき2000年に教育部が「一部地域において社区教育実験事業を展開することに関する通知」を公布し，北京市，天津市，上海市等の地域の8地区にて事業が開始された。2001年には，さらに28地区に拡大され，2004年12月には，教育部が「社区教育の推進に関する若干の意見」を発表し，各省，自治区，直轄市の教育行政機関に対し，社区教育推進実験地区やモデル地区を一層拡大し，青少年対象の校外活動，在職者対象の職務訓練，高齢者対象の文化活動などの教育，及び研修の機会を地域住民に提供できるような条件の整備を進めていくことを求めた。これにより2007年までに社区教育実験地区数のうち，国家レベルのものは114となり，省及び直轄市レベルのものは約300となった。

　2007年10月には，教育部は，教育実験地区の成果を評価するため，社区教育モデル地区を全国から選出する事業を実施し，専門家の審査を経て，2008年2月に北京市西城区等の34地区をモデル地区と認定した。さらに，教育部は2010年8月に「社区教育モデル地区評価基

準（試行）」を発表した。これは，モデル地区選出事業を的確に行うため，5つの1級指標，16の2級指標，39の3級指標からなる3層構造の評価基準を数値で示した指標である。地区が，100点満点の90点以上を獲得し，かつ重要な指標で優秀な成績であった場合にモデル地区として選出される権利を獲得する。同基準を用いて，2010年9月には，社区教育モデル地区を全国から選出する事業が行われ，11月に北京市内及び上海市内等の34地区がモデル地区として確定した。

また，社区教育の活動内容を明確化するため，2006年12月，国家標準化管理委員会は国家基準として，「社区サービス指南第3部分：文化，教育，体育サービス」を公布し，社区教育は，▽成員の基本的学習の権利を保障，▽生涯学習の需要の充足，▽コミュニティ内の誰もが参加できる教育機会の提供，▽コミュニティ内の教育施設・資源の共有等を行うものと規範化した。

2016年には，国レベルの実験区が122，モデル地区が127となり，各省でも500余りの省レベルでの実験区やモデル地区を設立するまで社区教育が普及し，2015年に教育部の調査で社区教育に参加した人の7割がその事業に満足するなど社会的認知度が高まっている。この状況を受けて，政府は社区教育をコミュニティの安定化と社会保障の重要な要素として位置付け，2020年までに全国で社区教育を展開するため，「社区教育の発展をさらに推進することに関する意見」を2016年7月に公表した。同意見では，2020年までに600の教育実験区と200のモデル地区を形成し，全国で社区教育を普及させることを目標とするとともに，公開大学や社区教育学院などを通じて住民の社区教育への参加率や満足度を向上させるとしている。

なお，国レベルの公開大学である国家公開大学は，「中国社区教育ネット」（http://www.shequ.edu.cn/）を運営している。同サイトは，社区教育関連の法令・政策文書，各地の実践例，教育カリキュラム，各地の成果の報告等についてデータベースを構築するとともに，29の省・自治区・直轄市の1,400余りの社区で行われた社区教育の統計事業も行っている。

4.1.1.2　社区教育の資源

社区教育は，コミュニティ内の既存の教育資源を有効利用することで発展している。第1にコミュニティ内の学校施設（教室，運動場，図書館，コンピュータ室等）を開放し，市民の学習に役立てている。第2にコミュニティ内に存在する社会教育施設（図書館，博物館，展覧館，文化センター，体育センター，市民広場，各種教育機関・科学研究所等）を利用している。また，各社区教育実験地区では，社区教育学校，成人学校，職業学校，初等中等教育機関，学習する組織等が連携して，社区教育ネットワークを形成している。例えば，上海市の閘北区では，区レベルに設置され，成人教育を行う社区学院を筆頭にして，街道（鎮）レベルにより規模の小さな社区学校を配置し，さらにより規模の小さい成人学校や職業学校，初等中等教育機関を補助機関として利用する3層の社区教育ネットワークを形成している（**図2**参照）。

192

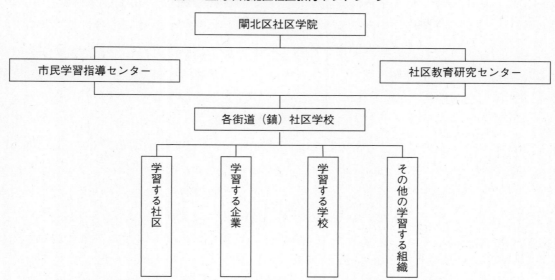

図2：上海市閘北区社区教育ネットワーク

（出典）中国教育科学文化機関全国委員会＆中国成人教育協会，2008『中国成人教育発展報告』，47頁。

　また，ICTを利用した社区教育が発達しており，ネットワーク教室，電子図書館等が利用されている。

　教育部直属の遠隔教育を提供する高等教育機関であった中央ラジオ・テレビ大学は，2006～2010年までの第11次5か年計画の期間，同大学の資源を利用した社区教育推進計画を実施し，社区教育研究センターや全国56か所に社区教育実験センターを設立するとともに，16省のラジオ・テレビ大学は社区大学を増設した。また，同期間に，社区教育に使用する映像教材等を総計10万分間制作するなどし，遠隔教育の分野で教育資源を構築することに貢献した。

4.1.1.3　社区教育に関わる人員

　社区教育は多面的に行われるため，コミュニティのあらゆる人々の参加が必要となる。このため，各地域では，社区教育のための「講師団」「宣伝団」「補助隊」「ボランティアサービス事業隊」等が形成されている。社区教育では，専任及び兼任の人員とボランティアが一体となって活動しており，例えば，上海市閘北区では，区教育局が，就学前及び初等中等教育機関から45人の教員を選抜して社区教育の補助員として専任し，次に，街道の文化・教育・科学部門や居民委員会，社区学院の教員等から兼任の教育従事者1,303人を形成した。また，コミュニティ内の退職した人員や教員，技術者等の4,876人がボランティアとして参加し，さらに，研究者15人が専任の専門家・顧問として就任し，5人が兼職研究員となった。

4.1.2　社区学院（コミュニティカレッジ）・社区学校

　コミュニティ内の教育ネットワークで中心的教育機関と位置づけられる社区学院（コミュニティカレッジ）は，職員・労働者大学，ラジオ・テレビ大学分校，成人教育学院等の地域に存在していた既存の成人教育機関が，再編・合併する形で形成された。社区学院は基本的に後期中等教育段階を卒業し，専科課程（2〜3年）の高等教育卒業証書取得を目指す者を対象としている。社区学院は，コミュニティ内の住民に対して就労支援を行うために職業・学歴教育を提供するだけでなく，コミュニティ内の教育ネットワークにおいて各街道・鎮の教育の中核を担う社区学校に対して開発した教材や養成した教員を提供する機能を担っている。

　上海市の街道（鎮）レベルで教育サービスを提供する社区学校は，社区教育のネットワークにおいて社区学院の下部に位置し，地域の人々と密接な関係の中で，▽住民参加型の文化活動やボランティア事業，▽幅広い年齢層に対する趣味・教養のための講座等を開設している。その他，職業訓練や，新たにコミュニティに移り住んだ住民を支援する学習活動等を展開している。

4.1.3　高齢者大学

　高齢者大学（原語：老年大学）は，書道，気功，文学，歌謡，園芸，太極拳，コンピュータ，外国語等，高齢者の生きがいや趣味・教養のための学習を対象とする教育機関である。名称に「大学」とついているが，正規の教育機関ではなく，卒業資格を授与しない非営利の民間団体が運営する生涯学習機関である。1983年に山東省の省都，済南市に最初の高齢者大学が設立されてから，徐々に各地に広まり，多種多様な形態の高齢者大学が生まれた。2008年末までに，全国で約4万の高齢者大学や高齢者学校が設立され，そこで約430万人が学んでいる。近年では，「高齢者ラジオ大学」「高齢者テレビ大学」「インターネット高齢者大学」等の高齢者遠隔教育が盛んになっており，約130万人が学んでいる。

　政府は，高齢者大学を設立して，高齢者教育を発展させることを，社会の高齢化への重要な対策と位置づけており，1996年には「中華人民共和国高齢者人権保障法」（原語：中華人民共和国老年人権益保障法）を制定し，▽高齢者は継続的に教育を受ける権利がある，▽国家は高齢者教育を発展させ，社会が各種高齢者学校を運営することを奨励する，と規定した。また，2001年には，中国共産党中央組織部や教育部，文化部（文化観光部の前身）等が連名で「高齢者教育事業を良好に実施することに関する通知」を発表した。さらに，地方政府の動向としては，2002年に，天津市が高齢者教育に関する初めての地方政府による法規「天津市高齢者教育条例」を制定し，また，福建省は2005年に「福建省生涯教育促進条例」の中で，高齢者教育の推進を明記している。このような高齢者大学の発展の中で，2009年12月に，北京市の人民大会堂で高齢者大学設立25周年の発展を振り返り，高齢者教育事業に貢献をした人物や機関を表彰する式典が行われた。

4.1.3.1　高齢者公開大学

　高齢者遠隔教育の中心的な機関として高齢者公開大学が2015年設立された。同大学は，高齢化社会の進展の中で高まる高齢者の学習意欲を満たすとともに，高齢者介護等の産業で必要とされる人材の育成を行うことを目的に開設された大規模な高齢者教育のプラットフォームであり，教育部の成人教育・職業教育司によって管理されている。人材育成の面では「高齢者サービスと管理」「高齢者社会事業」の2つの専科レベル（2～3年の短期高等職業教育）のコースを開設し，2015年春期から学生の募集を開始した。高齢者への学習の提供等に関しては，同大学はウェブサイト（http://www.lndx.edu.cn/）に，開設当初に204分野，1,700の無料のコースを公開し，その一部は高齢者福祉サービス業に従事する人々も対象としている。書道，絵画，太極拳，トランプ，スマートフォン等の技能訓練において，ウェブ上の課程をもとに，実社会での活動を組織するなど，ネットに偏らない取組も行っている。また，同大学は，教育部直属の全国的な遠隔教育機関である中国公開大学の情報インフラを利用する形で設置され，学長は教育部の幹部や中国公開大学の学長が兼務する形をとっている。

4.1.4　地方における地域教育——山西省郷鎮成人学校の事例

　1990年代後半からの経済成長及び市場の競争の激化に伴い，農村では，農業技術訓練を受けて，増産増収を果たしたいとする人々が増えたため，政府は，農村における実用的な技術訓練を実施した。こうした農村地域で成人教育を担う機関は，「農村成人文化技術訓練学校」と呼ばれており，2009年現在，全国に12万9,443校存在している。この種の学校で行われる教育は，普通教育，職業教育，成人教育の3種を統合させたもので，地域の特徴に合わせた教材を利用し，実地訓練を重視する。例えば，山西省の郷鎮成人学校は，農村の現実を把握し，農村で利用できる教育資源を利用した実用的技術訓練を実施した。その栽培教育モデルは以下のとおりである。

○**学校＋拠点＋農家モデル**：まず学校において新品種を導入し，モデルとなる拠点で試験的栽培をした後，農家全体に栽培方法を広める方法を実現した。
○**学校＋協会＋農家モデル**：農民のための学習拠点である鎮の成人文化技術学校が，鎮内の農業技術を推進する民間団体と連携して，農家に収益性の高い単一品種の導入を促すとともに，農地管理，販売の補助等を行った。
○**学校＋企業＋農家モデル**：鎮の成人文化技術学校が企業と連携して，牧畜の専門家を招き指導を受けるとともに，農村において訓練を行い，技術の普及を行った。

4.2　家庭教育の支援

　改革・開放政策導入以降の社会変化の中で，モラルの低下や犯罪の増加，社会主義信念の揺れが指摘されるようになり，1980年代末から党・政府により学校・社会・家庭のあらゆる場面で道徳教育や愛国主義教育が推進されてきた。一方，1979年に始まる一人っ子政策から派生して，保護者の子供への過保護や受験のための過重な学習の押しつけといった問題が発生しており，子供の自立心や働く意識の育成等，家庭での教育の改善が求められてきた。そのため，家庭教育は，「道徳教育の実践」及び「子供の健全な育成」の2つの要素を含み，学校及びコミュニティと連携し，地域全体で行う教育活動となっている。

　また，一般に家庭教育は保護者によって実践される教育活動であるため，保護者を指導・教育する取組が1990年代以降拡大している（**表9**参照）。1992年2月には，国務院（内閣）は「1990年代における中国子供発達計画綱要」を策定し，保護者に家庭教育の知識等を指導するため，学校内に設置した「保護者学校」や遠隔教育を利用した「ラジオ父母学校」等による家庭教育の推進が示されている。さらに1997年4月には，国家教育委員会（教育部の前身）及び中華全国女性連合会（共産党指導下の女性全国組織）は，「保護者の教育行為規範」を制定し，保護者に対し子供への教育において実践すべき意識・態度を示している。

　2000年代では，国務院は2001年5月に「中国子供発展綱要2001〜2010年」を，2002年5月には教育部と中華全国女性連合会は「第10次5か年計画における全国家庭教育事業」を発表し，「保護者学校」のさらなる拡大，テレビを通しての家庭教育の普及，家庭教育に関する教材の開発の推進等の方向性を示した。一方，中国共産党中央委員会は，家庭教育と道徳教育を関連させた活動を展開するため，2001年10月に「公民道徳向上のための実施要綱」を発表し，家庭や学校，社会のあらゆる場面での道徳教育の実践を強化することを訴えるとともに，2004年2月には，「青少年の思想道徳向上の一層の強化・改善に関する若干の意見」を発表し，思想道徳教育の一層の推進を促した。その後，教育部や中華全国女性連合会等は，同意見に基づき，2004年10月から「合格の保護者に競ってなり，合格の人材を育成する」ことを目標とする「2つの合格」（原語：双合格）活動を展開し，家庭教育読書活動や先進的「2つの合格」を達成した家庭を表彰する活動などを行っている。

　また，教育部の一機関であり，教育関連の仕事を退職・離職した人たちが青少年の思想・政治・道徳教育を担う団体である教育部次世代育成事業委員会が，積極的に家庭教育に関わっている。同団体は，1999年10月に，家庭教育活動を推進する拠点となる「家庭教育センター」を設立し，2003年には「中国家庭教育ネット」を開設して，家庭教育の支援強化を図っている。

　1996年から教育部及び中華全国女性連合会等は家庭教育に関する5か年計画を策定しており，2012年3月には「家庭教育を指導・推進することに関する5か年計画（2011〜2015年）」

中 国

表9：1990年代以降の家庭教育の主要な動向

年　月	動　向
1991年3月	「子供のための世界サミット」（1990年）にて採択された「子供の生存，保護及び発達に関する世界宣言」及び「1990年代における子供の生存，保護及び発達に関する世界宣言を実施するための行動計画」の双方に中国政府が正式に署名。
1991年9月	「中華人民共和国未成年者保護法」の制定。
1992年2月	国務院（内閣）は，第8次（1991～1995年）及び第9次（1996～2000年）の両5か年計画を跨いで実施される10か年の計画「1990年代における中国子供発達計画綱要」を策定。
	・「保護者学校」（原語：家長学校）[1]や「ラジオ父母学校」等による家庭教育の推進。
1996年9月	国務院及び中華全国女性連合会が「第9次5か年計画における全国家庭教育事業」を発表。
1997年4月	国家教育委員会及び中華全国女性連合会は「保護者の教育行為規範」を制定。
1998年3月	国家教育委員会及び中華全国女性連合会による「全国保護者学校事業指導意見」（試行）の発表。
1999年10月	教育部次世代育成事業委員会（原語：教育部関心下一代工作委員会）[2]が「家庭教育センター」を設立。
2001年5月	国務院が「中国子供発展綱要2001～2010年」を発表。
2001年10月	中国共産党中央が「公民道徳向上のための実施要綱」を発表。
2002年5月	教育部及び中華全国女性連合会が「第10次5か年計画における全国家庭教育事業」を発表。
	・「保護者学校」のさらなる拡大，テレビ等を通しての家庭教育の普及，家庭教育に関する教材の開発等の推進。
2003年1月	教育部次世代育成事業委員会が「中国家庭教育ネット」（http://www.jiaj.org/）を設立。
2004年2月	中国共産党中央及び国務院は「青少年の思想道徳向上の一層の強化・改善に関する若干の意見」を発表。
2004年10月	教育部及び中華全国女性連合会は「全国保護者学校事業に関する指導意見」を発表。
2004年10月	教育部及び中華全国女性連合会等は「合格の保護者に競ってなり，合格の人材を育成する」ことを目標とする「2つの合格」（原語：双合格）活動を展開する通知を発表[3]。
	・家庭教育読書活動や先進的「2つの合格」家庭を表彰する活動を展開。
2006年12月	「中華人民共和国未成年者保護法」修正法の制定。 第12条「父母あるいは保護者は，家庭教育の知識を学習し，正確に保護の職責を果たし，未成年者を扶養し，教育しなければならない。また関連する国家機関及び社会組織は，未成年者の父母及び保護者に家庭教育に関する指導を提供しなければならない。」
2010年2月	教育部及び中華全国女性連合会等が「全国家庭教育指導大綱」を発表。
2012年3月	「家庭教育を指導・推進することに関する5か年計画（2011～2015年）」を公表。
2015年10月	「家庭教育事業を強化することに関する指導意見」を公表。
2016年11月	「家庭教育を指導・推進することに関する5か年計画（2016～2020年）」を公表。

表注1：日本の家庭教育学級に相当する「保護者学校」は，保護者に家庭教育の知識や方法等を指導するための施設であり，保育所，幼稚園，初等中等学校等に設置されている。2007年8月時点で総数は43万か所である。遠隔教育の方法を利用した「保護者学校」として，「ラジオ父母学校」「ラジオ・テレビ保護者学校」「インターネット保護者学校」が存在する。
表注2：教育部次世代育成事業委員会（原語：教育部関心下一代工作委員会）は全国の教育関連機関から退職した専門家や教員等で構成され，思想・政治教育や道徳教育を行う教育部の機関。
表注3：原語では「関於在全国開展"争做合格家長，培養合格人才"家庭教育宣伝実践活動的通知」。

を公表した。同計画で保護者に対する家庭教育の指導を公共サービスに含めることを決定したことから，2015年現在80％の都市部のコミュニティと60％の行政村で保護者学校や保護者に家庭教育の知識や理念を指導する機関である家庭教育指導サービスセンターが設置され，インターネット上に展開する「ネット保護者学校」は全国に設置された。2016年11月には，2016～2020年にかけての5か年計画が公表され，学校やコミュニティ等の家庭教育を推進する組織以外に，公共図書館や博物館等の社会教育施設で年に少なくとも2回家庭教育

197

に関する講座あるいは親子活動を実施することや都市部のコミュニティの50％及び条件の整った農村コミュニティの家庭教育サービスセンターに社会福祉士を配置して家庭教育の質の向上を図るなどの計画が示された。また，2015年10月には，家庭教育の充実にもかかわらず，学業成績を重視し，道徳性や個性的な能力等を軽視する一部保護者がいることを問題視した政府により，学校による家庭教育の指導や親子の交流活動の実施，日本のPTAに相当する保護者委員会や「保護者学校」の設置等を通じて，保護者が家庭教育について知識を深め，家庭を子供の全面的な資質を育成する基盤とするため家庭教育をより充実させるための意見が公表されている。

4.2.1 「全国家庭教育指導大綱」の発表

2010年2月には，教育部及び中華全国女性連合会等は，これまでの家庭教育の活動や理論を総括した指導要領として「全国家庭教育指導大綱」を発表し，家庭教育を実践する各種教育機関や，妊婦，18歳以下の子供を持つ保護者等に対し詳細な指導指針を示している。その主な内容は，▽子供の身体と精神の成長に合わせたしつけ，▽道徳的観念や労働に対する観念等を身に付けさせるための教育，▽子供が自分で将来設計ができる能力を獲得するための教育等，の具体的な実践方法である。さらに，障害のある子供がいる家庭や離婚をした家庭等，様々な家庭環境に合わせた実践方法も示している。

なお，「大綱」が発表された同日に，教育部及び中華全国女性連合会等は「『全国家庭教育指導大綱』公表に関する通知」を発表し，全国の省，自治区及び直轄市の教育庁・教育委員会や女性連合会等の関連行政機関が「大綱」を利用した家庭教育事業の積極的推進を行うように促している。

4.2.2 「補習教育」

「補習教育」は，学校での授業内容を補習する家庭教師や塾，及び文化・芸術・体育等の児童・生徒の才能を伸ばすための教育等であり，元来，都市部の一部の学校で行われていた補習クラスが産業として発展したものである。中国では，小中学校で週末に施設を開放して行われていた授業の補習クラスや，学力オリンピック試験やコンクールのための有償の補習クラスが設置されていたが，小規模な取組であった。しかし，義務教育の普及が達成（2010年の普及率は100％）される中，地域にかかわらず，多くの家庭はより高度で多様な教育を独自に求めるようになった。同時に，段階的に進行した義務教育の無償化（2008年に全国完全無償化）により，各家庭は正規の教育で必要であった支出を，学校外の教育サービスに振り向けることができるようになったことから，学校外で行われる教育としての「補習教育」は産業として急成長した。

例えば，1993年に創業した「新東方教育科技集団」は，2008年末までに39の都市で41か

所の学校と400か所の教育センター等を持ち，累計で700万人に教育を提供している。同集団は，英語，小学校及び初級中学課程の補習授業，文化・スポーツ・芸術活動，家庭教師等の100以上の事業を取り扱い，北京，上海等の14の都市に教育拠点を建設している。その他，「学大教育科技有限公司」「新航道国際教育集団」「環球天下教育科技有限公司」「海文教育集団」等が有名な民営の「補習教育」機関として存在する。

5 生涯学習支援施設・人材

生涯学習支援施設として，博物館，図書館，公民館，美術館，文化宮等の社会教育施設が存在する。政府は，2005年より社会教育施設の整備や全国の文化情報の資源共有による施設のネットワーク化により市民が自ら文化や芸術を学ぶ機会を充実させる公共文化サービス体系の構築に力を入れており，2008年以降では，博物館や美術館の無料開放政策が進展している。また，図書館では，広大な国土に対応するためにデジタル化によるサービス提供を行うプロジェクトを実施している。市民の文化活動の推進や文化的娯楽を提供する機関である公民館や文化宮は，コミュニティの形成・維持や職業教育を通しての人材育成等の役割を担っている。

生涯学習を担う人材は，主に地域に所在する学校の教員が担う場合が多いが，民間の団体が，児童・生徒・学生等のボランティアを組織するなどして人材を供給する場合もある。また，中国成人教育協会等の民間団体は政府と強いつながりを持っており，生涯学習政策を推進する実施主体となっている。

5.1 公共文化サービス体系の構築

公共文化サービス体系とは，文化館・文化ステーション（日本の公民館に相当），公共図書館，博物館，美術館，文化広場，市民アートギャラリー等の施設及び全国文化情報資源共有プロジェクト等のネットワークによって提供される社会教育システムである。政府は，社会教育の実施基盤として，同体系の構築及び拡充を近年急速に進めている。

1990年代以降，経済発展に伴い市民が自ら文化や芸術を学ぼうとする機運が高まり，政府は公共の空間において市民が文化や芸術を楽しむことのできる施設を建設する必要に迫られていた。2003年に国務院（内閣）が公表した「公共文化体育施設条例」は，この必要性に対応する条例で，人々が利用できる図書館，博物館，記念館，美術館，公民館等の社会教育施設を政府及び民間が建設・運用するための規則を定めている。当初，政府の方針は施設整

備に重点を置いていたが，都市と農村間に存在する施設数の偏在の解消や住民のアクセシビリティの向上を目指し，政府は，公共文化サービス体系の構築について議論を開始し，2005年に中国共産党の第16期党中央委員会第5回全体会議では，「政府は文化事業への予算投入を拡大し，全社会を覆う比較的完備された公共文化サービス体系を次第に形成する」と発表した。2006年9月には「国家第11次5か年計画期間における文化発展計画綱要」の中で，公共文化サービスの形成と同期間に実施されるプロジェクトを提出した。さらに，同年10月の第16期党中央委員会第6回全体会議で提出された「社会主義における調和のとれた社会（和諧社会）を構築するための若干の重大問題に関する決定」において，公益性のある文化施設の建設や文化事業によって社会全体を覆う公共文化サービス体系を構築することを表明している。2007年8月には中国共産党中央委員会及び国務院が「公共文化サービス体系構築の強化に関する若干の意見」を発表し，同サービス体系構築の重要性を再認識するとともに体系構築のために実施する具体的プロジェクトを提示した。2007年10月から開催された中国共産党第17回全国代表大会においても，公共文化サービス体系の構築は，「いくらかゆとりのある社会（小康社会）」を形成するための重要な目標の1つであると表明された。

　公共文化サービス体系の構築が国家の発展戦略の1つとなる過程で，次のような具体的取組が行われた。

○2002年より実施されている全国文化情報資源共有プロジェクトに対し，政府は，累計27億元（約405億円，1元＝15円で換算）の予算を配分し，国レベルの情報センターを1つ，33の省レベルのセンター，2,814の県レベルのセンター，1万5,211の郷・鎮レベルのサービス地点，45万7,000の村レベルのサービス地点を建設した。

○2003〜2008年に経済発展の遅れた貧困地域に1.2億元（約18億円）を配分し，1,060万冊の図書を送った。

○2007〜2010年の間に，中央政府は3億元（約45億円）を配分し，劇団や民間の文化団体に1,000台の舞台装置を備えた車両を提供した。

○2008年1月に博物館及び記念館の無償開放に関する通知を公表した後，2009年末までに，全国1,440機関が無償開放を行った。これは国公立機関の約77％に相当する。

○2006〜2010年までの第11次5か年計画では，郷・鎮に総合文化ステーションを建設するプロジェクトを実施し，39.5億元（592.5億円）を投入し，2.67万の農村郷・鎮総合文化ステーションを新設もしくは拡充した。

　2012年以降は，全国の文化事業に対する予算は毎年10％以上の伸びを示し，2016年には，国の財政予算の0.41％を占めるようになるなど，文化事業が急速に規模を拡大させた。しかし，公共文化サービス体系に関する法令が未整備である中で多様な文化事業が発展したた

中　国

め，文化事業の管理を必要とした中央政府は，2015年以降に法令を整備し，同体系の標準化と地域間格差の解消を図った。2015年に公表された「現代公共文化サービス体系を速やかに構築することに関する意見」は，2020年までに公共文化サービス体系が基本的に全国に行き渡らせる目標を示すとともに，その添付文書で「国家基本公共文化サービス指導基準（2015～2020年）」を示し，提供すべきサービス，設置すべき施設，配置すべき人員の基準を明確にした。さらに2016年12月に政府は，「公共文化サービス保障法」を制定（2017年3月施行）し，公共文化サービスを提供する施設及びその管理方法，提供するサービス内容を規定し，政府の管理下での持続的なサービスの展開を進めている。

表10：「国家第11次5か年計画期間における文化発展計画綱要」において公共文化サービス体系構築に関連した重要プロジェクト（2006～2010年実施分）

プロジェクト名	内　　容
文化情報資源共有プロジェクト	農村地域に焦点を当て，電子書籍，舞台芸術，文化講座，映画・ビデオ等のデジタルデータベースを構築し，全国の市，県及び郷・鎮にデータベースを利用するセンターを建設し，文化的資源のデジタル化，情報の共有化を推進する。
ラジオ・映画・ビデオ等デジタル化プロジェクト	ラジオ・テレビをデジタル化し，多種の形式で放送する。映画の制作，発行，保存，放映をデジタル化する。
国家重大出版プロジェクト	『マルクス・エンゲルス全集（第2版）』『中華大典』『大辞海』等の重要図書，音楽，電子データ，ネット出版物を出版する。
国家重要歴史題材美術創作プロジェクト及び20世紀美術作品収蔵プロジェクト	100件の中国近現代重要歴史事件と歴史人物の大型絵画及び彫刻・塑像作品を完成させ，20世紀の代表的美術家，歴史的意義や学術価値のある美術作品及び革命美術作品と関連資料を収蔵する。
新疆・チベット・内蒙古少数民族言語文字出版プロジェクト	少数民族言語文字の各種出版物の出版，印刷，複製と発行を行う。
ラジオ・テレビ各村開通プロジェクト	ラジオ・テレビを農村地域の各家庭に到達させる。無線，衛星，有線，マイクロ波等の多種の手段を用いて，広大な農村地域に多くの質の高いラジオ・テレビ番組を提供する。基本的に20戸以上に通電している自然村にラジオ・テレビを提供する。
農村映画放映プロジェクト	農村地域に多種の映画を配給する活動を行う。デジタル化放送の推進，農村映画館の改造を行うとともに，映画館や移動式放映地点を増加させる。基本的に1つの村で毎月1回映画を放映する体制を整える。
郷・鎮総合文化ステーション建設プロジェクト	2.5万の総合文化ステーションを新設もしくは拡充する。必要な設備を備え，現在の公共文化施設を改造することで，全国の郷・鎮が同質の総合文化ステーションを所有する。
移動式総合文化サービス車プロジェクト	経済発展の遅れた西部及びその他の辺境地域のため，県及び郷は移動式文化サービス車や映画放映車を配備し，映画や劇，展覧会，図書の貸出し等のサービスを提供する。

5.1.1　生涯学習支援施設の概要

生涯学習を支援する施設として，博物館，図書館，公民館（文化館・文化ステーション）等が存在する。『中国統計年鑑2017』によると，2016年現在，博物館は4,109館，文化館は3,322館，図書館は3,153館を数え，地域の人々の学習を支援している。これら施設に対する根拠法としては，中華人民共和国憲法（2004年修正版）が挙げられ，その第22条では，「国家は，図書館・博物館・文化館及びその他の文化事業を発展させ，大衆性のある文化活動を展開す

201

る」と規定している。また2017年3月に施行された「公共文化サービス保障法」では，中央・地方政府及び民間が運営する「図書館，博物館，文化館（文化ステーション），美術館，科学技術館，記念館，運動場・体育館，労働者文化宮，青少年宮，女性子供活動センター，高齢者活動センター，郷鎮（街道）及び村（コミュニティ）基層総合文化サービスセンター，農業従事者（職員・労働者）図書室，公共新聞掲示板，ラジオ・テレビ放映設備，公共デジタル文化サービス所」等を人々が文化・体育活動を行う公共の施設として規定し，社会教育施設としての機能を発揮することを求めている。なお，博物館，図書館等の施設は中国では，全国の文化事業を管理する文化観光部が所管している。

5.1.2　博物館・記念館

　博物館・記念館は，文物の保存・研究機関としてだけでなく，文化の伝達・思想・政治理念の宣伝，人々の余暇や文化的娯楽を提供する機関として見られており，特に，経済発展とともに，人々に文化的娯楽や社会見学の機会を提供する教育的機能が高まってきている。そのため，政府は，人々の博物館・記念館の利用を促進し，社会教育的環境を発展させるため，2000年代初頭から，博物館及び記念館の無料開放に向けて政策を実施してきた。

　2003年8月に施行された「公共文化体育施設条例」の第21条において公共的文化体育施設は，児童・生徒・学生や高齢者，障害のある人に対して無料もしくは優待措置を施すことが規定され，2004年3月には文化部（文化観光部の前身）と国家文物局が，博物館，美術館，記念館等の公共の文化施設に見学にきた青少年の団体客に無料で開放するなどの措置を取ることを求める通達を発表した。2004年4月には中国共産党中央宣伝部と教育部は，「小学校及び初級・高級中学において民族精神を発揚し育てる教育を展開するための実施要綱」を発表し，公共文化施設としての愛国主義教育拠点は児童・生徒の団体見学者に対しては無料，児童・生徒個人の見学者に対しては半額あるいは無料の措置をとるように整備するとした。さらに2005年12月に文化部が発表した「博物館管理弁法」では，博物館は，「社会進歩に有益な思想・道徳，科学技術及び文化知識を伝達する社会教育の機能を発揮する（第5条）」及び「無料開放制度を順次実施する（第29条）」という2点が示されている。

　2007年10月に開催された中国共産党第17回全国代表大会は，社会における文化の発展，公民の思想・道徳の確立，政府が社会に提供する公共の文化サービス水準の向上を政策として示したことから，中国共産党中央宣伝部や文化部等は2008年1月に「全国の博物館及び記念館を無償で開放することに関する通達」を発表し，博物館や記念館を全ての人々が教育施設として利用できるように整備することを決定した。この通達に基づき，2009年末までに，全国の文化文物系統の約1,440か所の博物館，記念館，愛国主義教育拠点（国公立機関全体の約77％）が無料化され，総計8.2億人が訪れた。各館の参観者数は無料開放前に比べて50％増加した。

この成功を受けて，政府は，更なる社会教育施設の無料開放に乗りだし，2011年2月には，文化部及び財政部は「全国の美術館，公共図書館，文化館（文化ステーション）の無料開放を推進する事情に関する意見」を提出し，美術館及び図書館等を2012年末までに無料化する政策を打ち出していた。また，2016年12月に公表された「公共文化サービス保障法」では，第29条及び31条で公益的な文化事業単位や施設における無料開放や優待をつけての開放等を規定している。

5.1.2.1　私立博物館

中国では，安定した経済発展が1970年代後半から継続したことに伴い，個人が博物館を建設し，収集した文物を展示する活動が1990年代初頭から北京市，上海市，浙江省等で行われ，「個人博物館」と呼ばれていた。また，2005年に文化部（文化観光部の前身）が発布した「博物館管理弁法」では，国有でない文物を展示する博物館という意味で，「非国有博物館」と呼ばれていた。これら私立の博物館は2009年には386館となり，全国の博物館総数の13.3％を占めるようになった。

しかし，私立の博物館は21世紀に入ってから拡大した非営利の社会サービス機関であり，運営体制が完全に整っていないものも存在していた。そのため，文化部等は，2010年1月に「私立博物館の発展を促進することに関する意見」を発表し，博物館としての位置付けを明確にした。同意見では，「私立博物館は，教育，研究，鑑賞の目的のため，民間の力によって非国有文物，標本，資料等の資産を利用するため，法に基づき設立され，かつ法人の資格を取得し，社会に向けて開放された非営利の社会サービス機関」と規定している。また，今後，私立博物館に国公立博物館と同等の地位・待遇を与えるとともに，運営資金においても公的補助が受けられるような政策を実施することを述べていた。

5.1.2.2　博物館条例の制定

国務院（内閣）は博物館の管理・運営及び社会教育的機能の強化のため，2015年2月に「博物館条例」を公表した（同年3月20日施行）。6章47条からなる同条例は，2005年に公表された「博物館管理弁法」の上位法にあたり，博物館を「教育，研究及び鑑賞を目的として，人類活動及び自然環境の証拠となる資料を収蔵，保護し，並びに一般公衆に向けて展示し，登記管理機関を通じて法的に登記された非営利組織である」と定義している（第2条）。また，今まで法的な位置づけが明確でなかった私立博物館の規模の拡大を受けて，国有資産を利用して設立された「国有博物館」とそれ以外の「非国有博物館」（主に私立博物館）に，博物館を2分類し，両者が設立条件，社会サービスの提供，財政上の支援，職員の任用等で公平な管理体制を採るとした（第2条）。また，一般公衆の利便性を考えて国の祝日や学校の夏休みや冬休みに必ず開放することが規定される（第31条）とともに，解説員による児童・生徒・

学生の異なる年齢層に対応した展示説明を行うことや，学校が長期休暇の際には，児童・生徒・学生の特徴にあった展示を行うこと（第32条）が求められている。さらに，博物館の無料開放を推奨し，県レベル以上の人民政府は必要な予算を博物館に提供することが求められている（第32条）。社会教育の面では，博物館は自身の特徴や条件，情報通信技術を用いて，多様な形式で社会教育に貢献することや，教育部は文化観光部とともに博物館の資源を利用した教育プログラムや社会実践活動を展開することが規定されている（第34，35条）。

5.1.3　図書館

　図書館は，図書や文献を収蔵する機能を持つとともに，年齢に関係なく社会教育を受けることのできる機関として位置づけられている。図書館数は1978年の時点で1,218館であったが，1990年には2,527館に急増し，2016年時点で3,153館に上っている。図書館事業を規定する法律としては1982年に文化部が公布した「省（自治区，市）図書館工作条例」が，省レベルの政府が有する公共図書館の蔵書方法，利用者へのサービス方法，管理運営方法等を定めている。以後，「上海市公共図書館管理弁法」「深圳経済特区公共図書館管理条例（試行）」「北京市図書館条例」等，各地方政府による公共図書館条例が公布されている。さらに，公共図書館を整備し，より市民の社会教育に寄与することを目標として，文化部（文化観光部の前身）は法的整備を進めており，2007年に「公共図書館建設用地指標」，2008年に「公共図書館建設基準」を公布し，2017年11月には，「公共図書館法」を制定した。

　近年では，▽広大な国土に対応したインターネットで図書館サービスを提供する電子図書館構築プロジェクトの実施，▽国や地方の政策決定のための研究機関としての機能付与，▽講座や展覧会の実施及び読書サロンの設置等の社会教育及び生涯学習機関としての強化等を実施し，全国的な図書館機能の充実が図られており，例えば，中国の国立図書館である国家図書館では，2001年から文学，社会科学，芸術等を題材とした市民講座である「文津講座」を開設するとともに，2002年より，国務院各部のリーダーや幹部を対象とした歴史文化講座を開催している。「文津講座」は既に2010年11月までに500回以上行われ，歴史文化講座は153回以上実施されている。また，大連市にある大連図書館では，伝統文化や大連市の歴史文化に関する講座や市民のための文化講座として「白雲講座」を2001年から約180回開催している。同様の取組として，杭州市の杭州図書館が実施している「文瀾講座」がある。

5.1.3.1　電子図書館

　図書館の持つ社会教育機能を強化するため，国家図書館を中心とする電子図書館構築プロジェクトが進行している。電子図書館の構築は，第10次5か年計画（2001～2005年）において国の重要文化建設プロジェクトとなったことから，国家図書館によって2005年に開始された。国家図書館によって設置された国家電子図書館は，データの蓄積や移動体通信を用い

たサービスの展開を推進し，2017年2月に公表された「国家図書館13次5か年計画綱要」によると2017年までの国家電子図書館のデジタル資源総量は1,161テラバイトとなり，2020年には1,800テラバイトになる予定である。また，国家図書館は，手のひらの上の国立図書館を意味する「掌上国図」というシステムを開発し，携帯電話上からの図書の検索，閲覧を可能にしている。

国家図書館は，電子図書館のシステムを拡大し，各地域の公共図書館と連携したネットワークの形成を推進しており，2010年2月には，「県レベルのデジタル図書館普及計画」を実施し，同年12月には「国家電子図書館普及プロジェクト」を実施している。このうち「国家電子図書館普及プロジェクト」では，全国の公共図書館を網羅するネットワークを形成し，様々なユーザーに対し開放的な情報提供を行っている。2018年8月現在，各省及び地区級市レベルの図書館のデジタル資源総量は1万8,996テラバイトに上り，省レベルで35館，地区級市レベルで275館，県レベルで159館の図書館が同プロジェクトに参加している。また，同プロジェクトで導入された統一的なユーザー管理システムは2018年現在すでに1,069万人が登録済みである。電子図書館により提供されるデジタル資源は，図書，雑誌，動画，音楽，写真等の様々な形式であり，利用者はインターネットや携帯電話等を通じて，それらに時間や場所に制限されずにアクセスできる。その他，国家電子図書館は公共図書館が開設する市民向けの講座等にデジタル資源を提供しており，それら資源を利用して各公共図書館が作成した公開講座の動画は国家電子図書館のプラットフォームに集められ，インターネットで配信されている。

また，国家電子図書館は，多様なユーザーに配慮して「国家子供電子図書館」や「中国障害者電子図書館」などのサービスを提供している。

5.1.3.2　生涯学習施設としての地方図書館——杭州図書館の事例から

浙江省杭州市は，公共図書館を社会教育を実践する中心的施設と位置づけるとともに，ICT技術の進んだ現代において公共図書館はインターネットとの機能の統合により市民の読解力を高める機関となるという方針の下，2000年代初頭より，公共図書館改革を進めてきた。

2002年に杭州市政府は，「杭州市に生涯学習体系を構築し，学習都市を建設することに関する実施意見」を発表し，各機関が連携した開放型の教育学習システムを形成する目標を示し，市民の図書館利用を拡大させるための改革を開始した。2003年以降，杭州市図書館は，▽都市部と農村部を一体化させた図書情報サービス，▽図書館間での利用者カードの共通化，▽市図書館を中心とし，区・県・県級市図書館を分館とし，コミュニティや郷・鎮（村）に図書サービス地点を設置する3段階の図書館サービスネットワークの形成等の事業を実施した。2006年6月には，杭州市内の15の図書館が連合で「杭州地区公共図書館サービス規約」に署名し，元来必要とされていた年15元の利用者カード発行費，100元の保証金を廃止して無料の図書館サービスを実施した。2008年には約4.4万平方メートルの面積の現代的なシス

テムを持つ新館が完成し，毎日平均6,000人の利用者を受け入れている。

　また，同図書館は，面積，蔵書数，コンピュータ数で評価していた図書館の評価を改め，利用者の満足度や利用率による評価を取り入れ，サービスの質を向上させる取組を行うことにより，全国から「杭州モデル」として注目されるに至った。

　2010年12月には，2002年より始まるインターネットによる図書館サービス「文瀾在線」を拡大させた杭州電子図書館を開館し，インターネット，デジタルテレビ，携帯電話の3つの異なるネットワークを利用した図書館サービスを開始した。

5.1.3.3 公共図書館法の制定

　2016年に制定された公共文化サービス保障法に基づいて，公共図書館の制度や法的根拠を充実させるため，2017年11月「公共図書館法」が制定され，2018年1月から施行された。県レベル以上の政府が運営する公共図書館は，2016年現在3,153館あり，総蔵書数は9億冊以上，年間累計利用者数は2012年の4.3億人から2016年の6.6億人へと，施設の規模及び利用者数が拡大しており，施設管理やサービスの質を一層改良しなければならない状況が生まれていた。同時に，全国の12％の県で公共図書館が設置されていないなど地域間格差が存在している。「公共図書館法」は双方の問題に対応するため，文化部（文化観光部の前身）を中心に制定作業が行われ，2017年11月に第12期全国人民代表大会常務委員会で可決，成立した。

　6章55条からなる「公共図書館法」では，第2条において「公共図書館」を「社会一般公衆に向けて無料で開放され，文献情報を収集・整理・保存し，並びにレファレンス，借覧及びその他のサービスを提供し，社会教育を展開する公共文化施設」と定義している。その他，県レベル以上の人民政府は必ず公共図書館を当該政府の社会開発事業に含め，公共図書館を必ず設立しなければならないこと（第4条，14条）や，国は，市民や法人，その他の組織が資金を出して公共図書館を設立することを奨励すること（第4条）などを定めている。また，図書館のサービスとして，▽閲覧室や自習室の開放，▽公益的な講座や読書活動，研修，展覧会の開催，▽子供を専門にした閲覧区画の設置や子供図書館の設立，▽子供を対象とした読書指導や社会教育活動の展開，▽高齢者や障害者に対応した文献情報の提供やバリアフリー施設の設置などを規定している（第33，34条）。

5.1.4 公民館

　中国において日本の公民館に相当する生涯学習支援施設は，「文化館」もしくは「文化ステーション」（原語：文化站）と呼ばれている。

　文化館は省・県・市レベルにおいて，市民の文化活動の推進や文化的娯楽を提供する機関であり，2016年現在，3,322館が存在する。なお，国外において展開している孔子学院も，中国伝統文化を宣伝するための文化館として位置付けられている。文化ステーションは，郷・

中 国

鎮レベルの政府, 都市部の街道事務所及び県管轄区 (県と郷の中間の行政区画) において人々の総合的な文化的活動・及び娯楽を推進する機関であり, 2016年現在, 4万1,175存在する。文化ステーションは行政において最末端部分で文化事業を展開する機関であり, 特に郷鎮総合文化ステーションにみられるような農村地域での文化事業を主として担っており, 政府は文化ステーションの展開による社会末端での文化事業の発展を目指し, 1992年5月に「文化ステーション管理弁法」, 2009年9月に「郷鎮総合文化ステーション管理弁法」を公布している。

表11：公民館の数 (2016年)

公民館 (原語で「文化館」・「文化ステーション」)			
省レベル (文化館)	地級市レベル (文化館)	県・市レベル (文化館)	郷・鎮・街道レベル (文化ステーション)
31	358	2,933	41,175

(出典) 国家統計局 (編)『中国統計年鑑2017』, 中国統計出版社。

5.1.5　文化宮・青少年宮

　趣味・教養のための社会教育施設として, 成人を対象とした「労働者文化宮, 労働者倶楽部」(以下2つをまとめて「文化宮」という。) と青少年を対象とした「青少年宮」が存在する。文化宮は, 都市部のやや規模の大きな文化・娯楽センターであり, 映画館, 劇場, 図書館, 集会場, 体育施設等を含む複合施設 (内容は機関によって異なる) である。90年代中頃まで人々の趣味・教養を高める施設として大いに利用されていた。青少年宮は, 子供を対象とした学校外教育施設であり, 文化・教養・運動等の集団的活動を行っている。

　また, 農村部の人口規模が小さい地域には, 郷・鎮に所在する近隣の農村の中心となる学校 (原語：郷鎮中心学校) の土地, 教室, 設備等を用い, さらに施設の補修や必要な設備・機材を設置し, 教員やボランティアが指導員となることで放課後や休日に学校外教育活動を行う場所として「郷村学校少年宮」が設置されている。

　2003年に国務院 (内閣) によって公布された「公共文化体育施設条例」は, 公共文化サービスとして各地の政府が文化宮, 青少年宮を建設することを推奨している。なお, 文化宮は中華人民共和国の労働組合の全国連合組織である中華全国総工会及び各市の労働組合により管理されており, 青少年宮は, 主に各地の中国共産主義青年団によって管理されている。文化部 (文化観光部の前身) が運営している「中国文化網」(http://www.chinaculture.org/) によると2009年当時, 全国の労働者文化宮 (小規模な労働者文化倶楽部を含む) の数は, 約3.9万。全国の青少年のための校外教育施設は, 約1万2,000あり, そのうち中国共産主義青年団に属するものが約1,400である。2011年以降に設置が開始された「郷村学校少年宮」は2018年5月現在, 中央政府の宝くじの収益金等を使用して約1.5万か所で設置され, その他, 各地の自主的な取組により2.1万か所が設置された。

　なお, 1950年代から90年代中頃まで市民の文化的活動の中心となっていた労働者文化宮は,

施設の老朽化や，民営化等の管理体制の変化により施設の一部を民間企業に貸し出す等，運営状況が悪化している。しかし，一部の都市では，委託管理方式の導入や政府の支援等によって施設やサービスが刷新され，再度，市民が文化的活動や余暇を実践するセンターとして機能している。

5.1.5.1　政府による学校外教育施設の建設

　1985年に中国共産党中央委員会が発表した「教育体制改革に関する決定」では学校外教育を学校教育と同様に重要な教育事業と位置づけ，その後，青少年宮等の学校外教育施設が各地に増加するなど学校外教育施設の需要の高まり続けたことから，1995年には，教育部は，「少年・児童学校外教育施設事業規程」を公布し，増加した学校外教育施設を管理・運営するための法的根拠を定めた。また，2000年には，中国共産党中央委員会及び国務院（内閣）は，「青少年児童・生徒・学生活動場所建設と管理事業を強化することに関する通知」を公表し，2.4億人（当時）の青少年に対してサービスを提供できる施設の建設と管理を各地方政府に指示した。指示には，地方教育費の学校外施設への投入の拡大とともに，宝くじの収益金の一部を利用して施設の建設・管理を行うことが明記されており，2001年以降は，同収益金の利用により2,000平方メートル以上の敷地面積を持つ3,187の学校外教育施設が建設され，全国の県レベルの行政区画の中に少なくとも1つは総合的な学校外教育施設が設置されるまでに普及した。2010年までにこの施設の整備が基本的に整ったことを受けて，「第12次5か年計画」（2011〜2015年）の期間中は，見込まれる宝くじの収益金のうち30億元（約450億円）を利用して各省・自治区・直轄市に全国のモデルとなるような総合的な学校外教育施設（原語：示範性総合実践基地）を建設する計画が教育部等から2011年に発表された。また，同年，教育部・財政部等により中央政府の宝くじの収益金を利用した「郷村学校少年宮」の設置に関する規則が発表された。

5.2　生涯学習を担う人材

　既存の教育機関を開放もしくは再編する形で，生涯学習施設が整えられる場合が多いため，学校の教員が生涯学習を担う人材となるケースが多い。また児童・生徒・学生のボランティアや民間団体が，政府の推進する生涯学習を拡大させる原動力となっている。

5.2.1　社区教育における人材

　社区教育では，コミュニティに関わる全ての人が人材として活用されている。各実験地区の教育局は専門の管理職員を派遣し，さらに，初等中等学校の教員から人材を選抜し，各街道で社区教育補導員を担当させた。各街道には，社区教育を管理する人員が配置され，さら

中 国

に，「講師団」「ボランティア隊」等の人員が存在する。

5.2.2　博物館・図書館従事者

　全国の博物館従事者数は2016年現在約9万3,431人である。博物館学芸員に類する専門職業資格制度は存在せず，国家文物局が2010年3月に発表した内容によると，全国の25の省の博物館で，専門的人材の比率は51.5%，そのうち，高級職は3,161人で7.6%，中級職は7,961人で17.2%，初級職は1万316人で24.8%を占めている。また，大学本科以上の学歴を有する人は28.8%であり，専門的人材の不足が指摘されている。

　全国の図書館従事者数は2016年現在で5万7,208人である。1982年に文化部（文化観光部の前身）が公布した「省（自治区，市）図書館工作条例」の第23条によると，図書館における専門技術人員は中等専門学校以上の文化レベルを持つこととされており，短期高等教育機関である専科学校以上の文化レベルの人員が全体の40%となるように調整すると規定されているが，図書館司書に関する全国レベルでの専門職業資格制度は存在せず，質の向上が求められている。

5.2.3　生涯学習を担う民間団体

　生涯学習を推進する民間団体が存在する。それら機関は政府との関係が強く，政府が推進する生涯学習政策を補助する活動を実施している。主な民間機関は以下のとおりである。

○**中国成人教育協会**

　中国成人教育協会は，全国の成人教育推進団体や事業団体が自ら形成した学術的社会団体であり，1981年4月に教育部に認可された。同協会の主要な業務は，成人教育推進の宣伝，教育行政機関に対する諮問，成人教育に携わる人の訓練，成人教育に関する調査・研究等である。

○**中国共産主義青年団**

　中国共産党の青年組織である中国共産主義青年団は，教育部と連携し，青少年に対する各種ボランティア事業を実施している。例えば，「大学生西部ボランティア計画」は，経済的発展が遅れている地域や農村に大学卒業生を数年派遣する事業であり，2008年には約7,000人が西部地域に派遣された。その他，「青年教育支援・貧困扶助リレー計画」や「貧困扶助リレー計画大学院教育支援団」は少数民族地域や山間へき地等の貧困地域で1～2年業務するボランティア活動である。なお，青少年がボランティアに参加する場合，共産主義青年団中央が2006年に定めた「ボランティア登録管理方法」に基づき，事前に登録を行うことになっている。また，共産主義青年団は青少年のボランティア推進を実施する社会団体である中国青年ボランティア協会等と連携し，中国青年ボラン

209

ティアネット（http://www.zgzyz.org.cn/）を運営し，ボランティア活動情報等を発信している。

○少年先鋒隊全国事業委員会

少年先鋒隊（2015年現在約1.3億人；2013年度の義務教育段階の児童・生徒数は1.38億人）は中国共産党の少年組織であり，義務教育段階の学齢に相当する小学校入学から15歳までの子供で構成されている。同隊は，学級・学校単位で設けられており，学内の政治活動や学校外教育活動などにおいて，中心的役割を果たす。少年先鋒隊員，中国共産主義青年団員出身の人材からなる少年先鋒隊指導員，学校長や，大学，社会教育施設，中国共産主義青年団，教育部等の関係各省庁，中国共産党中央委員会，人民解放軍等の出身者から構成され中国少年先鋒隊全国事業委員会は同隊の全国レベルの中国少年先鋒隊の活動計画等を策定している。

○中華全国女性連合会

1949年に成立した中華全国女性連合会は，中国共産党や政府と連携し，女性の権益保護や男女共同参画等を実施するため，女性及び子供に対する調査・研究，業務指導，政府に対する諮問，女性に対する教育活動や職業技術研修等を行っている。また，2000年より中国女性ネット（http://www.women.org.cn/）を運営し，各種情報発信を行っている。

《主要参考文献》
(教育部機関誌)『中国教育報』(日刊紙) 関連記事。
(中国共産党機関誌)『人民日報』(日刊紙) 関連記事。
(民主諸党派連合紙)『光明日報』(日刊紙) 関連記事。
国家統計局 (編)『中国統計年鑑』各年版，中国統計出版社。
韓民 (編)「中国教育改革体系：終身教育巻」湖北教育出版社，2016年。
教育部 (編)『中国教育統計年鑑』各年版，人民教育出版社。
全国創争活動指導協調章組 (編)『中国学習型社会建設発展報告』研究出版社，2009年。
中国教育発展戦略学会終身教育工作委員会 (編)『中国終身教育藍皮書』現代出版社，2010年。
中国国家文物局＆中国博物館協会 (編)『博物館法規文件選編』科学出版社，2010年。
中国教育科学文化機関全国委員会＆中国成人教育協会『中国成人教育発展報告』，2008年。
岡村志嘉子「中国の博物館条例」『外国の立法』Vol.264，123-135頁，2015年。
岡村志嘉子「公共図書館法の制定」『外国の立法』No.274-1，24-25頁，2018年。
呉遵民『現代中国の生涯教育』明石書店，2007年。
興梠一郎『現代中国—グローバル化のなかで—』岩波書店，2002年。
牧野篤『中国変動社会の教育−流動化する個人と市場主義への対応−』勁草書房，2006年。
文部科学省生涯学習政策局調査企画課編『諸外国の教育改革の動向−6か国における21世紀の新たな潮流を読む−』ぎょうせい，2010年。
文部科学省 『諸外国の教育動向』各年版。
中華人民共和国人民政府ウェブサイト（http://www.gov.cn/）関連記事。
教育部ウェブサイト（http://www.moe.edu.cn/）関連記事。

韓　国

1　韓国の生涯学習	212
2　関係法令・基本計画	215
3　成人による学習活動	218
4　地域・家庭教育の支援	229
5　生涯学習支援施設・人材	233

1 ｜ 韓国の生涯学習

　長い間韓国では，ユネスコが提唱する学習権の理念に基づき，識字教育や基礎教育，文化・教養に関する学習が活発に行われてきた。今日でもこれらの学習は広く行われているが，1990年代に入り人的資源開発と結び付いたOECDの生涯学習の理念が流入すると，文化・教養教育に加え，社会の急激な変化に応じた技能や能力を身に付けるための学習も盛んに行われるようになった。以後今日に至るまで，生涯学習は政府による人的資源開発政策の重点化に伴い，国の発展戦略の重要課題の1つに位置付けられている。

　グローバル化や情報化が進展する中，政府は国民の生涯にわたる自己開発活動を強く奨励し，自発的な学習を通じて個人の自己実現とともに国の発展に寄与する人材育成を進めた。1995年5月の「世界化・情報化時代を主導する新教育体制樹立のための教育改革案」（通称「5・31教育改革案」）で示された「開かれた教育社会，生涯学習社会の建設」というビジョンも，こうした政策方針に立脚するものである。アジア通貨危機に端を発した1997年のいわゆる「IMF危機」は，こうした政府の施策をさらに加速させた。

　1999年になると，従来の「社会教育法」の改正法として「生涯教育法」が制定され，生涯学習の支援体制の構築など，学習機会の拡大へ向けた制度的整備に重点が置かれるようになった。「生涯教育法」によると，生涯学習は「学校の正規教育課程を除外した学力補完教育，成人基礎・識字教育，職業能力の向上教育，人文教養教育，文化・芸術教育，市民参加教育などを含む全ての形態の組織的な教育活動」（第2条）と定義されている。

　なお，韓国でLifelong Leaningは「평생학습」と訳され，漢字では「平生学習」と表記されるが，本書では日本で一般的に通用している「生涯学習」を用いる。また，生涯学習に関連する事象・事柄について述べるとき，韓国では，「生涯教育」と「生涯学習」の2つの用語が使い分けられる。「生涯教育」は，主体が教育を実施する側である文脈で用いられ，「生涯学習」は，主体が学習する側である文脈で用いられる。

1.1　成人を対象とする基礎的な教育

　成人に対する基礎的な知識・技能の教育は，「成人基礎教育」と呼ばれ，義務教育段階である初等学校と中学校水準の知識・技能の取得を指す。今でこそ韓国は高等教育機関への進学率が最も高い国の1つであるが，これは急速な経済発展を遂げた後のことであり，高齢者の中には読み書きができない者も多く，世代間の学力格差は激しい。識字教育を含む基礎的知識・技能の学習は，高齢者など社会的弱者を中心に行われている。

識字教育は「文解教育」と呼ばれ，主に高齢者を中心に，地方自治体が主体となって地域の生涯学習施設において行われている。また，「文解教育」とは区別されるが，近年急増している外国人労働者とその家族を対象とする韓国語プログラムも盛んである。異文化を背景とする成人に対しては，韓国社会で生活するための様々な基礎知識・技能を身に付けることを目的とするプログラムが開発・運営されている。そのほか，韓国の特殊事情として，韓国での定住を希望する脱北者を対象とする基礎的教育が行われている。こうした識字教育や語学プログラム，文化学習プログラムなどに対する国の支援事業も盛んである。

1.2 職業教育

職業訓練・教育は，人的資源開発政策の重点化とともに政策的に推進されてきたが，2008年の金融危機以降の世界的な経済不況を背景に失業した者にも需要度が高く，さらに少子高齢化を背景とする労働人口の減少が意識される中で，近年最も盛んに行われている分野の1つである。

主な内容は，キャリア・アップを目指す学習者を対象とする職能開発プログラムや各種資格の取得プログラム，就労に必要な態度・姿勢を身に付けるためのプログラムなどである。地域の生涯学習館や大学附設の生涯教育院など，様々な機関で学習機会が提供されている。

また，人的資源開発という文脈では高度人材の養成が重視されており，学歴（学位）の取得の支援も盛んである。独学学位制度や単位銀行制度は，経済的事情など様々な理由で大学に進学することができなかった人々を中心に利用されており，これらの制度を通じた学士あるいは専門学士号の取得者は年々増加している。また，学位取得に直接結び付くものではないが，学習者の学習経験等をe-ポートフォリオで管理する制度も2010年から実施されており，資格取得や就職などでの活用が期待されている。

1.3 趣味・教養に関する教育

趣味・教養のための学習活動としては，文化・芸術やスポーツなど，幅広い分野のプログラムが開発・運営されている。特に1980年代以降，余暇時間の増加を背景に盛んに行われるようになった。社会の高齢化が急速に進んでいることから，近年は高齢者を対象とした学習プログラムも多い。主に地域の生涯学習施設で行われることが多く，地域と学校の連携強化の側面から学校施設が積極的に利用されるケースもある。

1.4　障害者の生涯学習に対する支援

　後述する「生涯教育法」が2016年5月に改正された際，障害者の生涯学習支援に関する条項がいくつか新設された。例えば，「国と地方自治体は，障害者が生涯教育の機会を受けることができるよう，障害者の生涯教育に対する政策を策定・施行しなければならない」(第5条)という行政の責任についてのほか，5年ごとに策定する生涯教育振興基本計画に盛り込まなければならない事項も定められた(「**2.2　基本計画**」を参照)。

　施設に関する規定も新設された。「生涯教育法」第19条の2は，国家障害者生涯教育支援センターを設置し，障害者の生涯教育振興のための調査，支援員の養成や研修，学習プログラムや教材・教具の開発などの業務を所管することについて定めている。ただし，同条項の詳細について定める「生涯教育法施行令」が未整備だったため，国家障害者生涯教育支援センターはすぐに設置されなかった。2017年5月にようやく同施行令が改正され，国家障害者生涯教育支援センターは国立特別支援教育院内に設置(2018年5月)されるに至った。地方レベルにおける機関・施設としては，障害者を対象とするプログラムを設置・運営する生涯学習施設に関する規定がある(「生涯教育法」第20条の2)。

　障害者を対象とするプログラムについては，「生涯教育法」第21条の2が規定している。それによると，生涯教育機関・施設は，障害者の生涯学習機会の拡大のため，特に障害者を対象とする生涯学習プログラムを設置・運営することができると定めている。さらに，「国家生涯教育振興院は障害者の生涯学習機会の拡大プランや学習プログラムを開発しなければならない」(同条第3項)，「広域市・道の生涯教育振興院は，生涯教育機関が障害者の生涯学習プログラムを設置・運営することができるよう支援しなければならない」(同条第4項)ことなどが定められている。

　そのほか，生涯学習の支援人材である生涯教育士の配置について定める「生涯教育法」第26条には，2016年5月の法改正時に，障害者を対象とするプログラムを設置・運営する生涯学習施設における生涯教育士の配置義務が盛り込まれた。

1.5　社会教育の在り方

　今日の韓国の教育行政において，「社会教育」という用語はほとんど用いられず，「生涯教育」が一般的である。1999年まで施行されていた「社会教育法」は，社会教育の定義について，「学校教育を除き，国民の生涯教育を目的とする全ての形態の組織的な教育活動」(「社会教育法」第2条)と定めていた。その領域の詳細は同法施行令において定められており，「①国民生活に必要な基礎教育と教養教育，②職業・技術及び専門教育，③健康及び保健教育，④家族生

214

活教育，⑤地域社会教育及びセマウル教育，⑥余暇教育，⑦国際理解教育，⑧国民読書教育，⑨伝統文化理解教育，⑩その他学校教育外の組織的な教育活動」が社会教育の内容とされた。

かつての「社会教育法施行令」に定められた内容に基づくと，社会教育を支援する組織として位置付けられるものには，住民自治センターや社会福祉館，図書館，博物館・美術館などが挙げられる。ただし，住民自治センターは行政安全省，社会福祉館は保健福祉省，図書館と博物館は文化スポーツ観光省のそれぞれ所管であり，必ずしも全てが教育行政下で行われているわけではない。日本において社会教育に位置付けられる諸活動は，韓国においては地域住民の自治活動や福利厚生の一環という側面も持っている。

2 | 関係法令・基本計画

2.1 基本法

生涯学習について定める基本法として，1982年12月制定の「社会教育法」は，国民の学習機会を保証する根拠法として長い間その存在意義を示してきた。しかし，国際化や情報化の進展など，社会の急激な変化に伴って新たな教育・学習環境が生まれる中，関係部署間の連携などの点で同法の限界性が指摘されるようになった。折しも，1990年代中ごろから大統領諮問機関である教育改革委員会によって既存の教育関連法の全面改正が進められており，「社会教育法」も1998年に「生涯教育法」に名称を変更し，その内容も全面的に改正されることとなった。

「開かれた生涯教育社会」の建設を通して，国民生活の質の向上と社会発展への寄与を目的に制定された「生涯教育法」は，学習者の自発的な生涯学習を支援する体制の構築に重点を置いている。具体的には，生涯教育センターや社内大学，遠隔大学形態の生涯教育施設などの生涯学習施設の設置，学習費支援などに関する条項が盛り込まれた。

さらに，2007年12月，「学習強国及び人材大国の実現」というビジョンの下，「生涯教育法」の全面改正が行われた。従来の全5章32条から全8章46条へと拡大した同法では，「生涯教育振興基本計画」の策定が義務付けられたほか，生涯学習支援体制の強化のために国家生涯教育振興院の設置などが定められた。また，2016年5月にも大幅な改正が行われ，上述のとおり，障害者の生涯学習に関する諸条項が盛り込まれた。

2.2 基本計画

「生涯教育法」第9条は，生涯学習政策の中長期計画となる「生涯教育振興基本計画」の5年ごとの策定を義務付けている。これに基づき，2018年現在まで4度にわたって基本計画が定められており，現行は2018年2月策定の「第4次生涯教育振興基本計画（2018～2022年）」である。

「生涯教育法」によると，基本計画には「生涯教育振興の中長期政策目標及び基本的方針に関する事項」「生涯教育の基盤構築及び活性化に関する事項」「生涯教育振興のための投資拡大及び必要財源に関する事項」「生涯教育振興政策に対する分析及び評価に関する事項」「障害者の生涯教育振興に関する事項」「障害者の生涯教育振興政策の評価及び制度改善に関する事項」「そのほか生涯教育振興のために必要な事項」が含まれなければならない。

「第4次生涯教育振興基本計画（2018～2022年）」は，「個人と社会がともに成長する持続可能な生涯学習社会の実現」をビジョンに据え，「学習者中心の生涯学習へのパラダイム転換」「持続的で自発的な参加の拡大」「個人と社会の同時繁栄を支援」「機関及び制度間の連携協力の強化」を目標に掲げた。具体的な課題として，4分野19項目の推進課題が定められている（**表1**参照）。

表1：「第4次生涯教育振興基本計画（2018～2022年）」の推進課題

分野	大項目	小項目
誰でも参加できる生涯学習	全ての国民の生涯学習権を保障	・社会人など，成人の自発的な生涯学習を支援 ・各学習者の個に応じた学習支援
	社会的弱者のための「生涯学習はしご」を整備	・識字教育や学力補完（中卒・高卒認定など）プログラムの機会の拡大 ・社会的弱者に対する生涯学習機会の拡大
就職のために，いつでも参加できる生涯学習	オンライン生涯教育体制の構築	・第4次産業革命に対応するK-MOOCの運営改善 ・個に応じた教育のためのオンライン体制の整備
	産業界のニーズに応じた生涯教育の拡大	・主に成人を対象とする短期の職業教育・訓練プログラムである「Match業」のモデル運営及び普及 ・職業教育マスタープランの策定及び民間との協力推進体制の整備
	大学の生涯教育機能の拡大	・大学など，高等教育機関の成人対応型教育の提供強化 ・専門大学を生涯職業教育のハブとして育成
地域どこでも参加できる生涯学習	地域単位の草の根生涯学習力の強化	・地域単位の生涯学習の活性化 ・地域の自然発生的な生涯学習力の強化
	生涯学習を基盤とする地域社会の未来価値の創出支援	・地域単位の市民力の強化支援 ・地域社会の自発的な生涯教育の実現
土台がしっかりした生涯学習	生涯教育関連の法令及び制度の改善	・生涯教育関連の法令及び統計の整備 ・生涯教育政策の推進体制の充実 ・生涯教育分野の国際協力の拡大及び「特殊外国語」教育の普及
	生涯教育への予算投入の拡大及び体系的な管理	・国レベルの生涯教育の投資拡大 ・中央及び地方の生涯教育予算管理システムの構築

2.3　関係法令

　生涯学習に関連する主な法令として，「大韓民国憲法」や「教育基本法」,「高等教育法」,「勤労者職業能力開発法」などが挙げられる。

　1980年10月に改正された「大韓民国憲法」は，その第29条第5項で「国家は生涯教育を振興しなければならない」と定めている。憲法が生涯教育について定めるのはこれが初めてであり，1982年の「社会教育法」制定に強い影響を与えた。憲法は1987年に全面改正され，現行では第31条第5項がこれを定めている。

　各教育関連法の上位に位置する「教育基本法」は，その第3条で「全ての国民は生涯にわたって学習し，能力と適性に基づき教育を受ける権利を持つ」と，国民の生涯学習の権利を定めている。また，同法第10条第1項は,「国民の生涯教育を目的とする全ての形態の社会教育は，奨励されなければならない」と定めるなど，国民の生涯学習機会の保障について規定している。

　「高等教育法」第52条は，放送・通信大学やサイバー大学など「遠隔大学」と呼ばれる大学の目的について，「遠隔大学は，情報・通信媒体を通した遠隔教育として国民に高等教育を受ける機会を提供して国と社会が必要とする人材養成を行うと同時に，開かれた学習社会を実現させることで，生涯教育の発展に寄与することを目的とする」と定めている。

　雇用労働省所管の法律である「勤労者職業能力開発法」は，「労働者の生涯にわたる職業能力開発を促進・支援し，産業現場で必要な技術や技能人材を養成して，産学協力等に関する事業を行うことで，労働者の雇用促進・雇用安全及び社会・経済的な地位向上と企業の生産性の向上を図り，能力中心社会の実現及び社会・経済の発展に寄与することを目的」としている。職業教育・訓練に係る事項を定めており，社会人の生涯学習あるいは継続教育との関係が深い。

2.4　所管省庁

2.4.1　教育省

　教育省は，教育を所管する中央行政機関で，その長である教育長官は副総理を兼務する。

　教育省には，生涯学習政策を所管する部署として，生涯未来教育部に未来教育企画課，生涯学習政策課，進路教育政策課，eラーニング課が置かれている。さらに，高等教育政策局に置かれる職業教育政策官の下に，教育雇用総括課，産学協力政策課，中等職業教育政策課，専門大学政策課が設置されている。

　未来教育企画課は，第4次産業革命に対応する教育政策や人材開発政策，英才教育振興政策などの企画・立案を行う。生涯学習政策課は，生涯教育振興の総合政策の立案や資格制度

の整備などに係る事項を所管する。進路教育政策課はキャリア教育に関する事項など，e ラーニング課は教育における情報通信技術の活用に関する事項などをそれぞれ所管する。

教育雇用総括課は，職業教育の基本計画の策定や大卒者の就職支援などを所管する。産学協力政策課は，産学連携の活性化政策などを企画・立案する。中等職業教育政策課は，専門高校の基本的政策や支援などを所管し，専門大学政策課は専門大学の基本的政策や設置・廃止等に係る事項を所管する。

2.4.2　文化スポーツ観光省

文化スポーツ観光省は，文化・芸術，体育・スポーツ，観光，政府広報などを所管する中央行政機関で，生涯学習に関連する分野では，図書館や博物館・美術館に関連する施策を所管する。

図書館に関する業務は，文化芸術政策局に置かれている図書館政策企画団が所管し，図書館政策の基本的方針や総合発展計画の策定，関連制度の改善，地域の代表的な図書館の育成などを行う。博物館・美術館に関する業務は，文化芸術政策局に置かれている文化基盤課が所管し，博物館や美術館など，文化基盤施設に関する総合計画を策定し，施行する。

2.4.3　雇用労働省

雇用労働省は，雇用や労働に関する政策を所管する中央行政機関で，職業能力の開発・訓練，資格などに関する施策を所管する。

職業能力政策局には，職業能力政策課，職業能力評価課，人的資源開発課，仕事・学習並行政策課の4課が置かれ，国家職務能力標準や国家資格枠組みの開発，在職者の教育・訓練振興施策などを所管する。

3 ｜ 成人による学習活動

3.1　学習機会の提供者・アクセス

3.1.1　生涯教育振興院

生涯教育振興院には，中央に置かれる国家生涯教育振興院と，地方に置かれる広域市・道生涯教育振興院がある。

国家生涯教育振興院は，生涯学習の振興支援を目的に，「生涯教育法」第19条に基づいて

2008年2月に設置された特殊法人である。従来の生涯教育センター，単位銀行センター，独学学位検定院の3つの機関が統合される形で設置され，教育省の外郭団体として，同省の生涯学習事業に関連する業務を受託している。当初は「生涯教育振興院」という名称だったが，地方自治体に設置される生涯教育振興院と区別するため，2013年12月の法改正を機に機関名に「国家」が付け加えられた。

その主な機能は，生涯学習の振興支援及び調査業務，生涯教育振興委員会が審議する基本計画の策定の支援，生涯学習プログラムの開発支援，生涯教育士を含む生涯学習支援者の養成及び研修，生涯学習機関間の連携体制の構築，広域市・道生涯教育振興院に対する支援，生涯学習総合情報システムの構築・支援，学習eポートフォリオの統合管理・運営，「単位認定等に関する法律」及び「独学による学位取得に関する法律」に基づく単位又は学力認定に関する事項，などである。

所管する主な生涯学習事業には，独学学位制度，単位銀行制度，生涯学習ポートフォリオ制度，地域生涯教育の活性化，大学の生涯教育体制の支援，生涯教育士資格制度の運営，韓国版大規模公開オンライン講座（K-MOOC），全国生涯学習ポータルサイトの運営，成人識字教育の支援，家庭教育力の強化支援，多文化教育の活性化支援などがある。

広域自治体に設置される広域市・道生涯教育振興院は，当該地方における生涯学習事業に関する相談や研修のほか，地域の状況に即した生涯学習施策の計画策定なども担う。全国17の広域自治体の全てに1機関ずつ，すなわち合計で17か所設置されている。

3.1.2　遠隔教育

3.1.2.1　通信制中学校

通信制中学校は，「放送通信中学校」として「初等中等教育法」第43条の2によって定められている。全日制の中学校あるいは高校の附設校として設置されており，私立学校はない。2010年時点で韓国内には中卒資格を持っていない15歳以上が約385万人いるとされ（教育省報道資料2013年3月8日），その学歴取得機会の拡大のため，2013年に導入された。2017年現在，全国に20校の公立高校あるいは中学校に附設校として設置されており，在籍者3,970人の約9割を50代と60代が占める。教育年限は3年で，全日制中学校のカリキュラムの80％を履修することなど，学制は通信制高校と同様である。

3.1.2.2　通信制高校

通信制高校は，「放送通信高等学校」として「初等中等教育法」第51条及び「初等中等教育法施行令」第94条によって定められている。全日制の公立高校の附設校として設置されており，私立学校はない。その歴史は1974年にまで遡り，ソウルと釜山の合計11校の公立高校に附設校として設置されたのが最初である。2017年現在は，全国42校の公立高校に附設

校として設置されており，在籍者1万378人のうち8割以上が20歳以上である。

教育年限は3年で，全日制高校のカリキュラムの80％を履修することで卒業することが可能である。授業は，年間240日のインターネット授業と，年間24日（隔週で週末1日）の出席授業を通して行われる。インターネット授業は各高校から配信されるのではなく，韓国教育開発院（KEDI）に設置された「放送通信高校学校運営センター」が，各校から委託される形で，授業を実施・配信する。スマートフォンやタブレットでも学習できるよう，2012年からは「モバイル学習サービス」も開始された。出席授業は各校で行われ，授業の大部分は附属先の高校の教師が担当する。

3.1.2.3　韓国放送通信大学

韓国放送通信大学は，主にテレビ・ラジオ放送を通して講義内容を配信する国立高等教育機関である。2017年現在，4学部22学科，1大学院17学科が設置されており，17万1,692人の学生が在籍（休学者を含む）している。全国13の地域には，「地域大学」としてブランチ校舎が設置されており，対面式授業のための講義室のほか，図書館などの学習施設が整えられている。

同大学は，1972年3月，ソウル大学附設校の形態で2年制大学としてスタートした。1982年にソウル大学から独立した後，1991年に4年制大学へと改編され，2001年には修士課程のみを置く大学院を設置し，より高度な教育を提供している。

教育内容は幅広い分野にわたっているが，通信教育という性質上，人文社会系が多い。学部学科の構成は，次のとおりである。

○学部
・人文科学部（国語国文学科，英語英文学科，中国語中国文学科，フランス語フランス文学科，日本学科）
・社会科学部（法学科，行政学科，経済学科，経営学科，貿易学科，メディア映像学科，観光学科）
・自然科学部（農学科，生活科学科，コンピュータ科学科，情報通信学科，環境保健学科，看護学科）
・教育科学部（教育学科，青少年教育学科，幼児教育学科，文化教養学科）
○大学院
実用英語学科，実用中国語学科，日本言語文化学科，法学科，行政学科，経営学科，映像文化コンテンツ学科，農業生命科学科，家庭学科，情報科学科，eラーニング学科，バイオ情報学科，環境保健システム学科，看護学科，生涯教育学科，青少年教育学科，幼児教育学科

そのほか附属施設として，中央図書館や遠隔教育研究所，情報電算院，生涯教育院，総合教育研修院，統合人文研究所，デジタルメディアセンターが設置されている。デジタルメディアセンターは，同大学の遠隔教育の通信媒体としてインターネットの活用促進を目的に，2006年に開設された。

3.1.2.4　サイバー大学及び遠隔高等教育機関型の生涯教育施設

「サイバー大学」と「遠隔高等教育機関型の生涯教育施設」は，いずれも単位を認定し，学士あるいは専門学士の学位を授与することができるため，社会一般には「遠隔大学」として同一視される傾向がある。しかし，厳密には法的根拠を異にする別々の教育機関である。両者ともインターネットを媒体として遠隔教育を行うという点では類似するが，サイバー大学は「高等教育法」第2条に根拠を置く高等教育機関である一方，遠隔高等教育機関型の生涯教育施設は，「生涯教育法」第33条に根拠を置く生涯学習機関である。サイバー大学は，大学院（修士課程）も設置することができる。

「サイバー大学」あるいは「デジタル大学」等を称する高等教育水準の教育機関は，2000年代に入って数多く設置されるようになったが，これらは全て「高等教育法」が定める高等教育機関ではなく，「生涯教育法」が定める生涯学習機関であった。当初から学士あるいは専門学士の学位の授与権が認められていたが，高等教育機関と比べて設置基準が低いことなどから，その教育の質が懸念されるようになった。そうした中，2007年10月の「高等教育法」の改正により，同法に基づく「大学」としてサイバー大学が定められ，従来の遠隔高等教育型の生涯教育施設の多くがサイバー大学へ改編し，2017年現在，19校が設置されている。一方，「遠隔高等教育機関型の生涯教育施設」は2校のみである。2009年5月には，サイバー大学に附設される特殊大学院の設置基準が示され，2010年3月から大学院の設置が可能となった。これに基づき，漢陽サイバー大学に3つの特殊大学院が設置されるなど，サイバー大学はその教育の更なる高度化を図っている。

3.1.3　大学附設の生涯教育院

大学附設の生涯教育院（あるいは社会教育院など，呼称は大学によって様々であるが，ここでは最も一般的な「生涯教育院」を用いる）は，学習者の多様な要望に応える生涯学習機会の提供を目的に設置されている。「生涯教育法」第30条は，全教育段階の教育機関における附設生涯学習施設について規定しており，特に大学については，「大学生及び大学生以外の者を対象に，資格取得のための職業教育課程など多様な生涯学習課程を運営することができる」と定めている。後述の「単位銀行制度」などを利用して学位を取得するためのプログラム等を提供しているが，学位は授与しない。

2017年現在，全国の大学や専門大学などに412の生涯教育院が設置されており（**表2**参照），約2万8,000講座で88万人以上（延べ数）が学習している（**表3**）。その内容は，単位銀行制度の単位認定プログラムのほか，教養教育や資格取得プログラム，職業能力向上プログラムなど，多岐にわたる。

表2：大学機関別の附設生涯教育院数（2017年）

大学種	専門大学	教育大学	大学	放送大学	産業大学	大学院大学	遠隔大学	その他	合計
生涯教育院数	132	11	207	1	3	30	18	10	412

表注1：遠隔大学は，「サイバー大学」と「遠隔高等教育機関型の生涯教育施設」を指す。
（出典）教育省・韓国教育開発院『2017生涯教育統計資料集』2017年。

表3：大学等附設生涯教育院の分野別プログラムの開設状況（2017年）

分類	学力補完	成人基礎／識字	職能開発	人文教養	文化・芸術	市民参加	合計
プログラム数	14,223	24	4,645	2,661	6,108	27	27,688
学習者数	418,874	827	132,786	76,800	252,124	1,473	882,884

（出典）教育省・韓国教育開発院『2017生涯教育統計資料集』2017年。

3.1.4　識字教育に対する支援事業

識字教育は「文解教育」と呼ばれ，文字の読み書きだけではなく，文章理解の能力も含まれる。一般的に，初等学校及び中学校（義務教育）レベルの読解力を持たない成人が文解教育の対象となる。2014年に行われた「成人文解能力調査」によると，18歳以上の成人のうち，非「文解」者は264万人（成人の6.4％）と推定される。

文解教育は，主に地域の福祉施設や住民自治センター，図書館などで行われている。「生涯教育法」はその第39条で，国や地方自治体に文解教育の推進に対する積極的な努力を求めており，同時に各種文解教育プログラムに対する財政的支援についても定めている。これに基づき，学習プログラムに対して国や地方が財政的支援を行う「成人文解教育の支援事業」が実施されている。

「成人文解教育の支援事業」は，国民の基礎能力の向上をより積極的に支援するため，2006年に開始された。事業内容は，各年度によって変化が見られるが，2017年度事業は，「広域文解教育活性化事業の運営支援」「文解教育機関のプログラム運営支援」「文解教育拠点機関の育成支援」の3分野から成り，年間24億3,600万ウォン（約2億4,400万円）が予算として計上されている。2016年度は，162自治体の384教育機関が国の支援を受け，約3万6,000人が学習プログラムに参加した。

韓　国

3.2　資格・学位

3.2.1　学士，専門学士

　学士学位は，一般的に4年間のフルタイムの高等教育課程を修了することで取得できる学位である。「高等教育法」第2条が定める大学，教育大学，産業大学，放送通信大学，サイバー大学，技術大学，各種学校（ただし，教育長官の指定を受けた学校のみ）や，「生涯教育法」が定める社内大学などによって授与される。また，「独学学位制度」や「単位銀行制度」などを利用して取得することも可能である。学士学位の種類は，各機関の学則で定められる。

　専門学士は，一般的に2年間もしくは3年間のフルタイムの短期高等教育課程を修了することで取得できる準学位である。「高等教育法」第2条が定める専門大学によって授与されるほか，「単位銀行制度」を利用して取得することも可能である。専門大学の目的は，「社会の各分野に関する専門的な知識と理論を教授・研究し，才能を錬磨して，国家社会の発展に必要な専門職業人を養成すること」と定められており，教養教育よりも実務教育に重点を置く高等教育機関である。したがって専門学士学位は，専門的な職業能力に対する評価も含んでいる。

　そのほか，「勤労者職業能力開発法」が定める技能大学（通称「ポリテク大学」）は，各種の職業技術教育課程を提供し，専門学士と同等の「産業学士」を授与する。

3.2.2　国家職務能力標準（NCS）

　2007年に全面改正された「資格基本法」第5条は，教育・訓練と資格，産業の連携体制を構築することを目的に，「政府は国際水準及び産業技術の変化などを考慮し，国家職務能力標準を開発・改善しなければならない」と定めている。これに基づき，教育省のKSS（Korean Skill Standards）や雇用労働省のNOS（National Occupational Standards）など，関連部署がそれぞれ「標準」を策定したが，事業が重複しているとして批判が多かったため，2010年5月にこれらを統合して「国家職務能力標準（National Competency Standards：NCS）」とした。

　NCSは，企業が必要とする人材の知識や技術，素養などについて，産業分野別・水準別に体系化したもので，教育訓練課程の開発・運営や資格種目の開発などに用いられる。NCSの開発は，分野別に雇用労働省や政府関連部署，関連企業団体によって行われる。開発されたNCSを利用するのは，主に職業教育・訓練機関と資格検定機関である。職業高校や専門大学，その他の職業教育訓練機関などは，NCSに基づいて当該分野のカリキュラムや教材を開発し，運営する。各種の国家資格や民間資格を検定する資格検定機関は，NCSに基づいて資格種目の開発や検定試験の作成などを行う。2016年現在，897小分野のNCSが開発されている。

223

3.2.3 韓国資格枠組み（KQF）

　韓国資格枠組み（Korean Qualification Framework：KQF）に関する規程も，上述のNCSと同様に，「資格基本法」の2007年改正時に新設された。しかし，KQFの開発が本格化したのは，能力中心社会の実現を政策課題に掲げる朴槿恵政権（2013～2017年）が発足した2013年以降である。2017年現在，KQFは開発の最終段階にあるとされる。

　2016年10月に発表されたKQF試案によると，KQFは「学校における学習だけではなく，学校外の多様な学習結果が相互に連携できるよう定められる全国基準」と位置付けられ，学習結果（学位等）と資格水準を8つのレベルに区分し，相互を関係付けている（**図1**）。

図1：学位と資格の連携概念図（試案）

学位等	KQF水準	資格水準
博士	8	レベル8
修士	7	レベル7
学士	6	レベル6
専門学士（3年）	5	レベル5
専門学士（2年）	4	レベル4
高校卒業	3	レベル3
中学卒業	2	レベル2
中学卒業未満	1	レベル1

（出典）教育省報道資料 2016年10月26日。

　また，水準別の指標の内容は**表4**のとおりである。

韓　国

表4：水準別の指標内容（試案）

水準	知識	技能	自律性と責任性
8	当該分野で最高水準の専門知識と，関連分野外の融合的な知識	関連知識を拡張し，裁定のために必要な融合的な技術	・組織全般に影響を与える，あるいは変化をもたらすことができる新たなアイディアやプロセスを創出 ・組織全般に対する専門家としての献身及び責任
7	当該分野の高度な専門知識と，関連分野外と連動した知識	新たな知識と手続を開発し，関連分野の知識を統合するために必要な連携的な技術	・新たな戦略的解決方法を提示し，適用 ・他人の成果を評価する責任
6	当該分野の上級の専門知識	当該分野の予測不可能な問題を解決するために必要な技術	独立した権限内で職務を遂行し，組織の成果を管理
5	当該分野の包括的な専門知識	当該分野の非日常的な問題を解決するために必要な技術	包括的な権限内で職務を遂行し，他人の業務を監督
4	当該分野に限定された専門知識	当該分野の特定の問題を解決するために必要な技術	限定された権限内で職務を遂行し，他人の定型業務を監督
3	当該分野の専門的な基礎知識	当該分野の日常的な業務を遂行し，日常的な問題を解決するために必要な技術	一般的な指示及び監督を受け，定められた業務を遂行
2	当該分野の一般的な基礎知識	日常的な業務を遂行するために必要な技術	具体的な指示及び監督を受け，定められた業務を遂行
1	文字の理解，演算能力など，単純な知識	単純な業務を遂行するために必要な技術	直接的な指示及び監督を受け，定められた業務を遂行

（出典）教育省報道資料 2016 年 10 月 26 日。

3.3　学習成果の評価

3.3.1　独学学位制度

　独学学位制度は，学習者の学習レベルが学位取得水準に達したかどうかを試験により判定し，国が学位を授与する制度である。

　同制度は，1990 年，生涯学習の振興とともに高等教育の需要を吸収するために導入された。導入当初は中央教育評価院が事業を所管していたが，1998 年には韓国放送通信大学へ移管された。2008 年からは，国家生涯教育振興院が同事業を管理・運営している。2018 年現在，国語国文学，英語英文学，心理学，経営学，法学，行政学，幼児教育学，コンピュータ科学，情報通信学，家庭学，看護学の 11 領域について学士号が授与される。

　学習者が同制度を利用して学位を取得するまで，次の4つの段階を経る必要がある。

○第一段階「教養課程認定試験」
　　試験内容：大学の教養課程履修者が備えるべき教養について，必須3科目と選択2科目
　　受験資格：高校卒業者又は同等以上の学力を持つと認定された者
　　　　　　　外国又は軍事境界線の以北地域で学校教育を12年以上修了した者

225

○第二段階「専攻基礎課程認定試験」

　　試験内容：専攻領域の学問研究に必要な共通知識と技術について選択6科目

　　受験資格：第一段階試験で2科目以上合格した者

　　　　　　　大学で1年以上の学力を認定された者

　　　　　　　「単位銀行制度」で35単位以上取得した者

　　　　　　　外国又は軍事境界線の以北地域で学校教育を13年以上修了した者

○第三段階「専攻深化課程認定試験」

　　試験内容：専攻領域に関するより高度な専門的知識と技術について選択6科目

　　受験資格：第二段階試験で2科目以上合格した者

　　　　　　　学位取得を目指す分野について大学で2年以上の学力を認定された者

　　　　　　　「単位銀行制度」で70単位以上取得した者

　　　　　　　外国又は軍事境界線の以北地域で学校教育を14年以上修了した者

○第四段階「学位取得総合試験」

　　試験内容：学位取得者が備えるべき素養と専門知識・技術について教養2科目，専攻4
　　　　　　　科目

　　受験資格：第一段階試験で5科目，第二段階試験で6科目，第三段階試験で6科目を合
　　　　　　　格した者

　　　　　　　学位取得を目指す分野について大学で3年以上の学力を認定された者

　　　　　　　「単位銀行制度」で105単位（専攻16単位を含む）以上取得した者

　　　　　　　外国又は軍事境界線の以北地域で学校教育を15年以上修了した者

表5：段階別試験の実施状況（2012〜2016年）

	第一段階			第二段階			第三段階			第四段階		
	志願者	受験者	合格者	志願者	受験者	合格者	志願者	受験者	合格者	志願者	受験者	合格者
2012	17,835	13,058	9,687	13,517	10,135	7,394	4,842	3,471	2,651	2,282	1,792	950
2013	14,884	10,568	7,922	11,239	8,220	5,851	4,139	2,934	2,540	2,891	2,258	961
2014	13,335	9,126	6,680	8,680	6,401	4,643	3,540	2,558	2,051	3,382	2,687	1,358
2015	12,270	8,722	6,278	8,662	6,412	4,171	3,376	2,429	1,953	3,910	3,003	1,057
2016	11,313	7,874	5,071	9,456	6,659	4,254	4,389	3,097	1,960	3,539	2,645	974

（出典）教育省・韓国教育開発院『2017生涯教育統計資料集』2017年。

3.3.2　単位銀行制度

　単位銀行制度は，学校外で行われる多様な形態の学習経験や各種資格を単位として認定し，一定の単位の累積に応じて学位を授与する制度である。「単位認定等に関する法律」を根拠とする。

　同制度は，1998年，学歴社会からの脱却を目指すとともに，「誰でも，いつでも，どこでも」学習することができる，開かれた生涯学習社会の実現のために導入された。開始当初は韓国

教育開発院の所管事業であったが，2008年からは，国家生涯教育振興院が同事業を管理・運営している。同制度を利用して取得できる学位は，学士号と専門学士号で，教育長官あるいは大学の長が授与する。取得に必要な単位数は，学士号で140単位以上，専門学士号で80単位以上（一部分野は120単位以上）である（**表6**参照）。

表6：学位取得に必要な単位数

	学士号	専門学士号	
必要単位数合計	140単位以上	80単位以上	120単位以上
教養科目	30単位以上	15単位以上	21単位以上
専門科目	60単位以上	45単位以上	54単位以上

単位を取得するには，主に次の6つの方法がある。

○評価認定学習プログラムの履修

大学附設の生涯教育院や民間教育施設，職業訓練機関など，各種生涯学習機関などで提供される学習プログラムのうち，教育長官が「単位銀行制度」に利用可能と認定したプログラムを履修する。

○資格の取得

教育長官の承認を得て国家生涯教育振興院長が示した各種資格（国家資格や政府認定の民間資格など）を取得する。

○独学学位制度の試験合格

独学学位制度の各科目試験に合格する。

○重要無形文化財の技能・芸能の所持

重要無形文化財の技能・芸能を所持する，またその技能等の継承訓練を受ける。

○パートタイムの科目履修

大学の正規課程で行われているパートタイム科目履修制度を利用する。

○単位認定対象学校での科目履修

4年制大学や専門大学，各種学校の中退者や卒業者が，当該校で取得した単位を振り替える。

「単位銀行制度」を利用して，2016年度までに60万2,115人が学士あるいは専門学士の学位を取得した（**表7**参照）。

表7：学位取得者数の推移

	1998～2012	2013	2014	2015	2016
学　士	192,440人	24,749人	26,525人	30,070人	31,539人
専門学士	143,088人	45,024人	54,242人	27,913人	26,525人
合　計	335,528人	69,773人	80,767人	57,983人	58,064人

（出典）教育省・韓国教育開発院『2017生涯教育統計資料集』2017年から算出。

3.3.3　生涯学習ポートフォリオ制度

「生涯学習ポートフォリオ制度」は，個人の多様な学習経験やその結果を，インターネット上に開設されるe-ポートフォリオに登録・管理する制度で，一部地域での試験事業を経て，2010年10月に本格的な運用が始まった。利用者は，累積された情報を基に発行される証明書を資格の取得や就職などの際に活用することができる。2017年9月現在,6万3,352人のポートフォリオが開設され，全体で19万9,232件の学習履歴が登録されている。

同制度は，「学習者の自己主導的な学習設計の促進及び学習選択権の保障」「個人の生涯学習経験の結果を社会的に認定及び活用」などを目的として掲げている。ここで目指されているのは，学習者の自発的な学習計画の策定や自己開発計画の樹立のための環境整備や，能力重視の人材活用体制の基盤構築である。

学習者がe-ポートフォリオに累積した学習経験は，「生涯学習履歴証明書」と「生涯学習履歴綴り」の2種類の形態で発給され，就職や資格取得などの際に活用される。「証明書」は，国家生涯教育振興院長印が押印されており，公的な証明書として有効である。特記事項のうち，証明が不可能な事項（読書活動など）については記載されない。「綴り」は，公的証明書としては認められないが，特記事項として様々な事項の記載が可能である。「証明書」や「綴り」に掲載される内容は，次のとおりである。なお，記載必須事項は①のみであり，他は申請者が記載の有無を自由に選択することができる。

①**人物事項**
　　姓名，住民（外国人）登録番号，住所及び職業，連絡先（電話，Eメール）
②**学歴**
　・初等中等教育：初等学校，中学校，高校（卒業，中退，同等学力認定の取得有無），識字教育初等学力認定
　・高等教育：大学，大学院（海外の修士・博士学位），単位銀行制度及び独学学位制度
③**経歴**
　　職歴など
④**資格**
　　国家資格，公認の民間資格

⑤評価認定

生涯学習機関別の生涯学習プログラム（学習課程が認定されたもの）の履修歴

⑥特記事項

教育及び研修，読書活動，著作物，ボランティア活動，受賞歴，特許など

証明書に記載されるこれらの学習履歴について，事業を所管する国家生涯教育振興院は，各種情報システムやデータベース，また関係各所へ照会・確認することで，その質的保証を行っている。

4 ┃ 地域・家庭教育の支援

4.1 地域教育の支援

4.1.1 生涯教育活性化支援事業

生涯教育活性化支援事業は，国家生涯教育振興院が所管する事業の1つで，「広域市・道生涯学習ネットワークの構築」「生涯学習都市の整備」「幸福学習センターの運営支援」の3事業をパッケージ化したものである。いずれの支援事業も，それぞれの評価結果に基づき支援対象が決定される。

広域市・道生涯学習ネットワークの構築支援は，地方レベルで設置される生涯教育振興院の設置及び運営を支援するものである。2017年度計画では，3つの広域市・道を対象に，1広域自治体当たり年額5,500万ウォン（約550万円）を支援する。

生涯学習都市の整備は，地域における生涯学習の活性化を目的に，地方自治体の生涯学習の取組に対する行財政的支援を主な内容とする事業で，2001年に開始された。同事業が特に重視するのは，「地域固有の特性の反映」「地域住民と地域社会の積極的な参加の促進」「地域社会に散在する資源間のネットワークの活性化を促す体制づくり」「持続的な事業の推進のため，地域内の制度整備と財政投資」などである。2017年度事業では，支援分野が「生涯学習都市の指定」と「生涯学習都市の特性化」の2つに分かれ，前者については7都市程度を対象に，1都市当たり年額9,000万ウォン（約900万円）を支援する。後者については，10都市程度を対象に，1都市当たり年額5,000万ウォン（約500万円）を支援する。生涯学習都市は，2016年までに合計143都市が指定，整備されている。

幸福学習センターの運営支援は，地域住民の生涯学習の機会を保障するため，邑・面・洞

（いずれも自治権のない行政区域）単位に学習センターを設置・運営することを促進する。2017年度事業では，前年度からの継続を含めて169センターを対象に，その内容や規模，期間に応じて600万〜3,150万ウォン（約60万〜315万円）を支援する。

4.1.2　放課後学校

　放課後学校は，初等学校・中学校・高校の正規の授業終了後に，学校が主体となって教科学習や文化・芸術，スポーツ等のプログラムを低廉な価格で提供する事業である。「私教育費の軽減」「学校教育機能の補完」などが目的として掲げられていることからも明らかなとおり，事業の主要な狙いは，費用の家計への圧迫が社会問題化している学習塾や予備校の代替となるプログラムの提供である。しかし同時に，「学校の地域社会化」も目的に加えることで，保護者や地域住民の学習にも貢献することが理念として目指されている。

　放課後学校では，主に2種類のプログラムが運営されている。「教科プログラム」は，教科学習に関する水準別プログラムで，以前は高校でのみ行われていたが，2006年より中学校で，2008年からは初等学校でも実施が可能となった。「特技・適性プログラム」は，正規の教育課程では実施が困難であるような，児童・生徒の特技等を発達させるためのプログラムである。芸術，スポーツ，外国語などが中心であり，受講者の希望に応じて多様なプログラムを準備する。

　2016年4月現在，放課後学校は全学校の99.7%に当たる1万1,775校で運営されており，全児童・生徒の62.1%に当たる約364万8,000人が何らかのプログラムに参加している。学校段階別の児童・生徒の参加率は，初等学校65.9%，中学校46.9%，高校68.7%である。

表8：プログラム別の運営状況（2016年4月）

	初等学校	中学校	高　校
教科プログラム数	59,257 (26.6%)	43,689 (58.5%)	135,970 (87.1%)
特技・適性プログラム数	163,271 (73.4%)	31,023 (41.5%)	20,181 (12.9%)
合計数	222,528 (100.0%)	74,712 (100.0%)	156,151 (100.0%)

(出典) 教育省「2016年放課後学校の運営状況統計」。

4.1.3　生涯学習大賞

　「生涯学習大賞」は，生涯学習の優れた実践例を発掘・奨励することで，生涯学習に対する全国民の関心を高め，学習活動への参加を促し，社会全体的な生涯学習文化の風土を醸成することを目的に，2004年から毎年行われている事業である。

　同事業への応募は，個人あるいは団体単位で行われる。団体は，「生涯教育法」に基づいて設置される生涯教育施設や団体，学校や大学，地方教育行政機関，企業，公共機関，学習サークル，教育関連の非営利団体などが対象となる。個人・団体にかかわらず1つだけ授与される大賞は，国務総理の名義で授与され，個人であれば500万ウォン（約50万円），団体であれば700万ウォン（約70万円）の副賞も授与される。その他，個人部門優秀賞（副賞300

万ウォン），団体部門優秀賞（副賞500万ウォン），奨励賞，特別賞がある。

4.1.4　大学の生涯教育体制支援事業

「大学の生涯教育体制支援事業」は，大学の生涯教育機能を強化するため，2017年に従来の「生涯学習中心大学支援事業」と「生涯教育学部支援事業」を統合して始まった事業である。

2008年に導入された生涯学習中心大学支援事業は，地域の成人学習者に対する学習機会を積極的に整備・提供することを目的に開始され，地域社会と大学それぞれのニーズがマッチした生涯学習プログラムの開発・運営に貢献した。生涯教育学部支援事業は，4年制大学を成人学習者にも適した学事体制に改編する目的で開始された。両事業とも，地域の成人学習者を対象とする生涯教育機能を強化することを目的としており，その内容も重複する部分が多かったことから，2016年当初から統合が検討されていた。

大学の生涯教育体制支援事業の主な内容は，次のとおりである。

○成人のための学部
 ・成人学習者を対象とする独立した学部の新設や，既存学部に成人学習者を対象とする
　学科や専攻を設置する。また，複数の大学がコンソーシアムを形成して成人のための
　カリキュラムを運営し，共同学位を授与することも可能とする。
 ・いずれの形態においても，学位課程は必ず設置しなければならない。
○教育課程の類型
 ・学位課程
　　入学資格は，専門高校あるいは普通高校の職業教育委託課程の卒業者である就労者
　又は30歳以上の成人学習者とする。入学者選抜の方法は，書類選考と面接を中心とし，
　大学修学能力試験の受験は課さない。
 ・非学位
　　単位銀行制度の認定プログラムや資格取得課程など，大学の裁量で設置する。
○教育課程の運営方法
 ・職務能力の向上に重点を置くなど，成人学習者の需要に合ったカリキュラムを開発・
　運営する。
 ・仕事との両立を円滑にするため，夜間・週末講義や集中講義など，柔軟な形式でカリ
　キュラムを運営する。
 ・講義担当者に占める専任教員の割合を高め，教育の質の向上を図る。
○学習者に対する支援
 ・学習支援センターや相談室，オンライン講座支援室など，成人学生を対象とする支援
　組織を整備する。

・奨学金制度の整備や，授業料の納付方法の多様化などを進める。

　同事業は，競争的資金に基づく支援事業で，2018年度は総額108億ウォン（約11億円）の予算が組まれている。12大学程度を対象に，1校当たり40〜60億ウォン（約4〜6億円）が支援される。

4.2　家庭教育の支援

4.2.1　保護者支援センターにおける家庭教育

　保護者支援センターは，初等中等教育機関に在学する児童・生徒の保護者を対象に，家庭教育や学校教育，進路進学に関する相談及び情報提供などを行う機関であり，中央に1か所，全国に93か所設置されている（2017年9月現在）。

　中央の国家生涯教育振興院に2011年2月に設置された全国保護者支援センターは，「保護者の力量強化を目指して，国レベルでの推進体制の確立」を総合的なビジョンと掲げ，保護者を対象とするサービスや各種の情報提供を行っている。その主なサービスは同センターのウェブサイトを通して提供されるもので，オンライン教育プログラムの配信，保護者の需要度が高い情報を発信するウェブサイトの紹介，各地方の保護者支援センターの案内などである。そのうち，主要なコンテンツであるオンライン教育プログラムは，「保護者の教育機会の拡大及び家庭教育力の強化」を目的に，「読書を通した人格教育」や「尊重と配慮，意思疎通する家族」など，26プログラムが開設されている。プログラムは全て無料で提供され，2017年9月現在，約3万5,000人が利用している。

　各地方の保護者支援センターは，広域市・道レベルあるいは基礎自治団体レベルで設置されており，子供の教育相談や各種の情報提供，家庭教育プログラムの開発・運営を行っている。

4.2.2　異文化を背景とする家庭に対する教育支援

　社会の国際化が急速に進行する中，異文化を背景とする家庭（韓国語では「多文化家族」と表現される）を対象とする生涯学習支援が活発化している。国際結婚の増加などにより父母のどちらかが外国人である家庭が増えているほか，労働者である夫とともに来韓する妻と子供も少なくない。こうした家庭の社会的な定着を支援するため，教育省だけではなく，女性家族省など，複数の政府部署が様々な教育的支援事業を実施している。

　異文化を背景とする家庭に対する教育支援については，国際結婚の増加などを背景に2008年3月に制定された「多文化家族支援法」第6条により，「国や地方自治体は結婚移民者などが大韓民国で生活するのに必要な基本的情報（児童・青少年に対する学習及び生活指導関連の情報を含む）を提供し，社会適応教育と職業教育・訓練及び言語疎通能力を向上するための韓国

韓　国

語教育等を受けることができるよう，必要な支援を行うことができる」と定められている。

　教育省の外郭団体である国家生涯教育振興院は，その事業の1つとして「多文化教育活性
化支援」を行っている。その主要内容は，就学前を含む初等中等教育段階の子供に対する教
育の行財政的支援だが，そのほか中央多文化教育センターを置き，地方に設置された広域市・
道多文化教育支援センターとの連携を通して，各種支援事業を行っている。女性家族省は，
多文化家族支援センター事業を所管している。多文化家族支援センターは，異文化を背景と
する地域住民を対象に，韓国語教育や家族教育・相談，子供の教育に関する支援などを行っ
ている。

5 ┃ 生涯学習支援施設・人材

5.1　施設

5.1.1　生涯学習館

　生涯学習館は，基礎自治団体である市・郡・区あるいは邑・面・洞（日本における基礎自
治体の区画としての「町」に相当）に地方自治体により設置され，地域の生涯学習プログラ
ムの運営業務などを行う機関である。その法的根拠であった改正前の「生涯教育法」第13条
によると，生涯学習館は，生涯学習に関する研究や情報収集及び提供，生涯学習関係者に対
する研修，生涯学習プログラムの運営などを行うと定められていた。なお，2007年11月に
行われた「生涯教育法」の全面改正により，生涯学習館に関する法的規定は廃止されている。

　2017年現在，生涯学習館は全国に424か所設置されている。学習館として単独の機関が設
置されている場合もあれば，地域の図書館や初等中等教育機関，社会福祉館などが学習館に
指定されている場合もある。

5.1.2　幸福学習センター

　幸福学習センターは，邑，面，洞などに設置される生涯学習施設で，住民にとって空間的
により近い場所（例えば，徒歩圏内など）で学習機会を提供することを特徴としている。そ
のため，地域の空き家や空き店舗などが積極的に活用されている。同センターは，「生涯教
育法」の2014年の改正時に導入されたものだが，その発端となったのはユネスコ学習都市の
1つである南楊州市が展開する「学習灯台」事業である。幸福学習センターは，2015年現在，
全国に498か所設置されている。

233

5.1.3　住民自治センター

　住民自治センターは，邑・面・洞に設置される組織で，行政機関である洞事務所に併設されていることが一般的である。地域の住民自治機能を担う一方で，趣味・教養，生涯学習，運動プログラム，放課後教室なども運営している。その他，のみの市や互助会事業，町の環境改善運動など，地域社会活性化のための活動を行うことで，地域の問題に対する意見を集約し，解決を図る活動の拠点としての役割を負っている。

　住民自治センターは，生涯学習機関の一種に位置付けることができ，日本の公民館に相当する機関と紹介されることもある。ただ，所管は教育省ではなく行政安全省であり，地域の自治活動の拠点となる組織である。生涯学習については，各種プログラムのための場所を提供するとともに，地域住民に対する情報提供を大きな役割としている。2016年12月現在，住民自治センターは全国に3,503か所設置されている。

5.1.4　社会福祉館

　社会福祉館は，保健福祉省所管の福祉施設である。「社会福祉事業法」第2条は同館の定義について，「地域社会を基盤として一定の施設と専門的人材を備え，地域住民の参加と協力を通して地域社会の福祉問題を予防・解決するために，総合的な福祉サービスを提供する施設」と定めている。この定義からも明らかなとおり，社会福祉館は一義的には地域の様々な福祉業務を担う機関である。ただ，社会的弱者は一般的に生涯学習へのアクセスが困難であることから，社会福祉館による生涯学習プログラムの提供も広く行われている。2015年現在，社会福祉館は全国に452か所設置されている。

　韓国社会福祉協会は，社会福祉館が実施する教育・文化事業について，次の4種類を示している。

　○児童・生徒の教育

　　学習に困難な住居環境にある児童・生徒，また経済的理由で塾や予備校に通うことが困難な児童・生徒に，必要な学習指導を行う。

　○成人教育

　　調理や理容・美容など，各種技術・技能の取得を目的とする成人社会教育を実施する。

　○高齢者対象の余暇・文化事業

　　「健康運動教室」や教養教育プログラムなど，高齢者を対象とする各種社会教育・趣味プログラムを提供する。

　○文化福祉事業

　　地域住民のための余暇・娯楽プログラム，文化プログラムなどを提供する。

韓　国

5.1.5　図書館

　図書館に関する業務は，中央では文化スポーツ観光省が所管し，地方では地方自治体と教育庁が所管している。国の図書館政策については，大韓民国の成立から長い間，文教省（現教育省）が所管していたが，1990年に新設の文化省（現文化スポーツ観光省）に移管された。公共図書館の設置者は，自治体のほか，広域市・道教育庁と民間団体に大きく分けられる。そのほか，文化スポーツ観光省が直接所管する国立中央図書館などがある。

　全国各地に設置されている図書館は，生涯学習の場を提供するだけではなく，地域生涯教育情報センターとして情報発信を積極的に行う場合もある。2017年現在，全国に1,010館の公共図書館が設置されている（**表9**参照）。

表9：全国の図書館数（2017年）

	自治体	教育庁	民間	合計
図書館数	758	231	21	1,010

（出典）文化スポーツ観光省『2017年全国文化基盤施設総覧』2017年。

5.1.6　博物館・美術館

　博物館・美術館に関する業務は，中央では文化スポーツ観光省が所管し，地方では地方自治体が所管している。文化スポーツ観光省は，国立中央博物館や国立民俗博物館，国立現代美術館を直接所管している。

　博物館・美術館は，文化教育の一環として，児童・生徒や成人を対象に様々なプログラムを開発・運営している。例えば国立中央博物館は，そのビジョンの1つに「文化についての生涯学習の機会を一般の人に提供していくこと」を据え，児童・生徒やその家族，成人，高齢者など，対象者別に様々な学習・体験プログラムを行っている。2017年現在，全国に博物館は853館，美術館は229館設置されている（**表10**参照）。

表10：全国の博物館・美術館数（2017年）

	博物館				美術館			
	国公	民間	大学	計	国公	民間	大学	計
合計	388	361	104	853	57	157	15	229

（出典）文化スポーツ観光省『2017年全国文化基盤施設総覧』2017年。

5.2　人材

5.2.1　生涯教育士

　生涯教育士は，「生涯教育法」第24条に法的根拠を置く，生涯学習の支援に従事する国家資格である。その主な業務は，「生涯教育法施行令」第17条によると，生涯学習プログラム

の需要分析・開発・運営・評価・コンサルティング，学習者に対する学習情報の提供，生涯にわたる能力開発に関する相談・教授，生涯学習の振興のための事業計画関連業務などである。

同資格は1～3級に区分される。大学の在学中に必要な科目の単位を取得するほか，大学附設の生涯教育院や「単位銀行制度」の認定教育機関などで生涯教育士の養成課程を修了することで資格を取得できる。従来は「高等教育法」が定める学士学位の取得者のみに限定されていたが，2009年5月の「生涯教育法」の一部改正により，資格取得対象者が拡大した。2000年から2016年までの間で，累計9万4,097人（同一人物が複数の級を取得した場合を含む）が生涯教育士の資格を取得した。級別にみると，各取得者数は1級650人，2級8万8,101人，3級5,346人である。各級の取得要件については，**表11**を参照。

表11：生涯教育士の等級別取得要件

	取得要件
1級	生涯教育士2級を取得した後，教育長官が定める生涯学習関連業務に5年以上従事した者で，国家生涯教育振興院が運営する生涯教育士1級昇級課程を修了した者。
2級	1.　「高等教育法」第29条及び第30条に基づく大学院で，教育省令が定める生涯学習関連科目のうち必修科目を15単位以上取得し，修士又は博士の学位を取得した者。ただし，「高等教育法」第2条に基づく学校で履修した場合は，選択科目で必修科目の単位を代替することができる。 2.　大学又は大学と同等以上の学力を認定される機関，「単位認定などに関する法律」に基づき評価認定を受けた学習課程を運営する教育訓練機関で関連科目を30単位以上取得し，学士学位を取得した者。 3.　大学を卒業した者又はそれと同等以上の学力を認められた者で，次の各項目のいずれか1つに該当する機関で関連科目を30単位以上取得した者。 イ．大学又は大学と同等以上の学力を認定される機関。 ロ．「生涯教育法」第25条第1項に基づく生涯教育士養成機関。 ハ．「単位銀行制度」認定機関。 4.　生涯教育士3級の資格を所持し，関連業務に3年以上従事した者で，国家生涯教育振興院や指定養成機関が運営する生涯教育士2級昇級課程を修了した者。
3級	1.　大学又は大学と同等以上の学力を認定される機関，「単位銀行制度」認定機関で関連科目を21単位以上取得し，学士学位を取得した者。 2.　大学を卒業した者又はこれと同等以上の学力を認定された者で，次の各項目のいずれか1つに該当する機関で関連科目を21単位以上取得した者。 イ．大学又は大学と同等以上の学力を認定される機関。 ロ．指定養成機関。 ハ．「単位銀行制度」認定機関。 3.　関連業務に2年以上従事した者で，国家生涯教育振興院や指定養成機関が運営する生涯教育士3級養成課程を修了した者。 4.　関連業務に1年以上従事した公務員及び「初等中等教育法」第2条第1号から第5号までの学校又は学力認定生涯学習施設の教師で，国家生涯教育振興院や指定養成機関が運営する生涯教育士3級養成課程を修了した者。

生涯教育士の配置基準について，「生涯教育法施行令」第22条は，国家生涯教育振興院や広域市・道の振興院に1級生涯教育士1名以上を含む5名以上，障害者を対象とする生涯教育機関に生涯教育士1名以上，市・郡・区の生涯学習館に1級又は2級生涯教育士を含む2名以上（職員20名未満の学習館については1名以上），「生涯教育法」第30～38条に基づく生涯

学習施設や「単位認定等に関する法律」第3条第1項に基づいて認定を受けた学習課程を備える教育訓練施設は1名以上の生涯教育士の配置を定めている。ただ，財政不足などから基準どおりに生涯教育士を配置できない機関も多い。2017年度現在，全国の生涯学習機関3,150機関（全体の78.1%）に4,960人の生涯学習士が配置されている（**表12**参照）。

表12：生涯教育士の配置数及び配置機関数（2017年）

	学校(大学)附設	遠隔形態	企業附設	市民・社会団体附設	言論機関附設	生涯学習館	その他
生涯教育士数	625人	1,178人	541人	509人	629人	818人	660人
配置機関数	330機関	710機関	405機関	385機関	535機関	351機関	434機関
配置率	79.1%	74.8%	95.5%	74.8%	75.7%	79.6%	75.0%

（出典）教育省・韓国教育開発院『2017年教育統計分析資料集－生涯教育統計編－』2017年。

　現職の生涯教育士に対する研修制度は，専門性及び職務能力の向上を目的に，主に2種類に分けて行われている。「実務者課程」は資格取得3年未満の者，「指導者課程」は生涯学習施設の管理・運営責任者（副責任者を含む）を対象にそれぞれ実施される。

5.2.2　生涯学習支援団体
5.2.2.1　韓国生涯教育総連合会
　韓国生涯教育総連合会は，生涯学習関係者の専門性を向上させるとともに，生涯学習機関及び団体間の協力を促進し，会員相互の連帯を通して生涯学習機関・団体の公益の拡大を図ることを目的とする社団法人である。1976年に設立された韓国社会教育協会を前身とし，1999年の「生涯教育法」の制定を受けて2001年に韓国生涯教育連合会へ再編された後，2004年に現在の韓国生涯教育総連合会に改称された。

　同総連合会は，2018年現在，全国に16の支部を有するほか，韓国文解教育協会，韓国女性生涯教育会，韓国生涯教育士協会，韓国生涯教育教授協議会，学校生涯教育研究会の5団体を傘下に置き，全国的な生涯学習の振興を図っている。また，教育省や国家生涯教育振興院のパートナーとして，生涯学習都市事業や生涯学習大賞など，生涯学習関連の各種事業に協力している。そのほか，以下のような活動を行っている。

　　○研究者と実務者間のネットワーク形成
　　○生涯学習に関連した現代的テーマを主題に年次大会，学術大会，フォーラム等の開催
　　○生涯学習指導者の専門性向上のための研修や国際的交流

5.2.2.2　韓国生涯教育士協会
　韓国生涯教育士協会は，2002年に設立された社団法人である。その目的は，「会員である

生涯教育士の権利と利益を保護し，生涯教育士の専門性を向上させる」こと，「生涯学習機関・施設の連携により，生涯教育士の完全配置を実現させる」ことである。

主な活動内容は，以下のとおりである。

○地域別の生涯学習士データベースの構築・活用
○生涯教育士の身分保障と労働環境の改善
○生涯教育士の研修
○対外協力及び広報活動
○生涯学習及び生涯教育士関連の研究事業，雑誌『生涯教育士』の発行

5.2.2.3　全国生涯学習都市協議会

全国生涯学習都市協議会は，生涯学習都市事業で選定された自治体の長や教育長による協議体で，2004年9月に設立された。「生涯学習都市の，生涯学習都市による，生涯学習都市のための全国生涯学習都市協議会」をスローガンとして，生涯学習の地域化や振興を通して生涯学習強国を実現させることを目指している。2018年現在の会員は，自治体の長155人と教育長（教育庁の出先機関の長）75人の合計230人である。

同協議会の目標は，「生涯学習都市間の相互交流と協力を通した各学習都市の発展」「優れた生涯学習都市事業の推進のため，各学習都市の内部力量の強化」「全国的な生涯学習文化の定着による，生涯学習に対する意識の向上」と定められており，これらを実現させるために以下のような事業を行っている。

○各生涯学習都市の責任者の研修，協議会の開催
○生涯学習都市の圏域別懇談会の運営
○各生涯学習都市の責任者の海外研修の実施
○生涯学習の実務者ワークショップの運営
○協議会ウェブサイトの運営
○生涯学習都市の広報活動

《主要参考文献》
黄宗建・小林文人・伊藤長和 編著『韓国の社会教育・生涯学習』エイデル研究所，2006年。
韓国教育新聞社『韓国教育年鑑2007』2007年。
教育省・生涯教育振興院『生涯教育白書』各年度版。
教育省・生涯教育振興院「独学学位制度」紹介パンフレット，2009年。
教育省報道資料各日付版。

行政安全省「2017年住民自治センター現況及び運営現況」2017年4月。
高麗大学教育問題研究所『わかりやすい教育学用語辞典』1994年。
国家生涯教育振興院ウェブサイト（http://www.nile.or.kr/）。
国家文解教育センターウェブサイト（http://www.le.or.kr/）。
女性家族省ウェブサイト（http://www.mogef.go.kr/）。
長畑実「韓国における博物館の発展と新たな挑戦」山口大学大学教育機構『大学教育』第6号，2009年3月，189-197
　　頁。
文化スポーツ観光省報道資料。
保健福祉省「2015年社会福祉館現況」2016年11月。
尹敬勲『韓国の教育格差と教育政策－韓国の社会教育・生涯教育政策の歴史的展開と構造的特質－』大学教育出版，
　　2010年。

資　料

アメリカ合衆国の学校系統図..............242

イギリスの学校系統図........................243

フランスの学校系統図........................244

ドイツの学校系統図............................245

中国の学校系統図................................246

韓国の学校系統図................................247

アメリカ合衆国の学校系統図

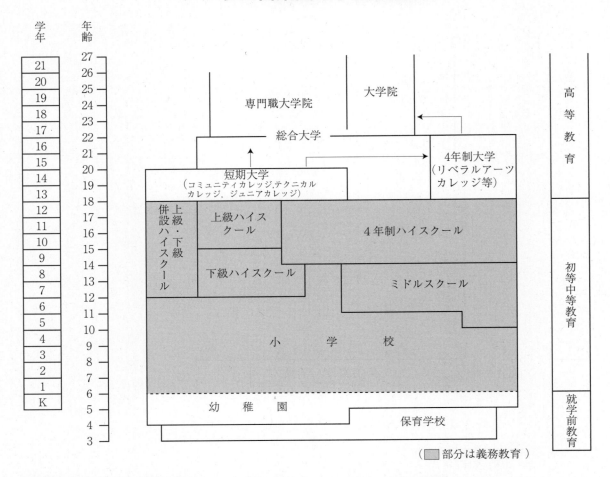

(■部分は義務教育)

就学前教育——就学前教育は，幼稚園のほか保育学校等で行われ，通常3〜5歳児を対象とする。

義務教育——就学義務に関する規定は州により異なる。就学義務開始年齢を6歳とする州が最も多いが，7歳あるいは8歳とする州でも6歳からの就学が認められており，6歳児の大半が就学している。義務教育年限は9〜12年であるが，12年とする州が最も多い。

初等・中等——初等・中等教育は合計12年であるが，その形態は6-3（2）-3（4）年制，8-4年制，6-6年制，5-3-4年制，4-4-4年制など多様であり，これらのほかにも，初等・中等双方の段階にまたがる学校もある。現在は5-3-4年制が一般的である。2014年について，公立初等学校の形態別の割合をみると，3年制又は4年制小学校6.8%，5年制小学校33.9%，6年制小学校13.7%，8年制小学校8.8%，ミドルスクール17.8%，初等・中等双方の段階にまたがる学校8.5%，その他10.5%であり，公立中等学校の形態別の割合をみると，下級ハイスクール（3年又は2年制）8.7%，上級ハイスクール（3年制）2.0%，4年制ハイスクール51.4%，上級・下級併設ハイスクール（通常6年）9.6%，初等・中等双方の段階にまたがる学校20.4%及びその他7.9%となっている。

高等教育——高等教育機関は，総合大学，リベラルアーツカレッジをはじめとする総合大学以外の4年制大学，2年制大学に大別される。総合大学は，教養学部，専門職大学院（学部レベルのプログラムを提供している場合もある）及び大学院により構成される。専門職大学院（学部）は，医学，工学，法学などの職業専門教育を行うもので独立の機関として存在する場合もある。専門職大学院（学部）へ進学するためには，通常，総合大学又はリベラルアーツカレッジにおいて一般教育を受け（年限は専攻により異なる），さらに試験，面接を受ける必要がある。2年制大学には，ジュニアカレッジ，コミュニティカレッジ，テクニカルカレッジがある。

資料

イギリスの学校系統図

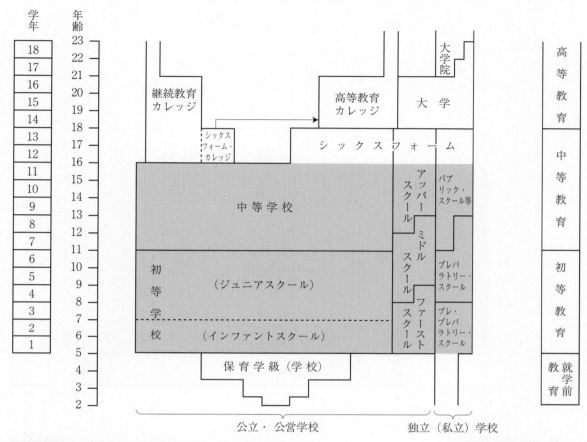

就学前教育——保育学校及び初等学校付設の保育学級で行われる。

義 務 教 育——義務教育は5～16歳の11年である。

初 等 教 育——初等教育は、通常6年制の初等学校で行われる。初等学校は、5～7歳を対象とする前期2年（幼児部）と7～11歳のための後期4年（下級部）とに区分される。両者は1つの学校として併設されているのが一般的であるが、一部には幼児学校と下級学校として別々に設置しているところもある。また一部において、幼児部（学校）・下級部（学校）に代えてファーストスクール（5～8歳、5～9歳など）及びミドルスクール（8～12歳、9～13歳など）が設けられている。

中 等 教 育——中等教育は通常11歳から始まる。原則として無選抜の総合制学校が一般的な中等学校の形態で、ほぼ90％の生徒がこの形態の学校に在学している。このほか、選抜制のグラマー・スクールやモダン・スクールに振り分ける地域も一部にある。　義務教育後の中等教育の課程・機関としては、中等学校に設置されているシックスフォームと呼ばれる課程及び独立の学校として設置されているシックスフォーム・カレッジがある。ここでは、主として高等教育への進学準備教育が行われる。初等・中等学校は、経費負担などの観点から、地方教育当局が設置・維持する公立（営）学校及び公費補助を受けない独立学校の2つに大別される。独立学校には、いわゆるパブリック・スクール（11、13～18歳）やプレパラトリー・スクール（8～11歳、13歳）などが含まれる。

高 等 教 育——高等教育機関には、大学及び高等教育カレッジがある。これらの機関には、第一学位（学士）取得課程（通常修業年限3年間）のほか、各種の専門資格取得のための短期の課程もある。1993年以前は、このほか、ポリテクニク（34校）があったが、すべて大学となった。また、継続教育カレッジ（後述）においても、高等教育レベルの高等課程が提供されている。

継 続 教 育——継続教育とは、義務教育後の多様な教育を指すもので、一般に継続教育カレッジと総称される各種の機関において行われる。青少年や成人に対し、全日制、昼・夜間のパートタイム制などにより、職業教育を中心とする多様な課程が提供されている。

（注）本図は、イギリスの全人口の9割を占めるイングランドとウェールズについての学校系統図である。

フランスの学校系統図

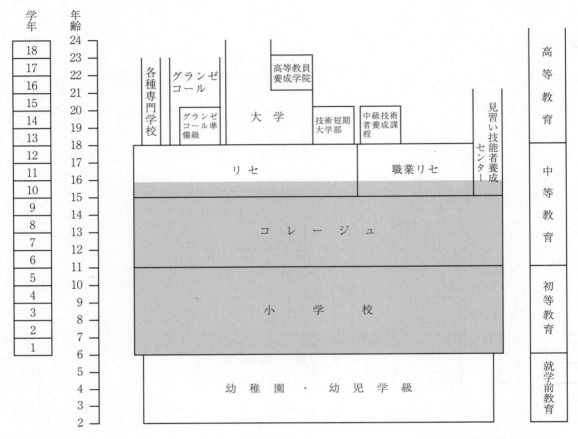

（▩部分は義務教育）

就学前教育——就学前教育は，幼稚園又は小学校付設の幼児学級・幼児部で行われ，2～5歳児を対象とする。
義 務 教 育——義務教育は6～16歳の10年である。義務教育は年齢で規定されている。留年等により，義務教育終了時点の教育段階は一定ではない。
初 等 教 育——初等教育は，小学校で5年間行われる。
中 等 教 育——前期中等教育は，コレージュ（4年制）で行われる。このコレージュでの4年間の観察・進路指導の結果に基づいて，生徒は後期中等教育の諸学校・課程に振り分けられる（いわゆる高校入試はない）。後期中等教育は，リセ（3年制）及び職業リセ等で行われる。職業リセの修業年限は2～4年であったが，2009年度より2～3年に改められた。
高 等 教 育——高等教育は，国立大学（学士課程3年，2年制の技術短期大学部等を付置），私立大学（学位授与権がない），グランゼコール（3～5年制），リセ付設のグランゼコール準備級及び中級技術者養成課程（いずれも標準2年）等で行われる。これらの高等教育機関に入学するためには，原則として「バカロレア」（中等教育修了と高等教育入学資格を併せて認定する国家資格）を取得しなければならない。グランゼコールへの入学に当たっては，バカロレアを取得後，通常，グランゼコール準備級を経て各学校の入学者選抜試験に合格しなければならない（バカロレア取得後に，準備級を経ずに直接入学できる学校も一部にある）。教員養成機関として高等教員養成学院がある（2013年までは教員教育大学センター）。

ドイツの学校系統図

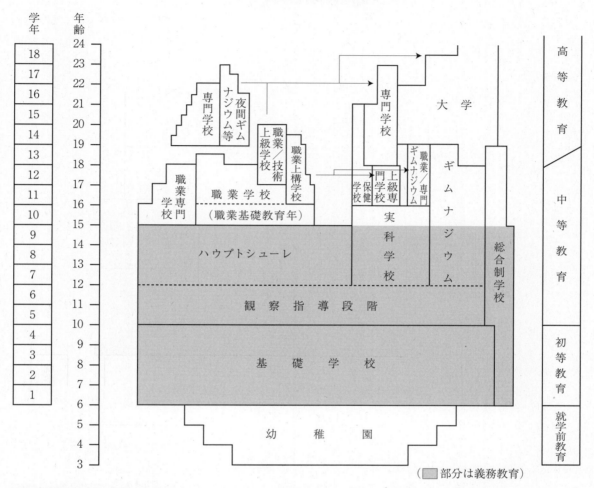

（■部分は義務教育）

就学前教育——幼稚園は満3歳からの子供を受け入れる機関であり、保育所は2歳以下の子供を受け入れている。

義務教育——義務教育は9年（一部の州は10年）である。また、義務教育を終えた後に就職し、見習いとして職業訓練を受ける者は、通常3年間、週に1～2日職業学校に通うことが義務とされている（職業学校就学義務）。

初等教育——初等教育は、基礎学校において4年間（一部の州は6年間）行われる。

中等教育——生徒の能力・適性に応じて、ハウプトシューレ（卒業後に就職して職業訓練を受ける者が主として進む。5年制）、実科学校（卒業後に職業教育学校に進む者や中級の職に就く者が主として進む。6年制）、ギムナジウム（大学進学希望者が主として進む。8年制又は9年制）が設けられている。総合制学校は、若干の州を除き、学校数、生徒数とも少ない。後期中等教育段階において、上記の職業学校（週に1～2日の定時制。通常3年）のほか、職業基礎教育年（全日1年制）、職業専門学校（全日1～2年制）、職業上構学校（職業訓練修了者、職業訓練中の者などを対象とし、修了すると実科学校修了証を授与。全日制は少なくとも1年、定時制は通常3年）、上級専門学校（実科学校修了を入学要件とし、修了者に専門大学入学資格を授与。全日2年制）、専門ギムナジウム（実科学校修了を入学要件とし、修了者に大学入学資格を授与。全日3年制）など多様な職業教育学校が設けられている。また、専門学校は職業訓練を終えた者等を対象としており、修了すると上級の職業資格を得ることができる。夜間ギムナジウム、コレークは職業従事者等に大学入学資格を与えるための機関である。なお、ドイツ統一後、旧東ドイツ地域各州は、旧西ドイツ地域の制度に合わせる方向で学校制度の再編を進め、多くの州は、ギムナジウムのほかに、ハウプトシューレと実科学校を合わせた学校種（5年でハウプトシューレ修了証、6年で実科学校修了証の取得が可能）を導入した。

高等教育——高等教育機関には、総合大学（教育大学、神学大学、芸術大学を含む）と専門大学がある。修了に当たって標準とされる修業年限は、伝統的な学位取得課程の場合、総合大学で4年半、専門大学で4年以下、また国際的に通用度の高い学士・修士の学位取得課程の場合、総合大学でも専門大学でもそれぞれ3年と2年となっている。

中国の学校系統図

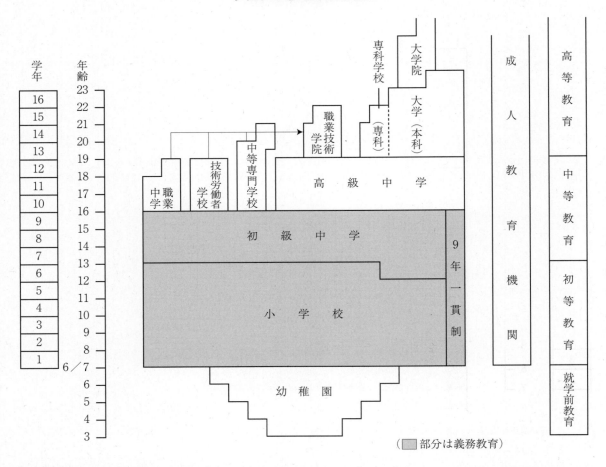

（■部分は義務教育）

就学前教育──就学前教育は，幼稚園（幼児園）又は小学校付設の幼児学級で，通常3～6歳の幼児を対象として行われる。

義 務 教 育──9年制義務教育を定めた義務教育法が1986年に成立（2006年改正）し，施行された。実施に当たっては，各地方の経済的文化的条件を考慮し地域別の段階的実施という方針がとられていたが，2010年までに全国の約100％の地域で9年制義務教育が実施されている。

初 等 教 育──小学校（小学）は，一般に6年制である。5年制，又は9年一貫制も少数存在する。義務教育法では入学年齢は6歳と規定されているが，地域によっては7歳までの入学の遅延が許されている。6歳入学の場合，各学校段階の在学年齢は7歳入学の場合よりも1歳ずつ下がる。

中 等 教 育──初級中学（3～4年）卒業後の後期中等教育機関としては，普通教育を行う高級中学（3年）と職業教育を行う中等専門学校（中等専業学校，一般に4年），技術労働者学校（技工学校，一般に3年），職業中学（2～3年）などがある。なお，職業中学は，前期中等段階（3年）と後期中等段階（2～3年）に分かれており，一方の段階の課程しか持たない学校が存在する。図中では前期中等段階の規模が非常に小さいため記述していない。

高 等 教 育──大学（大学・学院）には，学部レベル（4～5年）の本科と短期（2～3年）の専科とがあり，専科には専科学校と職業技術学院が存在する。大学院レベルの学生（研究生）を養成する課程・機関（研究生院）が，大学及び中国科学院，中国社会科学院などの研究所に設けられている。

成 人 教 育──上述の全日制教育機関のほかに，労働者や農民などの成人を対象とする様々な形態の成人教育機関（業余学校，夜間・通信大学，ラジオ・テレビ大学等）が開設され，識字訓練から大学レベルの専門教育まで幅広い教育・訓練が行われている。

韓国の学校系統図

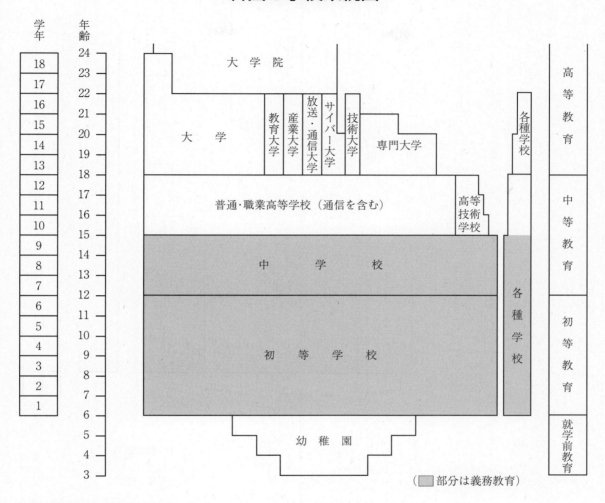

（▨ 部分は義務教育）

就学前教育——就学前教育は，3～5歳児を対象として幼稚園で実施されている。
義 務 教 育——義務教育は6～15歳の9年である。
初 等 教 育——初等教育は，6歳入学で6年間，初等学校で行われる。
中 等 教 育——前期中等教育は，3年間，中学校で行われる。後期中等教育は，3年間，普通高等学校と職業高等学校で行われる。普通高等学校は，普通教育を中心とする教育課程を提供するもので，各分野の英才を対象とした高等学校（芸術高等学校，体育高等学校，科学高等学校，外国語高等学校）も含まれる。職業高等学校は，職業教育を提供するもので，農業高等学校，工業高等学校，商業高等学校，水産・海洋高等学校などがある。
高 等 教 育——高等教育は，4年制大学（医学部など一部専攻は6年），4年制教育大学（初等教育担当教員の養成），及び2年制あるいは3年制の専門大学で行われる。大学院には，大学，教育大学及び成人教育機関である産業大学の卒業者を対象に，2～2.5年の修士課程と3年の博士課程が置かれている。
成 人 教 育——成人や在職者のための継続・成人教育機関として，放送・通信大学，産業大学，技術大学（夜間大学），高等技術学校，放送・通信高等学校が設けられている。

「教育調査」シリーズ一覧表（昭和55年以降）

第 104 集	海外教育ニュース第 3 集（昭和 55 年）	昭和 56.3
第 105 集	イギリスの「学校教育課程」	昭和 56.10
第 106 集	海外教育ニュース第 4 集（昭和 56 年）	昭和 57.12
第 107 集	海外教育ニュース第 5 集（昭和 57 年）	昭和 58.3
第 108 集	シンガポールの教育	昭和 58.7
第 109 集	マレーシアの教育	昭和 58.10
第 110 集	海外教育ニュース第 6 集（昭和 58 年）	昭和 59.3
第 111 集	タイの教育	昭和 59.3
第 112 集	ソ連の入学者選抜制度	昭和 59.3
第 113 集	海外教育ニュース第 7 集（昭和 59 年）	昭和 60.3
第 114 集	インドネシアの教育	昭和 60.6
第 115 集	フィリピンの教育	昭和 60.9
第 116 集	海外教育ニュース第 8 集（昭和 60 年）	昭和 61.7
第 117 集	海外教育ニュース第 9 集（昭和 61 年）	昭和 62.3
第 118 集	西ドイツにおける改正大学大綱法	昭和 63.5
第 119 集	図表でみる OECD 加盟国の教育	平成元 .2
第 120 集	主要国の教育動向・1986 ～ 1989 年 （海外教育ニュース第 10 集）	平成 2.11
第 121 集	主要国の教育動向・1990 ～ 1991 年 （海外教育ニュース第 11 集）	平成 4.3
第 122 集	諸外国の学校教育＜欧米編＞	平成 7.11
第 123 集	諸外国の学校教育＜中南米編＞	平成 8.1
第 124 集	諸外国の学校教育 ＜アジア・オセアニア・アフリカ編＞	平成 8.9
第 125 集	諸外国の教育の動き 1999	平成 12.3
第 126 集	諸外国の教育行財政制度	平成 12.4
第 127 集	諸外国の教育の動き 2000	平成 13.3
第 128 集	諸外国の初等中等教育	平成 14.1
第 129 集	諸外国の教育の動き 2001	平成 14.3
第 130 集	諸外国の教育の動き 2002	平成 15.3
第 131 集	諸外国の高等教育	平成 16.2
第 132 集	諸外国の教育の動き 2003	平成 16.3
第 133 集	諸外国の教育の動き 2004	平成 17.5
第 134 集	諸外国の教員	平成 18.3
第 135 集	諸外国の教育の動き 2005	平成 18.8
第 136 集	フランスの教育基本法	平成 19.3
第 137 集	諸外国の教育の動き 2006	平成 19.6
第 138 集	諸外国の教育動向 2007 年度版	平成 20.8
第 139 集	諸外国の教育動向 2008 年度版	平成 21.8
第 140 集	諸外国の教育改革の動向	平成 22.4
第 141 集	諸外国の教育動向 2009 年度版	平成 22.7
第 142 集	中国国家中長期教育改革・発展計画綱要 （2010 ～ 2020 年）	平成 23.3
第 143 集	諸外国の生涯学習	平成 23.8
第 144 集	諸外国の教育動向 2010 年度版	平成 23.9
第 145 集	諸外国の教育動向 2011 年度版	平成 24.9
第 146 集	諸外国の教育行財政	平成 26.1
第 147 集	諸外国の教育動向 2012 年度版	平成 25.11
第 148 集	諸外国の教育動向 2013 年度版	平成 26.10
第 149 集	諸外国の教育動向 2014 年度版	平成 27.4
第 150 集	諸外国の初等中等教育	平成 28.4
第 151 集	諸外国の教育動向 2015 年度版	平成 28.5
第 152 集	世界の学校体系	平成 29.4
第 153 集	諸外国の教育動向 2016 年度版	平成 29.8
第 154 集	諸外国の教育動向 2017 年度版	平成 30.8

諸外国の生涯学習

2018年10月11日　初版第1刷発行

著作権所有：文部科学省
発　行　者：大江道雅
発　行　所：株式会社 明石書店
　　　　　　〒101-0021
　　　　　　東京都千代田区外神田6-9-5
　　　　　　TEL 03-5818-1171
　　　　　　FAX 03-5818-1174
　　　　　　振替 00100-7-24505
　　　　　　http://www.akashi.co.jp

組版：朝日メディアインターナショナル株式会社
印刷・製本：モリモト印刷株式会社

（定価はカバーに表示してあります）　　　　　　　　　　　ISBN 978-4-7503-4727-1

—— 文部科学省 教育調査第153集

諸外国の教育動向 2016年度版

文部科学省 編著
A4判変型／並製／376頁 ◎3600円

アメリカ合衆国、イギリス、フランス、ドイツ、中国、韓国及びその他の各国・地域の教育事情について、教育政策・行財政、生涯学習、初等中等教育、高等教育、教員及びその他の各ジャンル別に2016年度の主な動向をまとめた基礎資料。

● 内容構成 ●

◆アメリカ合衆国◆民主・共和両党の大統領候補の教育政策／公立学校の目的は学力向上だけ？／一般教育改革の焦点は知識・技能の獲得と応用の統合 ほか
◆イギリス◆学校のアカデミー化を促進する法律が成立／見習い訓練参入者に関する最新統計／グラマースクール（選抜校）の現状／2つの世界大学ランキングの公表 ほか
◆フランス◆「経験知識認証（VAE）」制度の実施状況について／新学年手当／国立文化施設を無料で観覧するための「教育パス」の対象を拡大 ほか
◆ドイツ◆学生の学力、全分野でOECD平均を上回るも、大きな変化はみられず／学生は就業者よりも大きなストレスを受けている ほか
◆中国◆教育部等が中国版キー・コンピテンシーである「中核的資質」を公表／世帯収入の増加とともに都市部でオルタナティブな教育機会を求める保護者が増加／上海市の教員の国際的なレベルが明らかに ほか
◆韓国◆職業高校で全国学習到達度調査に代わる職業基礎能力評価を本格的に実施／大学に対する国の支援事業を再編・改革する計画が浮上 ほか
◆その他の国・地域◆欧州諸国における高等教育授業料や奨学金の最新状況（欧州）／OECD「生徒の学習到達度調査」（PISA2015）に関する教育省の発表（フィンランド）／連邦政府が高等教育の持続的な発展を推進するための政策文書を公表（オーストラリア）／デジタルテクノロジーの必修化（シンガポール）／留学生数が初めて10万人を突破（台湾） ほか

—— 文部科学省 教育調査第154集

諸外国の教育動向 2017年度版

文部科学省 編著
A4判変型／並製／232頁 ◎3600円

アメリカ合衆国、イギリス、フランス、ドイツ、欧州、中国、韓国、オーストラリアの教育事情について、教育政策・行財政、生涯学習、初等中等教育、高等教育、教師及びその他の各ジャンル別に2017年度の主な動向をまとめた基礎資料。

● 内容構成 ●

◆アメリカ合衆国◆個に応じた学び／振興策を導入する州が増大傾向／不法移民の子供である若者を対象とする経済措置の中止を決定／遠隔教育に関する規則／ミシガン大学（州立）が授業料無償化措置を発表 ほか
◆イギリス◆恵まれない子供を対象としたトップレベルの寄宿学校への入学支援を政府が強化／ケンブリッジ大学出版局、中国政府の検閲要請受入れを撤回／専攻別大学授業料の導入案に学生の反対意見が多数 ほか
◆フランス◆幼稚園及び小学校における授業日数の柔軟化が可能に／マクロン大統領、幼稚園の義務化を発表／2017年のバカロレア試験の結果 ほか
◆ドイツ◆欧州◆第4次メルケル政権、教育における連邦と州との更なる協力を強調（ドイツ）／ドイツ高等教育修了資格枠組み（HQR）が改訂（ドイツ）／欧州委員会2025年までに構築すべき欧州教育圏のビジョンを提示（欧州） ほか
◆中国◆全国的な枠組みの下での教科書開発を目的として国家教科書・教材委員会が創設／新学年度より義務教育段階で「言語・文学」「道徳と法治」「歴史」の3教科で全国版教科書の使用を開始／深圳市に国内有名大学の分校が集結 ほか
◆韓国◆教育省、全ての高校を単位制に転換する計画を発表／外国人児童・生徒などを対象とする韓国語指導を改善／大学構造改革に基づく大学閉鎖が進行 ほか
◆オーストラリア◆欧連邦政府が高等教育の持続的な発展を推進するための政策文書を公表

〈価格は本体価格です〉

――― 文部科学省 教育調査第149集

諸外国の教育動向 2014年度版

文部科学省 編著

A4判変型/並製/260頁 ◎3600円

アメリカ合衆国、イギリス、フランス、ドイツ、中国、韓国、その他の国々の教育事情について、教育政策・行財政、生涯学習、初等中等教育、高等教育、教員の各ジャンル別に、2014年度の主な動向をまとめた基礎資料。

内容構成

◆**アメリカ合衆国**◆「労働力の革新と機会に関する法律」の制定/州による理科の共通スタンダードの導入状況/習得能力判定型の教育プログラムとの組合せで ほか

◆**イギリス**◆ 地方教育費が減少傾向/初等中等学校の公的財源のフローは2本化/初等学校での外国語の必修化の開始/教科「コンピューティング」の導入/92%の学生が在学中の就業体験は重要と回答 ほか

◆**フランス**◆ スタージュ（実習）の在り方を改善するための法律の制定/子供の8人に1人が2歳で就園/教職員の12%が脅迫や侮辱を受けている ほか

◆**ドイツ**◆ 高等教育分野における連邦の恒常的な財政支援が可能に/ニーダーザクセン州で2015年度よりギムナジウムを8年制から9年制へ ほか

◆**中国**◆ 適正な規模や管理方法を逸脱した1万人以上の学校規模を持つスーパー高級中学が増加/教育部が海外の高等教育機関と学術研究で連携する新たな計画を発表/学校でサッカー選手の育成を目指す ほか

◆**韓国**◆ 学校における安全教育の強化に着手/地方の児童・生徒に対してオンラインキャリア教育を実施/外国人児童・生徒などを対象とする教育支援が拡大 ほか

◆**その他の国・地域**◆ 欧州連合（EU）の高等教育多元ランキング「U-Multirank」が始動（欧州）/高等教育規模拡大政策の継続実施に向けて専門家が意見を発表（オーストラリア）/13年制義務教育の導入（フィリピン） ほか

――― 文部科学省 教育調査第151集

諸外国の教育動向 2015年度版

文部科学省 編著

A4判変型/並製/324頁 ◎3600円

アメリカ合衆国、イギリス、フランス、ドイツ、中国、韓国及びその他の各国の教育事情について、教育政策・行財政、生涯学習、初等中等教育、高等教育、教員及びその他の各ジャンル別に2015年度の主な動向をまとめた基礎資料。

内容構成

◆**アメリカ合衆国**◆ オバマ大統領のコミュニティ・カレッジ無償化構想実現に向けた法案/公立学校はテストを「やり過ぎ」/転学者に対する関心の増大 ほか

◆**イギリス**◆ 子供センターの多くが予算カットによる困難を訴える/アカデミーとフリースクールの最新統計/サンドイッチコースの学生数が拡大傾向/2つの世界大学ランキングの公表/教員の勤務負担軽減のための方策の公表 ほか

◆**フランス**◆ 幼稚園の学習指導要領が改訂/職業教育課程を修了した高校生の就職状況/公立学校教員の普通病気休暇の利用状況 ほか

◆**ドイツ**◆ 広がる教育休暇制度/学校給食の質に関する最大規模の調査の結果が公表/専門大学の学士取得者/修士課程は総合大学で ほか

◆**中国**◆ 教育部が2015年度の事業目標を発表/各地でいじめが多発/教育部等が都市部と農村部の教職員配置基準を統一することを発表 ほか

◆**韓国**◆ 全ての教育段階でプログラミング教育などを強化/在学・就職していない青少年に対する政府横断的な支援が本格化/大学構造改革のための新しい評価方法が決定/大学カリキュラムにおける現場実習に関する指針制定へ ほか

◆**その他の国・地域**◆ 欧州連合（EU）の高等教育多元ランキング「U-Multirank」2015年版が公表（欧州）/就学前教育促進策の継続（オーストラリア）/小学校卒業試験（PSLE）の見直しの行方（シンガポール） ほか

〈価格は本体価格です〉

成人スキルの国際比較
OECD国際成人力調査(PIAAC)報告書

国立教育政策研究所 編

A4判／並製／268頁
◎3800円

仕事や日常生活の様々な場面で必要とされる汎用的スキルについて、「読解力」「数的思考力」「ITを活用した問題解決能力」の3分野から評価したOECD国際成人力調査の結果をもとに、日本にとって示唆のあるデータを中心に整理・分析する。

●内容構成●

はじめに／OECD国際成人力調査(PIAAC)調査結果の要約／PIAAC国内調査の実施に関する研究会／本報告書を読む際の注意
第1章　PIAACの概要
第2章　成人のキー・スキルの国際比較
第3章　成人の社会的属性とキー・スキル
第4章　就業者のキー・スキル
第5章　キー・スキルの開発と維持
第6章　キー・スキルと経済的・社会的アウトカム
資料1　調査対象者の分類
資料2　背景調査の質問項目

教育研究とエビデンス
国際的動向と日本の現状と課題

国立教育政策研究所 編
大槻達也、惣脇宏、豊浩子、トム・シュラー、籾井圭子、津谷喜一郎、秋山薊二、岩崎久美子 著

A5判／376頁
◎3800円

学力の評価や教育政策の判断の際に活用されるエビデンスとはどのようなものか？本書は、エビデンスの産出・活用について、その国際的動向や、医学などの先行分野における取り組みを概観するとともに、日本の教育分野における将来性や課題を明らかにする。

●内容構成●

第Ⅰ部　英国と米国におけるエビデンス活用の系譜
第1章　英国におけるエビデンスに基づく教育政策の展開
第2章　ランダム化比較試験とメタアナリシスの発展
第3章　米国のエビデンス仲介機関の機能と課題
第Ⅱ部　OECDと欧州の取り組み
第4章　OECDプロジェクトに見るエビデンスと教育的成果
第5章　エビデンス活用の推進に向けた欧州の取り組み
第Ⅲ部　我が国の動き
第6章　日本のエビデンスに基づく医療(EBM)の動きからのレッスン
第7章　エビデンス情報に基づくソーシャルワークの実践に向けて
第8章　知識社会における教育研究エビデンスの課題
第9章　エビデンスを活用した教育政策形成

〈価格は本体価格です〉

教員環境の国際比較
OECD国際教員指導環境調査（TALIS）2013年調査結果報告書

国立教育政策研究所 編

A4判／並製／232頁
◎3500円

前期中等教育及び中学校の教員と校長を対象にした国際調査の結果から、教員の職能開発、校長のリーダーシップ、学校での指導状況、教員への評価とフィードバック、自己効力感や仕事への満足度などに焦点を当て、日本にとって示唆ある内容を整理・分析する。

● 内容構成 ●

はじめに（国立教育政策研究所 所長 大槻達也）
第1章　TALISの概要
OECD国際教員指導環境調査（TALIS）2013年調査結果の要約
第2章　教員と学校の概要
第3章　校長のリーダーシップ
第4章　職能開発
第5章　教員への評価とフィードバック
第6章　指導実践、教員の信念、学級の環境
第7章　教員の自己効力感と仕事への満足度

21世紀のICT学習環境
生徒・コンピュータ・学習を結び付ける

経済協力開発機構（OECD）編著
国立教育政策研究所 監訳

A4判／並製／224頁
◎3700円

21世紀のデジタル世界に求められる情報活用能力とは何か。本書は、PISA2012年調査結果を基に、生徒によるICT活用が近年どのように進展しているのかを分析し、教育制度（国）と学校がICTを生徒の学習体験にどのように組み入れているのかを検討する。

● 内容構成 ●

第1章　近年、生徒によるコンピュータの利用はどのように変化しているか
第2章　情報通信技術（ICT）を指導と学習に取り入れる
第3章　2012年コンピュータ使用型調査の主な結果
第4章　デジタル読解力におけるナビゲーションの重要性：考えてからクリックする
第5章　デジタル技能の不平等：格差を埋める
第6章　コンピュータは生徒の能力とどのように関係しているのか
第7章　ログファイルデータを用いて、何がPISA調査の成績を左右するのかを理解する〈事例研究〉
第8章　教育政策と実践に対してデジタルテクノロジーが意味するもの

〈価格は本体価格です〉

TIMSS2015 算数・数学教育／理科教育の国際比較
国際数学・理科教育動向調査の2015年調査報告書

国立教育政策研究所 編

A4判／並製／408頁 ◎4500円

世界57か国／地域の小学校4年生と中学校2年生の算数・数学と理科の教育到達度について国際的な尺度によって評価。児童生徒の問題別の得点傾向や各国比較、経年変化、学習環境条件等の諸要因との関連等、日本にとって示唆のあるデータを中心に整理・分析。

● 内容構成 ●

第1章 調査の概観
調査の歴史／調査の目的／調査対象母集団／参加国／地域／調査の対象・種類と時間／調査の実施時期／標本抽出／調査実施の手続き／データの回収と処理

第2章 算数・数学
算数・数学の枠組み／算数・数学の到達度／算数・数学問題の例／算数・数学のカリキュラム／教師と算数・数学の指導／児童生徒の算数・数学に対する態度／学校と算数・数学の到達度／家庭と算数・数学の到達度

第3章 理科
理科の枠組み／理科の到達度／理科問題の例／理科のカリキュラム／児童生徒の理科に対する態度／教師と理科の指導／学校と理科の到達度／家庭と理科の到達度

PISAの問題できるかな？
OECD生徒の学習到達度調査

経済協力開発機構（OECD）編著
国立教育政策研究所 監訳

A4判／並製／360頁 ◎3600円

生きるための知識と技能を評価する101問

PISA調査はどのような問題を使用して何を評価しているのか？ 本書は、PISA2000年、2003年、2006年調査および予備調査で実際に出題されたすべての問題を、読解力、数学的リテラシー、科学的リテラシーの各分野ごとに、採点基準と解答例とともに紹介する。

〈内容構成〉

第1章 OECD生徒の学習到達度調査（PISA）へのいざない

第2章 読解力の問題例

第3章 数学的リテラシーの問題例

第4章 科学的リテラシーの問題例

〈価格は本体価格です〉

PISA2015年調査 評価の枠組み
OECD生徒の学習到達度調査

経済協力開発機構(OECD) 編著
国立教育政策研究所 監訳

A4判／並製／240頁　◎3700円

常に変化する世界を生きるための知識と技能とは何か？ PISA2015年調査の概念枠組みや評価基準を問題例とともに紹介する。調査分野は、読解力、数学的リテラシー、科学的リテラシーに加え、ファイナンシャル・リテラシーの合計4分野。

■内容構成■

日本語版　序(国立教育政策研究所　国際研究・協力部長　大野彰子)
序文
第1章　PISA調査とは？
第2章　科学的リテラシー
第3章　読解力
第4章　数学的リテラシー
第5章　ファイナンシャル・リテラシー
第6章　質問調査

生きるための知識と技能 6
OECD生徒の学習到達度調査(PISA) 2015年調査国際結果報告書

国立教育政策研究所 編

A4判／並製／296頁　◎3700円

世界72か国・地域の15歳児の学力について、読解力、数学的リテラシー、科学的リテラシーの3分野から評価したPISA2015年調査結果をもとに、日本にとって示唆のあるデータを中心に整理・分析。調査結果の経年変化や学習背景との相関についても紹介。

■内容構成■

第1章　PISA調査の概要
第2章　科学的リテラシー
第3章　読解力
第4章　数学的リテラシー
第5章　学習の背景

〈価格は本体価格です〉

諸外国の初等中等教育

文部科学省 [編著]

◎A4判／並製／360頁　◎3,600円

アメリカ合衆国、イギリス、フランス、ドイツ、フィンランド、中国、韓国及び日本における初等中等教育制度の現状をまとめた基礎資料。制度の概要、教育内容・方法、進級・進学制度、教育条件、学校選択・連携について各国別に記述し、比較可能な総括表や資料を付す。

【内容構成】

◆ 調査対象国 ◆
アメリカ合衆国
イギリス
フランス
ドイツ
フィンランド
中　国
韓　国
日　本

◆ 調査内容 ◆
学校系統図／学校統計／初等中等教育制度の概要／教育内容・方法／進級・進学制度／教育条件／学校選択・連携

◆ 資　料 ◆
授業日数・休業日数／徳育／外国語教育／教科書制度／学校における国旗・国歌の取扱い／個の成長・能力に応じた教育／公立高校（後期中等教育）授業料の徴収状況／幼児教育無償化の状況

〈価格は本体価格です〉